Movimentos agrários transnacionais

SÉRIE ESTUDOS CAMPONESES E MUDANÇA AGRÁRIA

Conselho Editorial

Saturnino M. Borras Jr
International Institute of Social Studies (ISS)
Haia, Holanda
College of Humanities and Development Studies (COHD)
China Agricultural University
Pequim, China

Max Spoor
International Institute of Social Studies (ISS)
Haia, Holanda

Henry Veltmeyer
Saint Mary's University,
Nova Escócia, Canadá
Autonomous University of Zacatecas
Zacatecas, México

Conselho Editorial Internacional

Bernardo Mançano Fernandes
Universidade Estadual Paulista (Unesp)
Brasil

Raúl Delgado Wise
Autonomous University of Zacatecas
Zacatecas, México

Ye Jingzhong
College of Humanities and Development Studies (COHD)
China Agricultural University
Pequim, China

Laksmi Savitri
Sajogyo Institute (SAINS)
Indonésia

FUNDAÇÃO EDITORA DA UNESP

Presidente do Conselho Curador
Mário Sérgio Vasconcelos

Diretor-Presidente
Jézio Hernani Bomfim Gutierre

Superintendente Administrativo e Financeiro
William de Souza Agostinho

Conselho Editorial Acadêmico
Danilo Rothberg
Luis Fernando Ayerbe
Marcelo Takeshi Yamashita
Maria Cristina Pereira Lima
Milton Terumitsu Sogabe
Newton La Scala Júnior
Pedro Angelo Pagni
Renata Junqueira de Souza
Sandra Aparecida Ferreira
Valéria dos Santos Guimarães

Editores-Adjuntos
Anderson Nobara
Leandro Rodrigues

UNIVERSIDADE FEDERAL DO RIO GRANDE DO SUL

Reitor
Carlos André Bulhões

Vice-Reitora e Pró-Reitora de Coordenação Acadêmica
Patricia Helena Lucas Pranke

EDITORA DA UFRGS

Diretora
Luciane Delani

Conselho Editorial
Carlos Eduardo Espindola Baraldi
Clarice Lehnen Wolff
Janette Palma Fett
João Carlos Batista Santana
Luís Frederico Pinheiro Dick
Maria Flávia Marques Ribeiro
Otávio Bianchi
Sergio Luiz Vieira
Virgínia Pradelina da Silveira Fonseca
Luciane Delani, *presidente*

MARC EDELMAN
SATURNINO M. BORRAS JR.

Movimentos Agrários Transnacionais
História, organização e políticas de luta

Tradução
Regina Beatriz Vargas

Revisão técnica
Bernardo Mançano Fernandes
Sergio Schneider

© 2015 Fernwood Publishing
© 2021 Editora Unesp

Título original: *Political Dynamics of Transnational Agrarian Movements*

Livro pertencente à série "Agrarian Change and Peasant Studies" (Estudos Camponeses e Mudança Agrária)

Direitos de publicação reservados a:
Fundação Editora da Unesp (FEU)
Praça da Sé, 108
01001-900 – São Paulo – SP
Tel.: (0xx11) 3242-7171
Fax: (0xx11) 3242-7172
www.editoraunesp.com.br
www.livrariaunesp.com.br
atendimento.editora@unesp.br

Editora da UFRGS
Rua Ramiro Barcelos, 2500
90035-003 – Porto Alegre – RS
Tel./Fax: (0xx51) 3308-5645
http://www.ufrgs.br/
admeditora@ufrgs.br

CIP-Brasil. Dados Internacionais de Catalogação na Publicação.
(Jaqueline Trombin – Bibliotecária responsável CRB10/979)

E22m   Edelman, Marc

Movimentos agrários transnacionais: história, organização e políticas de luta / Marc Edelman [e] Saturnino M. Borras Jr.; revisão técnica [de] Bernardo Mançano Fernandes [e] Sergio Schneider; tradução de Regina Beatriz Vargas. – São Paulo: Editora Unesp; Porto Alegre: Editora da UFRGS, 2021.
Inclui referências e índice remissivo.

Livro pertencente à série "Agrarian Change and Peasant Studies" (Estudos Camponeses e Mudança Agrária).

Tradução de: *Political dynamics of transnational agrarian movements*
ISBN Editora Unesp: 978-65-5711-036-2
ISBN Editora UFRGS: 978-65-5725-050-1

1. Agricultura. 2. Desenvolvimento Rural. 3. Sociologia rural. 4. Movimentos sociais rurais. 5. Movimentos agrários transnacionais. I. Borras Jr., Saturnino M. II. Fernandes, Bernardo Mançano. III. Schneider, Sergio. IV. Vargas, Regina Beatriz. V. Série.

CDU 631:316.44

Editora afiliada:

SÉRIE ESTUDOS CAMPONESES E MUDANÇA AGRÁRIA DA ICAS

A série Estudos Camponeses e Mudança Agrária da Initiatives in Critical Agrarian Studies (Icas – Iniciativas em Estudos Críticos Agrários) contém "pequenos livros de ponta sobre grandes questões" em que cada um aborda um problema específico de desenvolvimento com base em perguntas importantes. Entre elas, temos: Quais as questões e debates atuais sobre as mudanças agrárias? Como as posições surgiram e evoluíram com o tempo? Quais as possíveis trajetórias futuras? Qual o material de referência básico? Por que e como é importante que profissionais de ONGs, ativistas de movimentos sociais, agências oficiais e não governamentais de auxílio ao desenvolvimento, estudantes, acadêmicos, pesquisadores e especialistas políticos abordem de forma crítica as questões básicas desenvolvidas? Cada livro combina a discussão teórica e voltada para políticas com exemplos empíricos de vários ambientes locais e nacionais.

Na iniciativa desta série de livros, "mudança agrária", um tema abrangente, une ativistas do desenvolvimento e estudiosos de várias disciplinas e de todas as partes do mundo. Fala-se aqui em "mudança agrária" no sentido mais amplo para se referir a um mundo agrário-rural-agrícola que não é separado e deve ser considerado no contexto de outros setores e geografias: industriais e urbanos, entre outros. O foco é contribuir para o entendimento da dinâmica da "mudança", ou seja, ter um papel não só nas várias maneiras de (re)interpretar o mundo agrário como também na mudança, com clara tendência favorável às classes trabalhadoras, aos pobres. O mundo agrário foi profundamente transformado pelo processo contemporâneo de globalização neoliberal e exige novas maneiras de entender as condições estruturais e institucionais, além de novas visões de como mudá-las.

A Icas é uma *comunidade* mundial de ativistas do desenvolvimento e estudiosos de linhas de pensamento semelhantes que trabalham com questões agrárias. É um *terreno coletivo*, um espaço comunal para estudiosos críticos, praticantes do desenvolvimento e ativistas de movimentos. É uma iniciativa pluralista que permite trocas vibrantes de opiniões entre diferentes pontos de vista ideológicos progressistas. A Icas atende à necessidade de uma iniciativa baseada e concentrada em *vinculações* – entre acadêmicos, praticantes de políticas de desenvolvimento e ativistas de movimentos sociais, entre o Norte e o Sul do mundo e entre o Sul e o Sul; entre setores rurais- -agrícolas e urbanos-industriais; entre especialistas e não especialistas. A Icas defende uma produção conjunta que *se reforce mutuamente* e um compartilhamento de conhecimentos que seja *mutuamente benéfico*. Promove o *pensamento crítico*, ou seja, os pressupostos convencionais são questionados, as propostas populares são examinadas criticamente e novas maneiras de questionamento são buscadas, compostas e propostas. Promove *pesquisas e estudos engajados*; assim se enfatizam pesquisas e estudos que, ao mesmo tempo, sejam interessantes em termos acadêmicos e relevantes em termos sociais; além disso, compreende ficar ao lado dos pobres.

A série de livros é sustentada financeiramente pela ICCO (Organização de Igrejas para a Cooperação no Desenvolvimento), nos Países Baixos. Os editores da série são Saturnino M. Borras Jr., Max Spoor e Henry Veltmeyer. Os títulos estão disponíveis em vários idiomas.

Em memória de Manuel "Steve" Quiambao,
Oscar "Oca" Francisco, Basilio "Bob" Propongo
e Ernest Reyes: camaradas, amigos, mentores.

Jun Borras

Em memória de minha mãe, Judith Edelman
(1923-2014), que me levava em um carrinho de
bebê aos protestos contra a produção de armas
nucleares, vinculando-me a movimentos sociais
antes mesmo que eu pudesse andar.

Marc Edelman

Sumário

Lista de tabelas e figuras   XIII
Apresentação à edição brasileira   XV
   Bernardo Mançano Fernandes

Prefácio   **XXI**
   Saturnino M. Borras Jr., Max Spoor e Henry Veltmeyer

Uma mensagem da ICCO   **1**
Introdução: Um marco teórico para a
   análise dos movimentos agrários
   transnacionais   **5**
   Agradecimentos   **14**
Siglas   **15**

1   Movimentos agrários transnacionais:
   trajetórias e diversidade   **25**
   Antecedentes históricos   **26**
   Trinta anos gloriosos?   **40**
   Conflitos camponeses no final do
     século XX   **46**
   Os MATs e a ascensão do
     neoliberalismo   **47**

X MARC EDELMAN E SATURNINO M. BORRAS JR.

2 Diferenciação interna nos MATs:
classes, identidades e interesses
ideológicos concorrentes 51
Debates sobre diferenciação e
camponeses médios 52
Diferenciação de classe social 56
Política de classes nos MATs 60
A questão da terra e os guardiões na
Via Campesina 61
Diferenças ideológicas 72
Custos organizacionais das
divisões ideológicas 74
Conclusão 75

3 Classe, identidade e diferenças
ideológicas entre MATs 77
Diferenciação de classe e
política de identidade 79
Ideologia 90
Conclusão 101

4 O vínculo entre o internacional, o
nacional e o local nos MATs 103
Problemas com os
"espaços de atuação" 105
Difusão dos repertórios de protestos e
práticas do movimento 106
Construção e difusão do
saber agrícola 109
Dinâmicas de liderança 110
Dois sentidos de representação 113

5 "Nada sobre nós sem nós": MATs,
ONGs e agências doadoras 119
MATs e ONGs 123

MATs e agências doadoras
não governamentais 127
Tensões e contradições entre MATs,
ONGs e doadores 129
Mudanças no complexo global de
doadores e suas implicações para
ONGs e MATs 134
Conclusão: tensões e sinergias
para além da forma
organizacional 142

6 MATs e as instituições
intergovernamentais 145
Neoliberalismo, Estados nacionais e a
ascensão da sociedade civil 146
Espaço institucional 151
Aliados 160
Alvos e adversários 163
Rupturas e divisões e as relações
dos MATs com instituições
intergovernamentais 165
Conclusão 167

Desafios 169

Referências bibliográficas 177
Índice remissivo 195

LISTA DE TABELAS E FIGURAS

Tabela 1 – População agrícola mundial, população rural e população economicamente ativa na agricultura, 2013   6

Tabela 3.1 – Movimento sociais filiados ao CIP pela soberania alimentar   87

Tabela 3.2 – Relação de membros da APC com a Via . .   97

Tabela 3.3 – Relação de membros da Via em relação à APC.   99

Figura 5.1 – Ajuda externa ao desenvolvimento   138

Figura 5.2 – Ajuda externa ao desenvolvimento (AED) como percentual da renda nacional bruta (RNB)   139

APRESENTAÇÃO À EDIÇÃO BRASILEIRA

Bernardo Mançano Fernandes[1]

A série Estudos Camponeses e Mudanças Agrárias tem publicado livros de pesquisadores de vários países sobre temas que contribuem para o avanço da compreensão da questão agrária em diferentes perspectivas e dimensões. *Dinâmicas políticas dos movimentos agrários transnacionais* se soma a esse esforço, apresentando uma visão em escala mundial com uma ampla leitura sobre a diversidade de movimentos agrários transnacionais (MATs) e suas relações com organizações não governamentais (ONGs), instituições governamentais, religiosas, corporativas etc.

Marc Edelman e Saturnino M. Borras Jr. fizeram um esforço gigantesco de análise para reunir estudos e nos oferecer uma visão histórica e geográfica em escala planetária. Com diversos exemplos, mostram como a globalização também ampliou a dimensão da questão agrária, que se tornou mundial, principalmente com a

---

1 Geógrafo, professor livre-docente da Unesp, câmpus de Presidente Prudente, atuando nas áreas de geografia agrária e movimentos socioterritoriais. Também leciona no Programa de Pós-Graduação de Desenvolvimento Territorial na América Latina e Caribe – TerritoriAL – do Instituto de Políticas Públicas e Relações Internacionais (IPPRI) da mesma universidade. Coordenador da Cátedra Unesco de Educação do Campo e Desenvolvimento Territorial, onde preside as coleções Vozes do Campo e Estudos Camponeses e Mudança Agrária, publicados pela Editora Unesp.

territorialização das políticas neoliberais, que intensificou a estrangeirização da terra com apoio do capital financeiro transnacional.

No centro da questão agrária mundial estão as disputas por modelos de desenvolvimento que traçam linhas do futuro do nosso planeta. Mas quem são essas pessoas que lutam cotidianamente em todos os países? Estamos falando de uma população que historicamente tem batalhado para ser o que sempre foram: camponeses, com os mais diversos nomes que possam ter ou receber. São e cultivam a diversidade, não se adaptam aos sistemas, em movimento produzem processos e provocam mudanças.

Todavia, a modernização capitalista tem destruído suas condições de vida ao expropriar essas populações de seus territórios. Contraditoriamente, elas se recriam em suas ações de enfrentamento ao capitalismo. Edelman e Borras nos lembram que a população camponesa representa dois quintos da humanidade. Estão se organizando em seus territórios e se constituem em articulações transnacionais como movimentos em luta permanente e persistente.

A construção da transnacionalização dos movimentos começou no século XIX, espacializou-se no século XX e se intensificou no XXI. Lutas por terra desdobraram-se e se tornaram lutas por territórios, defendendo direitos das mulheres, dos jovens, promovendo a agroecologia, soberania alimentar e a sustentabilidade. Neste livro compreendemos melhor essa relação de espacialização e multidimensionalidade dessas iniciativas.

Ao trazer uma leitura mundial, este livro contribui para as leituras nacionais, regionais e locais, que são a maior parte dos estudos produzidos sobre os movimentos camponeses em defesa de seus territórios. Contribui, portanto, para entender os estudos de caso, porque a maior parte dos movimentos locais está conectada de alguma forma com os transnacionais.

Os autores apresentam quase duas centenas de movimentos e outras instituições aos quais se referem durante suas análises. No Brasil, nossas pesquisas através da Rede Dataluta[2] registraram mais

---

2 Disponível em: <https://www.fct.unesp.br/#!/pesquisa/dataluta/>.

de uma centena de movimentos somente no campo. Esses números são referências para termos uma noção da amplitude dessas organizações no planeta. Este livro nos oferece uma mostra das realidades construídas nos cotidianos dos movimentos em todas as escalas.

As páginas que seguem também oferecem uma boa oportunidade para debatermos sobre as teorias dos movimentos sociais/socioterritoriais. Ao lutarem por espaços e territórios como condição de suas existências, essas organizações são igualmente movimentos socioespaciais e socioterritoriais. Tornam-se transterritoriais quando ultrapassam fronteiras em quaisquer escalas, mas somente são transnacionais quando superam também as fronteiras dos espaços nacionais de governança.

A transnacionalização e o desenvolvimento dos movimentos são vias de mão dupla, porque ampliam as multiterritorialidades da formação do campesinato, cujos ativistas ou militantes circulam por diferentes partes do mundo. Expandem suas leituras e perspectivas, criam novas necessidades e também mudam seus territórios. Jovens viajam pelos continentes, que agora passam, simultaneamente, a compor e mudar sua antiga percepção espacial. Conhecem outros países e trocam experiências que qualificam suas existências. O território se transforma no ritmo em que o mundo muda.

Um exemplo que conhecemos muito bem são os estudantes do Programa de Pós-Graduação em Desenvolvimento Territorial na América Latina e Caribe (TerritoriAL), em cooperação com a Via Campesina, recebendo jovens e adultos de diversos países além do Brasil, principalmente da América Latina e Caribe, mas também da África e da Europa, ao mesmo tempo que as políticas dos movimentos agrários transnacionais exigem que as pesquisas se voltem para outros continentes e países, por exemplo, a China.

A diversidade dos movimentos agrários transnacionais contém as diferenças de classes, identidades, políticas de lutas, gêneros, etnias, lugares, ideologias, unindo-os e também produzindo conflitos como ocorre em toda coletividade heterogênea. Há momentos de nascimentos, crescimento, refluxo, cessação ou mesmo de fim dos movimentos. Há momentos de articulações e de separações nesse entretanto de mudanças e transformações próprias dos movimentos.

As cisões podem gerar novas articulações dentro dos paradigmas da questão agrária e do capitalismo agrário, ou mesmo nas zonas de contato do debate paradigmático. Há movimentos dos movimentos nos territórios paradigmáticos que promovem as lutas políticas, transformando as realidades e alterando os próprios paradigmas. Esses movimentos dos movimentos constroem posições políticas bem definidas em relação às outras instituições, como governos, corporações e organizações multilaterais.

A multiescalaridade é outro conceito importante para compreender os movimentos transnacionais. Uma comunidade local pode estar articulada a um movimento transnacional por sua luta territorial que está associada a outras lutas pela sua própria multidimensionalidade – por exemplo, luta pela educação, saúde, moradia, beneficiamento e comercialização, em uma perspectiva emancipadora. As articulações criam relações de movimentos de movimentos que atuam em diversas escalas.

Os ativismos escalares dos movimentos ampliam as possibilidades de lutas políticas e os horizontes de resistências. A constituição de alianças com diferentes instituições e a proposição de políticas de desenvolvimento nas disputas por modelos são ainda mais fortes nas ações multiescalares. A construção da luta, das formas de organizações e os avanços do desenvolvimento territorial podem ser observados nos territórios das comunidades, é no local que se tensionam as lutas multiescalares.

Os movimentos articulados em múltiplas escalas têm muito mais poder de resistência e de perspectiva de luta. Conhecer as diversas pautas políticas dos movimentos coligados em vários países, continentes e mundo expande as perspectivas de luta num aprendizado cotidiano do enfrentamento com corporações e governos. Ao mesmo tempo disseminam experiências de luta para outros movimentos. Formas de manifestações diferenciadas são compartilhadas em múltiplas frentes de luta e de experiências territoriais de recriação de suas existências.

Os movimentos agrários transnacionais compartilham experiências e tecnologias territoriais na manutenção de políticas emancipadoras contra a subalternidade dos pacotes tecnológicos das corporações. A multiescalaridade da organização dos movimentos possibilitou diversas formas de cooperação entre eles e com outras instituições, como universidades, na realização de pesquisas para o desenvolvimento territorial. Através da pesquisa militante em diversos territórios, os(as) estudiosos(as) procuram interpretar as realidades para superá-las.

É neste sentido que campesinidade é fruto do modo territorial de vida do campesinato. Ser uma pesquisadora ativista desde um território camponês e formular perguntas e objetivos de pesquisa é diferente de um pesquisador acadêmico que formula perguntas e objetivos distintos. Certamente suas pesquisas trarão resultados mais próximos e mais distantes da campesinidade. Podem gerar diálogos de saberes que são fundamentais para o processo de construção do conhecimento desde e sobre os territórios do campesinato.

Essas construções de práticas políticas multiescalares fortaleceram e emanciparam os movimentos agrários transnacionais das relações com partidos políticos. Por outro lado, partidos políticos de diferentes tendências têm se articulado em movimentos políticos transnacionais. Também há, em diversos países, frentes políticas que reúnem partidos e movimentos. Trata-se de articulações diversas e descontínuas que representam possibilidades políticas de transformação.

A ascensão do neoliberalismo criou maiores desafios para os movimentos agrários transnacionais, com o corte de apoios por meio de doações e políticas públicas, todavia, muitos movimentos ampliaram suas condições de autonomia através de uso mais bem planejado de seus territórios e construindo relações com movimentos urbanos, sindicatos, igrejas e partidos, com ações solidárias que fomentaram a soberania alimentar.

A Via Campesina é um dos mais amplos movimentos agrários transnacionais, reunindo centenas de organizações nacionais e regionais. Tem se caracterizado pela coerência de suas ações em defesa das populações camponesas. Essa articulação mundial acompanha as mudanças da questão agrária e enfrenta os novos desafios das políticas neoliberais, sendo uma das mais intensas fontes de resistência a essa tendência do capitalismo.

A proposta desta série é publicar pequenos livros sobre grandes temas. Esta obra de Marc Edelman e Saturnino M. Borras Jr. representa muito bem esse espírito. Por fim, vale informar que esta publicação é fruto de um esforço conjunto da Cátedra Unesco de Educação do Campo e Desenvolvimento Territorial e do Programa de Pós--Graduação em Desenvolvimento Territorial na América Latina e Caribe (TerritoriAL) da Universidade Estadual Paulista (Unesp), do Programa de Pós-Graduação em Desenvolvimento Rural (PGDR) da Universidade Federal do Rio Grande do Sul (UFRGS) e do Programa de Pós-Graduação em Meio Ambiente e Desenvolvimento Rural (PPG-MADER) da Universidade de Brasília.

São Paulo, 12 de janeiro de 2021

Prefácio

Saturnino M. Borras Jr., Max Spoor e Henry Veltmeyer[1]

O livro *Dinâmicas políticas dos movimentos agrários transnacionais* de Marc Edelman e Saturnino M. Borras Jr. é o quinto volume da coleção Estudos Camponeses e Mudança Agrária da Initiatives in Critical Agrarian Studies (ICAS, Iniciativas em Estudos Agrários Críticos). O primeiro volume é *Dinâmicas de classe da mudança agrária*,[2] de Henri Bernstein, seguido de *Camponeses e a arte da agricultura*,[3] de Jan Douwe van der Ploeg, *Regimes alimentares e questões agrárias*,[4] de Philip McMichael, e *Meios de vida sustentáveis e desenvolvimento rural*,[5] de Ian Scoones. Juntas, essas cinco valiosas publicações reafirmam a importância estratégica e a relevância de se utilizar a perspectiva analítica da economia política agrária nos estudos rurais atuais. As obras sugerem que os volumes subsequentes da série serão igualmente relevantes dos pontos de vista político e do rigor científico.

Uma breve introdução à série será útil para situar o atual volume de Edelman e Borras em relação ao projeto intelectual e político da

---

1 Editores da Série de Livros ICAS.
2 Publicado pela Editora Unesp em 2011.
3 Publicado em coedição Editora Unesp e Editora da UFRGS em 2016.
4 Publicado em coedição Editora Unesp e Editora da UFRGS em 2016.
5 No prelo.

ICAS. A pobreza mundial segue sendo um fenômeno significativamente rural, com as populações do campo respondendo por três quartos de todos os pobres do mundo. Portanto, o problema da pobreza global e o desafio multidimensional (econômico, político, social, cultural, de gênero, ambiental etc.) de pôr fim à mesma estão estreitamente relacionados à resistência das pessoas trabalhadoras rurais ao sistema que continua a gerar e reproduzir as condições de pobreza no campo, e às suas lutas por meios de vida sustentáveis. Assim, um foco sobre desenvolvimento rural continua a ser fundamental para pensar desenvolvimento; ao mesmo tempo, isso não significa desconectar os problemas rurais dos urbanos. O desafio reside em compreender os vínculos entre eles, em parte porque as vias de saída da pobreza rural pavimentadas pelas políticas neoliberais, assim como a guerra contra a pobreza global empreendida pelas principais instituições de financiamento e desenvolvimento, em grande medida simplesmente substituem as formas de pobreza rural por aquelas urbanas.

As abordagens convencionais nos estudos rurais gozam de farto financiamento e, desse modo, têm conseguido predominar na produção e publicação de estudos e pesquisas sobre questões agrárias. Muitas das instituições (como o Banco Mundial) que promovem essas ideias também têm desenvolvido recursos de produção e grande divulgação de publicações politicamente orientadas, as quais são amplamente disseminadas em todo o mundo. Os pensadores críticos, nas principais instituições acadêmicas, podem questionar essa visão predominante, mas por estarem, em geral, confinados aos círculos acadêmicos, seu alcance e impacto na sociedade são limitados.

Persiste um vazio de obras com rigor científico, politicamente relevantes e focadas em políticas, no campo dos estudos agrários críticos, que sejam acessíveis a acadêmicos (professores, pesquisadores e estudantes), ativistas de movimentos sociais e profissionais do desenvolvimento no Sul e no Norte globais. Em resposta a esta necessidade, a ICAS em parceria com a agência de desenvolvimento holandesa Interchurch Organization for Development Cooperation (ICCO, Organização Inter-Igreja de Cooperação para o

Desenvolvimento) está lançando esta série. A proposta é publicar "pequenos livros de estudos avançados", cada um explanando um tópico específico do desenvolvimento com base em indagações fundamentais, como: Que questões e debates estão presente hoje neste tópico específico e quem são seus principais estudiosos/pensadores e atuais formuladores de políticas? Como essas posições têm evoluído no tempo? Quais são as possíveis trajetórias futuras? Quais são as referências fundamentais? E qual a importância para profissionais de ONGs, ativistas de movimentos sociais, instituições oficiais de ajuda ao desenvolvimento e agências doadoras não governamentais, estudantes, acadêmicos, pesquisadores e especialistas em políticas, de envolverem-se criticamente com as questões básicas explicadas no livro? Cada publicação trará uma abordagem mista, teórica e orientada a políticas, com exemplos empíricos de diferentes contextos nacionais e locais.

A série estará disponível em vários idiomas além do inglês, começando com chinês, espanhol, português, indonésio e tailandês. A edição chinesa é publicada em parceria com a Escola de Humanidades e Estudos de Desenvolvimento da Universidade Agrícola da China, de Beijing, e coordenada por Ye Jingzhong; a edição em espanhol, com o Programa de Doutorado em Estudos de Desenvolvimento, da Universidade Autônoma de Zacatecas, do México, coordenada por Raúl Delgado Wise, com o Instituto Hegoa (Universidade Pública Basca), coordenada por Gonzalo Fernández, e com EHNE Bizkaia, coordenada por Xarles Iturbe, ambos do País Basco; a edição em português, com a Universidade Estadual Paulista (Unesp), de Presidente Prudente, no Brasil, coordenada por Bernardo Mançano Fernandes, e com a Universidade Federal do Rio Grande do Sul (UFRGS), no Brasil, coordenada por Sergio Schneider; a edição bahasa indonésia, com a Universidade de Gadjah Mada, na Indonésia, coordenada por Laksmi Savitri; e a edição tailandesa, com a RCSD da Universidade de Chaing Mai, coordenada por Chayan Vaddhanaphuti.

Em vista dos objetivos da coleção Estudos Camponeses e Mudança Agrária, pode-se entender facilmente nossa satisfação em ter como quinto livro o trabalho de Edelman e Borras. Os cinco primeiros volumes ajustam-se perfeitamente quanto a temas, acessibilidade, relevância e rigor. Estamos entusiasmados com o futuro promissor desta importante coleção!

abril de 2015

Uma mensagem da ICCO

A Interchurch Organization for Development Cooperation (ICCO, Organização Inter-Igrejas de Cooperação para o Desenvolvimento) firmou parceria com a ICAS para produzir a coleção sobre Estudos Camponeses e Mudança Agrária.

A ICCO atua por um mundo justo, sem pobreza – um mundo em que as pessoas possam demandar e exercer seus direitos em uma sociedade sustentável. Os princípios fundamentais são meios de vida estáveis e sustentáveis, e justiça e dignidade para todos. Sistemas alimentares e agricultura sustentáveis são cruciais para concretizar essa visão. A ICCO reconhece, juntamente com a ICAS, que o pensamento hoje dominante sobre o mundo rural não vai produzir alternativas sustentáveis aos sistemas agrários que contribuem para a fome, a desnutrição, as violações de direitos (direito à alimentação e outros direitos humanos) e o uso insustentável do solo e da água, que gera poluição e perda da biodiversidade. A ICCO reconhece a necessidade urgente de mais pesquisas e intercâmbio entre estudiosos, profissionais e formuladores de políticas, para encontrar soluções. Soluções, não uma só solução. O mundo já não se pode permitir simplificar os problemas, a fim de desenvolver uma solução "tamanho único", que tende a não servir à maior parte deles. Necessitamos de uma pluralidade de soluções adaptadas aos contextos locais e que alimentem as ideias de formuladores de políticas, ativistas e outros atores em diversos setores. Precisamos do aporte de uma ampla gama de pessoas que sofrem com a fome, que são expulsas de suas terras e, ainda assim, têm ideias para melhorar sua subsistência e fazer valer seus direitos humanos.

O que se descreve a seguir é o tipo de sistema agrário apoiado pela ICCO para contribuir para a realização dessa visão: a ICCO promove a agricultura que proveja alimentos locais para a população e seja ambientalmente sustentável. Promove um sistema agrícola que priorize as pessoas e que possibilite a autodeterminação, o fortalecimento e a autogestão dos agricultores, mas em consonância com os consumidores. Esse sistema agrícola permite a agricultores e agricultoras organizarem-se de acordo com suas próprias necessidades e fazerem suas próprias escolhas. Apoia-se de forma sustentável nas características do ambiente local (solo, água, biodiversidade). Sabemos, também, que os sistemas agrícolas estão ligados a outros setores e não podem sobreviver isoladamente: vemos (re)migração rural-urbana e vemos comércio e mercados. Vemos, acima de tudo, pessoas vivendo em contextos rurais que deveriam poder fazer suas próprias escolhas, apoiadas por um ambiente favorável (político, social e econômico).

Para que isso aconteça, é essencial o acesso estável, certo e justo a recursos produtivos como água, terra e material genético, como sementes e tubérculos, e o controle sobre os mesmos. Com relação a isso, mas também em um contexto mais amplo, a ICCO apoia o envolvimento de pequenos produtores na tomada de decisões sobre seus meios de subsistência, e atua na promoção de relações de poder equitativas entre os sistemas agrícolas e outros sistemas. A cooperação da ICCO reconhece a inter-relação entre os sistemas agrícolas e alimentares no Norte e no Sul globais e reconhece que esses vínculos, bem como os desequilíbrios de poder, precisam ser contestados, para que se possa alimentar o mundo de forma sustentável.

Esse tipo de sistema agrário alternativo é intensivo em conhecimento. Mais pesquisas relevantes são necessárias para apoiar e estimular o desenvolvimento desse tipo de sistema agrícola e promover uma mudança agrária em favor dos pobres. A ICCO busca e trabalha por justiça, democracia e diversidade nos sistemas agrários e alimentares. Para tanto, são necessárias ferramentas e estruturas analíticas para uma ação coletiva informada e trabalho de *advocacy*. É nesse contexto que a coleção de livros da ICAS se revela de grande importância para a ICCO e seus parceiros em todo o mundo, assim como para públicos mais amplos.

Utrecht, Holanda
abril de 2015

Introdução
Um marco teórico para a análise dos movimentos agrários transnacionais

Os movimentos agrários transnacionais (MATs) são organizações, redes, coalizões e laços de solidariedade entre agricultores, camponeses e seus aliados, que cruzam fronteiras nacionais e buscam influenciar as políticas globais e nacionais.[1] Os MATs radicais hoje existentes têm contribuído para reformular os termos e os parâmetros de uma ampla gama de debates e práticas no campo do desenvolvimento internacional, incluindo sustentabilidade ambiental e mudança climática, direito à terra e reforma agrária redistributiva, soberania alimentar, economia neoliberal e normas de comércio internacional, controle corporativo de material genético de culturas e outras tecnologias agrícolas, direitos humanos dos camponeses e equidade de gênero. Para formuladores de políticas, acadêmicos, ativistas e técnicos do desenvolvimento preocupados com essas questões, o conhecimento dos MATs e de seu impacto é essencial para entender as interconexões entre essas áreas temáticas e entre elas e o contexto mais amplo.

---

1 Embora reconheçamos a utilidade das distinções heurísticas entre os termos "movimento", "coalizão" e "rede" (Fox, 2009), também gostaríamos de observar, já de início, que muitos dos vínculos de solidariedade aqui considerados compartilham características de todas as três categorias, ou intercalam-se entre as três ao longo do tempo.

6 MARC EDELMAN E SATURNINO M. BORRAS JR.

Talvez seja preciso alertar muitos leitores, especialmente aqueles de países desenvolvidos, de que, hoje, há mais camponeses do que em qualquer outra época da história humana (Van der Ploeg, 2008). Estudiosos e ativistas rurais podem divergir sobre a definição de "camponeses", ou sobre a utilidade da categoria, mas, mesmo admitindo alguma imprecisão, persiste o fato de que os camponeses constituem cerca de dois quintos da humanidade (ver Tabela 1). Seu peso relativo na população humana, sem dúvida, decresceu com a urbanização e a industrialização, mas, em números absolutos, trata-se de um imenso setor. E o mais importante, para nossos propósitos, enquanto as elites e os urbanos há muito depreciam os pobres rurais, rotulando-os de atrasados, ineficientes e obtusos, os próprios camponeses têm, com frequência, conseguido organizar-se e despontar como importantes protagonistas históricos, até em âmbito transnacional.

Tabela 1 – População agrícola mundial, população rural e população economicamente ativa na agricultura, 2013

	Em milhares	% da população mundial
População mundial	7.130.012	100%
População agrícola	2.621.360	37%
População rural	3.445.843	48%
Economicamente ativa na agricultura*	1.320.181	19%

Fonte: FAO Faostat database, 21 de junho de 2013.
* A população economicamente ativa na agricultura inclui chefes de domicílio que sustentam um grande número de dependentes não ativos economicamente.

Este livro analisa a diversidade dos movimentos agrários transnacionais através do tempo e do espaço; as crises alimentares e da agricultura que contribuíram para elevar o perfil internacional dos MATs; e as dinâmicas políticas internas dos MATs e entre eles, bem como com organizações não governamentais (ONGs) e instituições de governança nacional e global. Além dos MATs radicais, que são centrais para nossa análise, têm surgido outros, de orientação mais convencional, que enfatizam o uso da agricultura industrial para produzir mais alimentos para populações crescentes. Este livro reflete ainda sobre o significado do crescimento (e, às vezes, do declínio) dos MATs para os estudos agrários críticos e para as teorias dos movimentos sociais.

Adotamos uma abordagem histórica dos MATs, que sugere algo mais do que apenas uma perspectiva temporal. Em lugar de explicar as origens desses movimentos, em termos gerais, ou exclusivamente como reação ao peso crescente das instituições de governança global, como a Organização Mundial do Comércio (OMC), ou ao esvaziamento dos Estados-nação diante da globalização neoliberal, examinamos experiências nacionais e regionais, culturas políticas e registros históricos, como elementos constitutivos importantes das alianças transnacionais contemporâneas. O sonho da solidariedade que transcende o Estado-nação é antigo, como apontamos no Capítulo 1. Na Europa central, partidos políticos pró-camponeses formaram uma "Internacional Verde" no início do século XX. Em décadas mais recentes, esforços de organização ultrafronteiras, em regiões como Europa ocidental, América Central e Sudeste Asiático, apoiaram-se em tradições eminentemente regionais e, mais tarde, geraram coalizões mais amplas, como a Via Campesina. O sucesso do Movimento dos Trabalhadores Rurais Sem Terra (MST) do Brasil em organizar ocupações de terras e em construir uma organização poderosa inspirou movimentos em outros lugares e levou a numerosas e continuadas interações entre ativistas brasileiros e de outros países. À medida que se consolidavam os MATs, a partir da década de 1990, o que antes se constituía de repertórios locais e nacionais de protesto e de práticas organizacionais disseminou-se por todo o mundo, com frequência evoluindo e transformando-se no processo.

Observamos, também, uma relação entre a emergência dos MATs nas décadas de 1980 e 1990 com os debates clássicos sobre "a questão agrária". Desde o final do século XIX, revolucionários e acadêmicos – entre eles V. I. Lênin, Karl Kautsky e A. V. Chayanov – debatiam o impacto do capitalismo no meio rural e os limites que a terra, a agricultura e as estruturas agrárias preexistentes colocavam à acumulação do capital e ao pleno desenvolvimento das relações sociais capitalistas (Akram-Lodhi; Kay, 2010; Bernstein, 2010; Hussain; Tribe, 1981). Embora uma discussão exaustiva dessas controvérsias não se enquadre no escopo deste livro, vale observar que a ascensão de importantes movimentos camponeses e de agricultores em vários países, no final do século XX, é um indício da incompletude da transição para o capitalismo na agricultura. De fato, o ímpeto de organização de movimentos que acabaram por formar laços transfronteiriços surgiu das áreas remanescentes de agricultura camponesa e de pequenos produtores, que a agricultura industrial não logrou ou não tentou subordinar ou obliterar. Nos últimos anos, alguns estudiosos, apontando o exagerado papel do capital financeiro, afirmaram que a propriedade da terra se tornou irrelevante no capitalismo tardio. Ao contrário, nós sustentamos que iminentes crises energéticas e alimentares (com a concomitante demanda por biocombustíveis e alimentos básicos), novos mecanismos de investimento em "capturas" de carbono para mitigar as mudanças climáticas, e a insegurança e volatilidade dos mercados financeiros contribuíram para renovar o interesse dos capitalistas na terra como um investimento potencialmente lucrativo e como um fundo para potenciais riscos. Com o crescimento da "apropriação de terras" e dos apelos por políticas redistributivas da terra no Sul global, a "questão agrária" se mantém como tema central dos estudos e das políticas de desenvolvimento.

Enquanto movimentos sociais, os MATs desafiam os analistas a desenvolverem novas ferramentas conceituais. Primeiramente, destacados teóricos da ação coletiva, como Charles Tilly (1986, p.392), afirmaram que só se pode falar de fato em "movimentos sociais" depois de 1848, a partir da consolidação dos Estados-nação europeus. O "movimento social", nessa perspectiva, é confrontado com as precedentes formas "defensivas" de ação coletiva e emerge sobretudo em oposição ao Estado. Até mesmo muitos dos estudos recentes sobre movimentos por justiça global mantêm um forte "nacionalismo metodológico", focando principalmente em países isolados (Beck, 2004; Della Porta, 2007). Talvez de forma paradoxal, essa ênfase nacional também caracteriza muitos dos movimentos sociais transnacionais, inclusive aqueles aqui estudados. A Via Campesina, por exemplo, de um modo geral, está formada por organizações de âmbito nacional e ainda não dispõe de um mecanismo de filiação de movimentos em locais que carecem de suficiente abertura política para criar organizações formais duradouras (especialmente a China). De que modo, então, devemos interpretar movimentos que transcendem fronteiras nacionais e reivindicam perante estados e instituições supraestatais, mas que ainda estão presos a pressupostos "nacionais"?

Em segundo lugar, desde a década de 1980, muita teoria foi produzida distinguindo os "antigos" movimentos sociais, baseados em classe, dos "novos", de base identitária; ou os "movimentos redistributivos" daqueles "movimentos por reconhecimento" (Calhoun, 1993; Fraser, 2003). Os MATs contemporâneos confundem esses binários, baseando-se em (ou, em alguns casos, reinventando) identidades de longa data para fazer reivindicações econômicas e exigir redistribuição (sobretudo de terra) e reconhecimento (como cidadãos plenos da nação, como grupos culturalmente distintos e como populações vulneráveis, sob o direito internacional).

Em terceiro lugar, Sidney Tarrow (2005) sustentou que organizar recursos, identificar e aproveitar oportunidades políticas, e formular demandas de modo a permitir aos ativistas unirem-se a outros são enormes desafios, ainda maiores para os movimentos sociais transnacionais do que para os nacionais. De nossa parte, afirmamos que o quadro é muito mais complexo. No caso de movimentos agrários, as alianças e ações transnacionais muitas vezes facilitam, ao invés de dificultar, a mobilização de recursos e a identificação de oportunidades políticas. Na verdade, o ativismo transnacional é, em si, uma oportunidade política. Em alguns casos, organizações nacionais integrantes de MATs foram criadas precisamente para aproveitar os fluxos de recursos – humanos e materiais – disponibilizados através de afiliações e campanhas internacionais.[2] ONGs doadoras, com

---

2 Este é o caso, por exemplo, da organização guatemalteca de âmbito nacional, Conampro, fundada em 1992, para preencher a vaga daquele país na coalizão centro-americana Asocode (Edelman, 1998), do SPI da Indonésia, fundado para afiliar-se à Via (como discutimos no Capítulo 5), ou – mais recentemente – de

10 MARC EDELMAN E SATURNINO M. BORRAS JR.

frequência, oferecem apoio a atividades internacionais e ONGs de defesa e promoção de direitos aportam aos MATs recursos cognitivos e informação política fundamentais. Contudo, o acesso a recursos pode ser uma faca de dois gumes: de um lado, contribuindo para um forte perfil internacional e, de outro, gerando novos tipos de tensões e vulnerabilidades, inclusive o fim de alguns MATs e o abandono do trabalho transnacional por algumas organizações nacionais. Estudiosos dos movimentos sociais transnacionais (Keck; Sikkink, 1998; Smith; Johnston, 2002; Tarrow, 2005; Della Porta, 2007; Moghadam, 2012; Juris; Khasnabish, 2013) – talvez em razão de um "viés urbano" – tendem a dar pouca ou nenhuma atenção aos MATs, embora estes estejam entre os maiores movimentos sociais do mundo hoje (ver capítulos 3 e 4).[3] Acreditamos que o estudo das experiências e desafios dos MATs pode enriquecer o campo mais amplo do ativismo transnacional.

Isso nos leva a um quarto ponto importante sobre os MATs e a teoria dos movimentos sociais. Organizações camponesas, sejam elas transnacionais ou não, tendem a representar-se como processos *sui generis,* originados e desenvolvidos exclusivamente através da agência de seus adeptos camponeses. Embora reconheçamos a extraordinária capacidade organizativa e a perspicácia política das lideranças de base, também salientamos que o campesinato atual não é o mesmo sequer de uma ou duas décadas atrás. Muitos ativistas rurais ampliaram suas perspectivas através de programas de capacitação, contatos no exterior e participação em eventos internacionais da sociedade civil e em órgãos de governança nacionais e internacionais. Muitos conseguiram graduar-se em universidades. Um pequeno número deixou a agricultura e o ativismo para integrar-se à vida acadêmica, em cuja produção, com frequência, conferem legitimidade e destaque às demandas do movimento camponês (Desmarais, 2007). Além disso, embora frequentemente as relações entre movimento

---

algumas organizações indianas fundadas para afiliarem-se a movimentos transnacionais de pescadores (Sinha, 2012).

3 Von Bülow (2010) é uma notável exceção.

camponês e ONGs tenham sido carregadas de tensão, as fronteiras entre as duas categorias são, por vezes, difusas, e alianças com algumas ONGs de investigação e defesa de direitos têm possibilitado aos MATs acesso crucial a importantes recursos cognitivos e a instituições internacionais.

Em quinto lugar, para surpresa de muitos, os MATs têm estado à frente das lutas contra a globalização neoliberal, desde bem antes da Batalha de Seattle contra a OMC, em 1999, à qual alguns acadêmicos e ativistas atribuem o início do movimento por justiça global. A surpresa decorre de dois mal-entendidos. Em um mundo em urbanização, especialmente, mas não só, no Norte global, camponeses e agricultores são vistos como ingênuos, incultos ou como relíquias de um passado que está desaparecendo rapidamente. Entretanto, como apontamos antes, os campesinatos de hoje são muito heterogêneos e, com frequência, bastante complexos. Outro mal-entendido e fonte de surpresa está relacionado ao papel da força de trabalho organizada. O advento da globalização neoliberal, nos anos 1970, teve um efeito devastador sobre os sindicatos de trabalhadores em muitos países, com o fechamento ou privatização de alguns setores, a redução do setor público e a intensificação da concorrência internacional. Em Seattle, caminhoneiros aliaram-se a ambientalistas fantasiados de tartarugas, mas, em geral, os sindicatos, tanto nos países desenvolvidos como naqueles em desenvolvimento, não conseguiram sustentar uma oposição firme ao ataque neoliberal. No meio rural, a situação foi diferente. Também ali, a liberalização econômica teve um impacto devastador, como discutimos em detalhes nos próximos capítulos. Mas, devido à penetração incompleta do capital nas áreas rurais, restou, em muitos lugares, considerável capacidade de organização e resistência. Por fim, os MATs criaram e preencheram um espaço de protesto que o movimento sindical se mostrou incapaz de ocupar.

Em sexto lugar, o caso dos MATs demonstra como a política econômica é essencial ao estudo dos movimentos sociais. Uma recente análise de conteúdo de resumos e títulos de artigos em *Mobilization* e em *Social Movement Studies* – dois dos principais periódicos

12 MARC EDELMAN E SATURNINO M. BORRAS JR.

nessa área – revelou que os termos "capitalismo" e "economia" raramente aparecem, e que "luta de classes" e "conflito de classes" estão totalmente ausentes (Hetland; Goodwin, 2014). Os contextos político-econômicos que deram origem a MATs – em particular a globalização neoliberal, a partir da década de 1980 – são centrais para a discussão que se segue neste livro. Do mesmo modo, argumentamos que é impossível compreender a política dos movimentos rurais sem examinar suas bases ou públicos de determinadas classes sociais – agricultores comerciais de grande escala, camponeses ricos, pequenos camponeses, ou trabalhadores rurais sem terra –, bem como as alianças entre classes que podem existir em organizações rurais. Os movimentos sociais raramente são tão coerentes quanto fazem crer seus líderes ou adeptos. Na verdade, constituem, muitas vezes, "arenas de disputa". Como destaca Colin Barker (2014, p.8, *itálicos no original*), "[a] 'luta de classes' ocorre não só *entre* movimentos e seus antagonistas, mas também *dentro* deles: suas ideias, formas de organização e repertórios de contestação residem, todos, na 'visão estratégica' de seus contendores". Ao mesmo tempo, como reiteramos no Capítulo 2, embora "classe" seja uma categoria fundamental de análise da política agrária, é essencial compreender como esta intersecta outras identidades sociais como raça/etnia, gênero, geração, nacionalidade, região e local.

Um sétimo ponto envolve o fluxo e refluxo de movimentos ao longo do tempo e sua eventual fragilidade. Os estudiosos dos movimentos sociais há muito reconhecem que os movimentos são afetados por "ciclos de protestos" – os turbulentos anos 1930 ou 1960, por exemplo (Tarrow, 1994; McAdam, 1995). Ou seja, os movimentos, às vezes, têm um ciclo de "vida e morte" (Castells, 2012). Além disso, embora os ativistas tendam a projetar uma imagem demasiadamente coerente de seus movimentos, e a exagerar a adesão a eles, observadores há muito percebem que as organizações camponesas (e outras) são com frequência arruinadas por divisões internas, e que seus líderes, muitas vezes, as usam como trampolim para ascensão individual (Landsberger; Hewitt, 1970). Os fenômenos das "organizações fictícias" (Tilly, 1984) e – na era da Internet – do "ativismo virtual" (Anheier; Themudo, 2002) – pequenos grupos que tentam projetar uma presença expressiva – são, às vezes, relevantes no estudo dos MATs contemporâneos. De fato, neste livro, apontamos diversos casos em que MATs e seus movimentos nacionais filiados racharam ou se desintegraram totalmente. Longe de criarmos uma narrativa triunfalista, tentamos, sim, uma avaliação serena das fragilidades e desafios.

Finalmente, reconhecemos a dificuldade enfrentada por leitores e leitoras em lidar com um livro que tenta alcançar um escopo global e foca em organizações formalmente constituídas. Se colocássemos por extenso o nome de cada movimento ou organização, a cada vez que os mencionamos, este "pequeno livro" tornar-se-ia, de imediato, um de tamanho médio. Nossa prosa está, portanto, inevitavelmente facilitada – ou dificultada, dependendo de sua perspectiva – por uma "sopa de letras" de siglas. Elas são mencionadas por extenso (e às vezes traduzidas) na primeira menção, e aquelas utilizadas com mais frequência (por exemplo, Via para a Via Campesina) serão familiares depois de poucas páginas. Contudo, pode ser necessário recorrer com frequência à lista de siglas (que contém os nomes completos no original e, quase sempre, uma tradução). Se você sentir que está a afogar-se em uma sopa de letras, rogamos lembrar que cada sigla representa pessoas e instituições concretas, cada uma com sua trajetória, agenda, práticas e alianças específicas. Reconhecemos também (e discutimos em mais detalhes no Capítulo 4) que privilegiar analiticamente organizações formais pode ser um fator limitador, pois tende a tornar invisível a atividade política ocorrida fora de suas fronteiras e a obscurecer o fato de que poucos movimentos sociais chegam a organizar além de uma minoria dos públicos que dizem representar. No entanto, explorar exaustivamente essas questões exigiria mais do que "um pequeno livro" – demandaria outro, mais extenso e distinto.

14 MARC EDELMAN E SATURNINO M. BORRAS JR.

Agradecimentos

Este pequeno livro representa uma síntese de muitos anos de pesquisa e colaboração dos autores com os movimentos agrários (e, mais recentemente, um com o outro). Os ativistas rurais e aliados do movimento que aportaram inspiração, apoio e conhecimentos essenciais ao longo dessa trajetória, são muito numerosos para que se possa nomeá--los. Essas pessoas, juntamente com muitos colegas e alunos, ajudaram a aprimorar nossa análise – em seminários e conferências, em conversas informais, e como críticos de nosso trabalho escrito. Nossos sinceros agradecimentos e apreço a todos vocês.

Estamos também gratos às organizações que apoiaram a pesquisa e a redação – também, ao longo de muitos anos. Edelman gostaria de agradecer à Fundação Wenner-Gren para Pesquisa Antropológica, à Fundação Nacional de Ciência dos EUA, à Sociedade Americana de Filosofia, ao Programa de Prêmios em Pesquisa PSC-CUNY, ao Centro de Filantropia e Sociedade Civil e à Pesquisa Avançada Colaborativa, ambos vinculados ao Centro de Pós-Graduação da Universidade da Cidade de Nova York (CUNY). Borras gostaria de agradecer ao Instituto Transnacional (TNI), à Organização Inter-Igrejas de Cooperação para o Desenvolvimento (ICCO) e ao Grupo de Pesquisa em Economia Política dos Recursos, Meio Ambiente e População (PER) do Instituto Internacional de Estudos Sociais (ISS). Por fim, agradecemos a Christian Pacheco e Paloma Rodrigo pela construção do índice.

No Brasil, os professores Bernardo Mançano Fernandes e Sergio Schneider gostariam de agradecer o apoio da Cátedra Unesco de Educação do Campo e Desenvolvimento Territorial, da Fundação Rosa Luxemburgo, do Programa de Pós-Graduação em Meio Ambiente e Desenvolvimento Rural da Universidade de Brasília, do Programa de Pós-Graduação em Desenvolvimento Rural da Universidade Federal do Rio Grande do Sul e do Programa de Pós-graduação em Desenvolvimento Territorial na América Latina e Caribe.

Siglas

Sigla	Nome original ou internacional	Tradução
ACWW	Associated Country Women of the World	Associação das Mulheres Rurais do Mundo
AED		ajuda externa ao desenvolvimento
AFA	Asian Farmers Association for Sustainable Rural Development	Associação de Agricultores Asiáticos para o Desenvolvimento Rural Sustentável
Afasa	African Farmers Association of South Africa	Associação Africana de Agricultores da África do Sul
AFSA	Australian Food Sovereignty Alliance	Aliança Australiana da Soberania Alimentar
AGMK	Adivasi Gothra Mahasabha Kerala, Índia	
AGRA	Aliansi Gerakan Reforma Agraria	Aliança dos Movimentos de Reforma Agrária, Indonésia
AgriSA	Home of the South African Farmer	Casa do Agricultor Sul-Africano
ALPF	All Lanka Peasants Front	Frente Cingalesa de Camponeses, Sri Lanka
Amihan	National Federation of Peasant Women	Federação Nacional de Mulheres Camponesas, Filipinas
Anach	Asociación Nacional de Campesinos de Honduras	Associação Nacional dos Camponeses de Honduras

Sigla	Nome original ou internacional	Tradução
ANFS	Arab Network for Food Sovereignty	Rede Árabe pela Soberania Alimentar
Angoc	Asian NGO Coalition	Coalizão Asiática de ONGs
ANPF	All Nepal Peasants Federation	Federação dos Camponeses do Nepal
ANWA	All Nepal Women's Association	Associação das Mulheres do Nepal
APC	Asian Peasant Coalition	Coalizão Camponesa Asiática
APM	Alliance of People's Movement	Aliança dos Movimentos Populares, Índia
APMU	Andhra Pradesh Matsyakarula Union	União Sindical dos Pescadores de Andhra Pradesh, Índia
APMW	Andhra Pradesh Migrants Workers Union	União dos Trabalhadores Migrantes de Andhra Pradesh, Índia
APTFPU	A. P. Sampradaya Mastya Karula Union	União das Populações Pescadoras Tradicionais de Andhra Pradesh, Índia
APVVU	Andhra Pradesh Vyavasaya Vruthidarula Union	Federação de Trabalhadores Rurais Informais de Andhra Pradesh, Índia
ARWC	Asian Rural Women's Coalition	Coalizão de Mulheres Rurais da Ásia
Asocode	Asociación Centroamericana de Organizaciones Campesinas para la Cooperación y el Desarrollo	Associação Centro-Americana de Organizações Camponesas para Cooperação e Desenvolvimento
ATC	Asociación de Trabajadores del Campo	Associação de Trabalhadores do Campo, Nicarágua
BAFLF	Bangladesh Agricultural Farm Labor Federation	Federação do Trabalho Agrícola de Bangladesh
BALU	Bangladesh Agricultural Labour Union	Sindicato Agrícola de Bangladesh
BAS	Bangladesh Adivasi Samiti	Associação de Povos Indígenas de Bangladesh
BBS	Bangladesh Bhumiheen Samiti	Associação dos Agricultores Sem Terra de Bangladesh
BKF	Bangladesh Krishok Federation	Federação de Camponeses de Bangladesh
BKS	Bangladesh Kishani Sabha	Associação de Mulheres Camponesas de Bangladesh

MOVIMENTOS AGRÁRIOS TRANSNACIONAIS 17

Sigla	Nome original ou internacional	Tradução
BKU	Bharatiya Kisan Union	União dos Agricultores Indianos nacional e filiais subnacionais, Índia
BM		Banco Mundial
CAOI	Coordinadora Andina de Organizaciones Indígenas	Coordenação Andina de Organizações Indígenas
CARP	Comprehensive Agrarian Reform Program	Programa Extensivo de Reforma Agrária, Filipinas
CAWI	Coalition of Agricultural Workers International	Coalizão Internacional de Trabalhadores Agrícolas
CCI		Comitê de Coordenação Internacional da Via Campesina
CCODP	Canadian Catholic Organization for Development and Peace	Organização Católica Canadense para o Desenvolvimento e a Paz
Cenesta	Centre for Sustainable Development and Environment	Centro para o Desenvolvimento e Meio Ambiente Sustentáveis, Irã
Cetim	Centre Europe-Tiers Monde	Centro Europa-Terceiro Mundo, Suíça
CFA	Canadian Federation of Agriculture	Federação Canadense da Agricultura
CFU	Commercial Farmers' Union	União dos Agricultores Comerciais, Zimbábue
CGRA		Campanha Global pela Reforma Agrária
CIDA	Canadian International Development Agency	Agência Canadense de Desenvolvimento Internacional
CILSS	Comité Inter-États de Lutte contre la Sécheresse au Sahel	Comitê Permanente Interestatal de Luta contra a Seca no Sahel
CIP		Comitê Internacional de Planificação pela Soberania Alimentar
Ciradr		Conferência Internacional sobre Reforma Agrária e Desenvolvimento
CLOC	Coordinadora Latinoamericana de Organizaciones del Campo	Confederação Latino-Americana de Organizações Camponesas
CLPE		consentimento livre, prévio e esclarecido
CNA	Confederação da Agricultura e Pecuária do Brasil	

Sigla	Nome original ou internacional	Tradução
CNCR	Conseil National de Concertation et de Coopération des Ruraux du Sénégal	Conselho Nacional para o Diálogo e Cooperação entre Populações Rurais do Senegal
CNTC	Central Nacional de Trabajadores del Campo	Central Nacional de Trabalhadores Rurais, Honduras
Coati	Colectivo para la Autogestión de Tecnologías para la Interpretación	Coletivo para a Autogestão de Tecnologias de Interpretação, Espanha
Cococh	Consejo Coordinador de Organizaciones Campesinas de Honduras	Conselho Coordenador de Organizações Camponesas de Honduras
Conampro	Coordinadora Nacional de Pequeños y Medianos Productores de Guatemala	Confederação Nacional de Pequenos e Médios Produtores da Guatemala
Contag	Confederação Nacional dos Trabalhadores na Agricultura, Brasil	
COPA	Committee of Professional Agricultural Organisations in the European Union	Comitê de Organizações Profissionais Agrícolas da União Europeia
Coprofam	Confederação das Organizações de Produtores Familiares do Mercosul	
CPE	Coordination Paysanne Européenne	Coordenação Camponesa Europeia
CRH		Conselho de Direitos Humanos da ONU
CSA		Comitê de Segurança Alimentar Mundial
CSD	Commission on Sustainable Development	Comissão sobre Desenvolvimento Sustentável
CTNs		corporações transnacionais
DKMP	Demokratikong Kilusang Magbubukid ng Pilipinas	Movimento Camponês Democrático das Filipinas
ECMI	Enlace Continental de Mujeres Indígenas	Articulação Continental de Mulheres Indígenas
Ecowas	Economic Community of West Africa	Comunidade Econômica da África Ocidental
ECVC	European Coordination Via Campesina	Coordenação Europeia da Via Campesina

Sigla	Nome original ou internacional	Tradução
ELAA	Escola Latino-Americana de Agroecologia, Brasil	
ETC Group	Action Group on Erosion, Technology and Concentration	Grupo de Ação sobre Erosão, Tecnologia e Concentração, Canadá
FAD	Foundation of Agricultural Development	Fundação para o Desenvolvimento Agrícola, Mongólia
FAO	Food and Agriculture Organization of the United Nations	Organização das Nações Unidas para a Alimentação e a Agricultura
FARC	Fuerzas Armadas Revolucionarias de Colombia	Forças Armadas Revolucionárias da Colômbia
Fetraf	Federação dos Trabalhadores na Agricultura Familiar, Brasil	
FFF	Federation of Free Farmers	Federação dos Agricultores Livres, Filipinas
FIAN	Foodfirst Information and Action Network	Rede de Informação e Ação pelo Direito a se Alimentar
Fimarc	Fédération Internationale des Mouvements d'Adultes Ruraux Catholiques	Federação Internacional de Movimentos de Adultos Rurais Católicos
FMI		Fundo Monetário Internacional
FSM	Fórum Social Mundial	
GATT	General Agreement on Tariffs and Trade	Acordo Geral de Tarifas e Comércio
GM		geneticamente modificado ~cultivos
Grain	Genetic Resources and Action International	Recursos Genéticos e Ação Internacional, Espanha
HIC	Habitat International Coalition	Coalizão Internacional do Habitat
Hivos	Humanistisch Instituut voor Ontwikkelingssamenwerking	Instituto Humanista para a Cooperação com os Países em Desenvolvimento, Holanda
IAASTD	International Assessment of Agricultural Knowledge, Science and Technology for Development	Avaliação Internacional de Saberes, Ciência e Tecnologia Agrícola para o Desenvolvimento
IALA	Instituto Universitario Latinoamericano de Agroecología "Paulo Freire"	Instituto Universitário Latino-Americano de Agroecologia "Paulo Freire", Venezuela

Sigla	Nome original ou internacional	Tradução
ICA	International Commission of Agriculture	Comissão Internacional de Agricultura, Paris
ICCO	Interchurch Organization for Development Cooperation	Organização Inter-Igrejas de Cooperação para o Desenvolvimento, Holanda
ICSF	International Collective in Support of Fishworkers	Coletivo Internacional de Apoio aos Pescadores Artesanais, Índia e Bélgica
ICW	International Council of Women	Conselho Internacional de Mulheres
IFAD	International Fund for Agricultural Development	Fundo Internacional para o Desenvolvimento da Agricultura
IFAP	International Federation of Agricultural Producers	Federação Internacional de Produtores Agrícolas
IFC	International Finance Corporation	Corporação Financeira Internacional
IFIs		instituições financeiras internacionais
IFTOP	Indian Federation of Toiling Peasants	Federação Indiana de Trabalhadores Camponeses, Índia
IIA	International Institute of Agriculture	Instituto Internacional de Agricultura, Roma
IITC	International Indian Treaty Council	Conselho Internacional dos Tratados Indígenas
ILC	International Land Coalition	Coalizão Internacional para o Acesso à Terra
IUF	International Union of Food, Agricultural, Hotel, Restaurant, Catering, Tobacco & Allied Workers' Associations	União Internacional das Associações de Trabalhadores em Alimentação, Agricultura, Hotelaria, Restaurantes, Fumo e Similares
IWW	Industrial Workers of the World	Trabalhadores Industriais do Mundo
KCFA	Kerala Coconut Farmers Association	Associação dos Produtores de Coco de Kerala
KGSSS	Karnataka Grameena Sarva Shramik Sangh	Sindicato dos Trabalhadores Rurais de Karnataka, Índia
KMP	Kilusang Magbubukid ng Pilipinas	Movimento Camponês das Filipinas

Sigla	Nome original ou internacional	Tradução
KMT	Kuomintang	Partido Nacionalista Chinês
KRRS	Karnataka Rajya Raitha Sangha	Associação de Agricultores do Estado de Karnataka, Índia
LPM	Landless People's Movement	Movimento dos Sem-Terra, África do Sul
LRAN	Land Research and Action Network	Rede de Pesquisa-Ação sobre a Terra
LTO	Land-en Tuinbouw Organisatie Nederland	Organização Agrícola e Hortícola da Holanda
Maela	Movimiento Agro-Ecológico Latinoamericano	
MATs		Movimentos Agrários Transnacionais
Mijarc	Mouvement International de la Jeunesse Agricole et Rurale Catholique	Movimento Internacional da Juventude Agrícola e Rural Católica
MMM	Marcha Mundial de Mulheres	
Mocase	Movimiento Campesino de Santiago del Estero, Argentina	
Monlar	Movement for National Land and Agricultural Reform	Movimento da Reforma Agrária e Agrícola Nacional, Sri Lanka
MOPR	Mezhdunarodnaia Organizatsiia Pomoshchi Revoliutsioneram	Socorro Vermelho Internacional
MST	Movimento dos Trabalhadores Rurais Sem Terra, Brasil	
NALA	Nepal Agricultural Labor Association	Associação do Trabalho Agrícola do Nepal
NAV	Nederlandse Akkerbouw Vakbond	Sindicato Agrícola Holandês, Holanda
NPE		Nova Política Econômica, União Soviética
NFA	National Farmers Assembly	Assembleia Nacional de Agricultores, Sri Lanka
NFFC	National Family Farm Coalition	Coalizão Nacional da Agricultura Familiar, EUA
NFSW	National Federation of Sugar Workers	Federação Nacional dos Trabalhadores do Açúcar, Filipinas
NFU	National Farmers Union	União Nacional de Agricultores, Canadá

22 MARC EDELMAN E SATURNINO M. BORRAS JR.

Sigla	Nome original ou internacional	Tradução
NFU	National Farmers Union	União Nacional de Agricultores, EUA
NLC	National Land Committee	Comitê Nacional da Terra, África do Sul
NNFFA	Nepal National Fish Farmers Association	Associação Nacional dos Piscicultores do Nepal
NNPWA	Nepal National Peasant Women's Association	Associação Nacional das Mulheres Camponesas do Nepal
NRS AP	Nandya Raita Samakya	União dos Agricultores de Nandyal, Andhra Pradesh, Índia
OCDE		Organização para Cooperação e Desenvolvimento Econômico
OGM		organismo geneticamente modificado
OMC		Organização Mundial do Comércio
ONG		organização não governamental
OWINFS	Our World Is Not For Sale	Nosso Mundo Não Está à Venda
PCC		Partido Comunista Chinês
PAFO	Pan-African Farmers' Organization	Organização Pan-Africana de Agricultores
Pamalakaya	National Federation of Small Fisherfolk Organization in the Philippines	Federação Nacional das Organizações de Pequenos Pescadores das Filipinas
PAN-AP	Pesticide Action Network	Rede de Ação sobre Pesticida Ásia Pacífico
PFS	Paulo Freire Stichting	Fundação Paulo Freire, Holanda
PKMT	Pakistan Kisan Mazdoor Tahreek	Movimento Trabalhista do Paquistão
PPME		países pobres muito endividados
Propac	Plateforme Régionale des Organisations Paysannes D'Afrique Centrale	Plataforma Regional de Organizações Camponesas da África Central
RAFI	Rural Advancement Foundation International	Fundação Internacional para o Progresso Rural
rai	responsible agricultural investment	investimento responsável na agricultura
ram		reforma agrária de mercado

Sigla	Nome original ou internacional	Tradução
REDD+	Reducing Emissions from Deforestation and Forest Degradation	Redução de emissões decorrentes do desmatamento e da degradação de florestas
RNB		renda nacional bruta
Roppa	Réseau des Organisations Paysannes et des Producteurs Agricoles de L'Afrique de L'Ouest	Rede de Organizações Camponesas e de Produtores Agrícolas da África Ocidental
SAAU	South African Agricultural Union	União Agrícola Sul-Africana
Sacau	Southern African Confederation of Agricultural Unions	Confederação Sindical Agrícola do Sul da África
SOC	Sindicato Obrero del Campo	Sindicato dos Tralhadores do Campo, Andaluzia, Espanha
SPI	Serikat Petani Indonesia	União dos Agricultores Indonésios
SRA	Sociedad Rural Argentina	
TNDWM	Tamil Nadu Dalit Women's Movement	Movimento de Mulheres Dalit de Tamil Nadu, Índia
TNFA	Tamil Nadu Farmers Association	Associação dos Agricultores de Tamil Nadu
TNI	Transnational Institute	Instituto Transnacional
TNWF	Tamil Nadu Women's Forum	Fórum de Mulheres de Tamil Nadu, Índia
TWF	Tenaganita Women's Force	Força de Mulheres Tenaganitas, Malásia
TWN	Third World Network	Rede do Terceiro Mundo
Via	La Vía Campesina	Via Campesina
UMA	Unyon ng Manggagawa sa Agrikultura	União dos Trabalhadores Agrícolas, Filipinas
UNAG	Unión Nacional de Agricultores y Ganaderos	União Nacional de Agricultores e Pecuaristas, Nicarágua
Undrip	UN Declaration on the Rights of Indigenous Peoples	Declaração da ONU sobre Direitos dos Povos Indígenas
Unorca	Unión Nacional de Organizaciones Regionales Campesinas Autónomas, México	
Unorka	Ugnayan ng mga Nagsasariling Lokal na Organisasyon sa Kanayunan	Confederação de Organizações Rurais Locais Independentes, Filipinas

Sigla	Nome original ou internacional	Tradução
Upanacional	Unión de Pequeños y Medianos Agricultores Nacionales, Costa Rica	
UPPA	Union Provisoire des Paysans Africains	União Provisória de Camponeses Africanos
USFSA	US Food Sovereignty Alliance	Aliança Americana da Soberania Alimentar, EUA
VNWF	Vikalpani National Women's Federation	Federação Nacional de Mulheres Vikalpani, Sri Lanka
Wamip	World Alliance of Mobile Indigenous People	Aliança Mundial de Povos Indígenas Nômades
WFF	World Forum of Fish Harvesters and Fish Workers	Fórum Mundial de Pescadores e Trabalhadores da Pesca
WFFP	World Forum of Fisher Peoples	Fórum Mundial de Populações de Pescadores
WFO	World Farmers' Organization	Organização Mundial de Agricultores
WWOOF	World Wide Opportunities on Organic Farms	Oportunidades Mundiais em Sítios Orgânicos
ZANU	Zimbabwe African National Union	União Nacional Africana do Zimbábue
Zimsoff	Zimbabwe Small Organic Smallholder Farmers Forum	Fórum dos Pequenos Agricultores Orgânicos do Zimbábue
ZNFU	Zambia National Farmers Union	União Nacional de Agricultores da Zâmbia

1
MOVIMENTOS AGRÁRIOS TRANSNACIONAIS: TRAJETÓRIAS E DIVERSIDADE

Os movimentos e redes agrárias transnacionais contemporâneos são plurais e diversos, embora os observadores, com frequência, concentrem sua atenção apenas naqueles movimentos agrários transnacionais (MATs) mais visíveis e "ruidosos", como a Via Campesina (Via). Vários analistas também consideram – e muitos ativistas rurais afirmam – que os MATs contemporâneos constituem um novo fenômeno, gerado pela globalização neoliberal e possibilitado por novas tecnologias de comunicação e por transporte aéreo de baixo custo. No entanto, a utopia da solidariedade internacional antecede a Internet em pelo menos um século, e os movimentos agrários transnacionais nada têm de novo. Alguns deles formaram-se no final do século XIX e início do século XX, outros na esteira da Segunda Guerra Mundial, e muitos nas décadas de 1980 e 1990. Alguns dos atuais movimentos ou redes existem há décadas, como é o caso, por exemplo, do programa de extensão rural horizontal *Campesino a Campesino*, na América Central e no México, iniciado nas décadas de 1960 e 1970 (Boyer, 2010; Bunch, 1982; Holt-Giménez, 2006). Além disso, os movimentos ou redes transnacionais hoje existentes apoiam-se, muitas vezes, em vínculos transfronteiriços mais antigos, estabelecidos bem antes da investida neoliberal do início dos anos 1980 (Edelman, 2003). Muitos desses laços transfronteiriços e transcontinentais foram forjados, por exemplo, nas décadas de 1970 e 1980, no âmbito das extensas redes de solidariedade que, na Europa e na América do Norte, apoiavam os movimentos de libertação nacional e de combate às ditaduras em países em desenvolvimento como Chile, Nicarágua, África do Sul e Filipinas. Mas a construção de alianças transnacionais entre camponeses e agricultores é muito anterior. Conhecer os movimentos agrários transnacionais do passado contribui para a compreensão da diversidade e das dinâmicas dos MATs contemporâneos e, em alguns casos, ajuda a explicar a emergência de movimentos e redes contemporâneos.

Antecedentes históricos

Esta seção discute brevemente vários MATs históricos e contemporâneos que têm recebido pouca atenção acadêmica. Os MATs hoje mais proeminentes, particularmente a Via, são examinados em detalhes nos capítulos seguintes. A construção de alianças transnacionais entre organizações camponesas e de pequenos agricultores ganhou impulso no fim da década de 1980, mas suas origens remontam ao final do século XIX. Isso sugere que o ativismo transfronteiriço não é simples fruto de computadores e Internet, de transporte aéreo acessível, do crescente domínio das instituições de governança supranacionais ou do enfraquecimento dos Estados nacionais diante da globalização neoliberal. As primeiras organizações agrárias transnacionais exibiam, por vezes, combinações ecléticas de populismo agrário, comunismo, reformismo e *noblesse oblige* das elites, pacifismo e feminismo. Como os "novos movimentos sociais" dos anos 1960 em diante, ativistas pertinazes, que participaram de sucessivos movimentos, apoiaram-se em experiências prévias de lutas para criar novos tipos de demandas.

Associação das Mulheres Rurais do Mundo

Essas conexões entre temáticas e através de gerações se evidenciam, se examinarmos brevemente as forças que convergiram na Associated Country Women of the World (ACWW, Associação das Mulheres Rurais do Mundo), uma organização rural transnacional que começou a formar-se no final da década de 1920.[1] A ACWW tem suas origens, provavelmente, em encontros entre líderes do International Council of Women (ICW – Conselho Internacional de Mulheres) – fundado em Washington em 1888 – e do Women's Institute (WI – Instituto de Mulheres), organização criada no Canadá, nas década de 1890, e que se espalhou para os Estados Unidos, Inglaterra e muitas colônias britânicas (Davies, s.d). O ICW foi fundado por ativistas norte-americanas (e por delegadas de outros oito países) que haviam participado dos movimentos abolicionista e pelo sufrágio feminino e do movimento de temperança (Rupp, 1997).[2] Os Institutos das Mulheres (Women's Institutes) foram criados por líderes da seção canadense do ICW, como subsidiárias dos Institutos de Agricultores (*Farmer's Institutes*), um programa provincial de extensão que também existia nos Estados Unidos (Moss; Lass, 1988; McNabb; Neabel, 2001). Em 1913, a ativista canadense do WI, Madge Watt, mudou-se para a Grã-Bretanha, onde ajudou a fundar várias centenas de Institutos das Mulheres locais, convencendo Ishbel Gordon Aberdeen, presidente de longa data do ICW, a constituir uma federação internacional. Watt e Lady Aberdeen, uma aristocrata feminista cujo marido servira como governador britânico no Canadá, convocaram uma reunião em Londres, em 1929, trazendo mulheres de 23 países, e estabeleceram um comitê de mulheres rurais do ICW (Drage, 1961). O comitê publicava um anuário, *What the Countrywomen of the World Are Doing* [O que fazem as mulheres rurais do mundo], uma revista, *The Countrywoman* [A mulher rural]

---

1 Sobre a ACWW e o IFAP, ver Edelman (2003); sobre a Internacional Verde, ver Borras, Edelman e Kay (2008).

2 Keck e Sikkink (1998, p.41) consideram o movimento abolicionista um importante "precursor" dos movimentos sociais transnacionais posteriores.

28 MARC EDELMAN E SATURNINO M. BORRAS JR.

e um boletim, *Links of Friendship* [Laços de Amizade]. Além disso, distribuía panfletos em três línguas para recrutar novas associações nacionais (Meier, 1958). Em 1933, em Estocolmo, transformou-se na Associated Country Women of the World – ACWW.

Nos primórdios da organização, mulheres da aristocracia inglesa, belga, romena, alemã e sueca desempenharam papéis centrais (e, mesmo recentemente, em 2012, seu conselho diretor incluía uma princesa malaia) (ACWW, 2012; Meier, 1958; Drage, 1961; London Times, 1946). Em 1936, seu primeiro Congresso Trienal fora da Europa, realizado em Washington, levou cerca de 7 mil mulheres agricultoras, a maioria delas americanas (Meier, 1958). A ACWW estabeleceu escolas de oratória para as organizadoras e pesquisou sobre temas como serviços de parteiras e nutrição. No período pré-guerra, atuou junto à Liga das Nações. Durante a guerra, a organização mudou sua sede de Londres para a Cornell University, um importante centro de pesquisa agrícola situado no norte do estado de Nova York, nos Estados Unidos. Após a Segunda Guerra Mundial, conquistou *status* consultivo em diversas agências das Nações Unidas (Meier, 1958). Recentemente, a ACWW tem apoiado programas de geração de renda de pequena escala, incluindo a produção de óleo de palma, e defendido os direitos das mulheres em foros internacionais, embora sem uma ênfase crítica sobre questões de terra, trabalho e meio ambiente. Apesar da crescente participação de mulheres dos países menos desenvolvidos e da abordagem cada vez mais complexa das questões de gênero, a ACWW jamais superou suas origens aristocráticas britânicas. Seus congressos ainda são realizados em inglês, sem tradução, uma prática que limita a participação dos países que não são de língua inglesa basicamente às mulheres com nível de educação elevada, das classes média e alta, a maior parte das quais são de equipes de ONGs e não produtoras rurais (Edelman, 2003). Ainda assim, a ACWW afirma contar hoje com 9 milhões de filiadas, em 450 associações participantes, de cerca de 70 países (ACWW, 2012).

A Internacional Verde

Na década posterior à Primeira Guerra Mundial, dois movimentos internacionais disputavam o apoio dos camponeses na Europa central e na oriental: o movimento agrário Internacional Verde, por algum tempo sediado em Praga, e a Internacional Camponesa ou Krestintern, com sede em Moscou (Jackson, 1966).[3] Depois da guerra, partidos políticos agrários ou liderados por camponeses chegaram ao poder na Bulgária e na Iugoslávia e exerceram grande influência sobre Checoslováquia, Polônia, Romênia, Hungria, Áustria e Holanda. Os partidos agrários divergiam em ideologia e prática e, em geral, estavam formados por tendências internas que competiam acirradamente. A maioria, no entanto, procurava alterar as relações de troca em favor das áreas rurais, implementar a redistribuição de terras e romper o poder dos grupos latifundiários tradicionais. Os dois últimos objetivos, evidentemente, eram partilhados pelos comunistas, com quem os agrários mantinham relações complexas, ocasionalmente colaborativas, mas em geral antagônicas em quase todos os países.

O mais forte governo agrário estava na Bulgária, onde, em 1919, depois de um período de violência e instabilidade, o sindicato rural de Alexander Stamboliski venceu as primeiras eleições pós-guerra (Jackson, 1966; Bell, 1977). Stamboliski realizou reformas sociais abrangentes, especialmente mudanças no sistema tributário para favorecer a população rural pobre e distribuição de algumas grandes propriedades ao campesinato. Ao longo dos quatro anos seguintes, os agrários conquistaram crescente apoio eleitoral (assim como os comunistas, o segundo maior partido). Stamboliski – conhecido por sua animosidade em relação às cidades e aos citadinos, que ele com frequência denominava de "parasitas" – almejava transformar

---

3 Krestintern foi uma combinação do russo *Krest'yianskii Internatsional*, ou Camponês Internacional. Sobre as internacionais Vermelha e Verde, ver Borras; Edelman; Kay (2008).

a Bulgária em um "Estado agrícola modelo" no prazo de vinte anos (Jackson, 1966; Pundeff, 1992).

Stamboliski governou a Bulgária com a ajuda da Guarda Laranja Rural, milícias camponesas armadas de cassetetes, que mobilizou para se opor às ameaças contra o governo vindas sobretudo dos comunistas e dos nacionalistas de direita macedônios (Pundeff, 1992). Na política exterior, tentou garantir apoio dos partidos agrários da Polônia, Checoslováquia e outros para uma liga agrícola internacional que serviria para contrabalançar a reacionária Internacional Branca dos monarquistas e proprietários e a Internacional Vermelha dos bolcheviques (Colby, 1921; Gianaris, 1996; Alforde, 2013).

A Internacional Verde surgiu em 1920, quando os partidos agrários de Bulgária, Iugoslávia, Áustria, Hungria, Romênia, Holanda e Suíça intercambiaram delegações e estabeleceram uma liga, livremente organizada sob a direção de um médico bávaro e líder camponês, monarquista, o dr. Georg Heim (Durantt, 1920). No ano seguinte, a aliança constituiu-se formalmente como a Agência Agrária Internacional e estabeleceu uma sede em Praga (Bell, 1966). Esse esforço, devido em boa parte à iniciativa de Stamboliski, pouco avançou nos três anos seguintes, uma vez que o líder búlgaro estava ocupado com diversos problemas diplomáticos e uma ampla gama de adversários internos, incluindo comunistas, elites urbanas descontentes, militares nacionalistas e monarquistas, "brancos" refugiados da guerra civil na União Soviética, e extremistas de direita macedônios.

Em 1923, os inimigos de Stamboliski o assassinaram, em um sangrento golpe direitista que marcou o início de mais de duas décadas de ditadura militar e monarquista.[4] Rapidamente, eles derrotaram a intermitente resistência camponesa e dezenas de simpatizantes do Sindicato Agrário foram mortos no decorrer das semanas seguintes. Alguns meses após o golpe, uma breve e frágil aliança entre exilados búlgaros agrários e comunistas produziu um levante liderado

---

4 Durante o golpe, os comunistas declararam-se neutros em relação ao que consideravam uma simples briga entre as burguesias urbanas e rurais (Bell, 1977).

pelos comunistas, mas que também foi rapidamente sufocado, com a morte de cerca de 5 mil rebeldes (Pundeff, 1992; Carr, 1964).

A Internacional Vermelha Camponesa

O desastre búlgaro abriu caminho para a decisão da Internacional Comunista (Comintern), em 1923, de estabelecer uma Internacional Vermelha Camponesa (Krestintern) e aprofundar os laços com os partidos agrários. Vários fatores relacionados à União Soviética e ao movimento comunista internacional também contribuíram para essa iniciativa. A introdução, em 1921, da Nova Política Econômica (NPE) na URSS, caracterizada por uma maior tolerância em relação aos mercados agrícolas e à pequena propriedade, marcou o início de um período singularmente favorável aos camponeses na história soviética, o qual se estendeu até 1929, quando a consolidação do governo de Stálin inaugurou a coletivização da agricultura e o "extermínio dos *kulaks* como classe". Desapontada com o fracasso do levante comunista de 1919 na Alemanha e na Hungria, e com a derrota da invasão soviética da Polônia, em 1920, Moscou voltava-se cada vez mais para o leste como zona com maiores possibilidades de sucesso dos novos movimentos revolucionários. Mas essas sociedades possuíam pequenos contingentes proletários industriais e gigantescos campesinatos. No congresso de fundação do Krestintern, em 1923, o grupo lançou um apelo aos "tenazes trabalhadores dos países coloniais" (Carr, 1964, p.615). A primeira edição de sua revista trazia artigos de Nguyen Ai-quoc (pseudônimo de Ho Chi Minh) e de Sen Katayama, funcionário do Comintern japonês, cujas atividades cobriam a Ásia e estendiam-se até mesmo ao México e à América Central (Edelman, 1987).

Foram poucas as ocasiões em que o Krestintern conseguiu atrair movimentos agrários não comunistas. Em 1924, por um curto período, recrutou como membro o Partido Camponês croata, de Stjepan Radić, que, como Moscou, se opunha enfaticamente à ideia de uma federação iugoslava, a qual poderia tornar-se "uma máscara

32 MARC EDELMAN E SATURNINO M. BORRAS JR.

para o imperialismo da Grande Sérvia" (Biondich, 2000, p.198). Contudo, Radić, que ao filiar-se ao Krestintern pretendia pressionar Belgrado por uma maior autonomia croata, tinha inclinações pacifistas e achava difícil colaborar com os comunistas iugoslavos. Na verdade, ele nunca participou de qualquer atividade do Krestintern e sua rápida retirada enfraqueceu a legitimidade de uma já frágil organização (Carr, 1964; Jackson, 1966).

O Partido Nacionalista da China, o Kuomintang (KMT), também flertou com o Krestintern durante meados da década de 1920, como parte de sua aliança com o Partido Comunista Chinês (PCC). Vários líderes do KMT visitaram Moscou, e funcionários do Krestintern e do Comintern, incluindo Ho Chi Minh e um grande grupo de militantes vietnamitas, estudaram no Instituto de Formação do Movimento Camponês (IFMC) do PCC, no qual Mao Tsé-Tung atuava como professor (Quinn-Judge, 2003). Mas esse vínculo também se rompeu, em 1927, quando o KMT massacrou seus aliados comunistas em Xangai, ação que tomou os líderes soviéticos de surpresa. Às vésperas do golpe, o Comintern havia recomendado ao PCC depor suas armas (Cohen, 1975).

O Krestintern jamais conseguiu influenciar as demais "organizações subsidiárias" do Comintern, como a Internacional Sindical Vermelha (Profintern) ou a Socorro Vermelho Internacional (também conhecida por sua sigla russa MOPR). Após o congresso de 1925 do Comintern, o Krestintern realizou uma plenária, com 78 delegados de 39 países, e recomendou que seus militantes participassem das organizações camponesas existentes e tentassem alinhá-las às posições comunistas (Carr, 1964). Mas essa estratégia levaria dois anos depois ao fiasco de Xangai e, exceto por alguns efêmeros êxitos organizativos, no final dos anos 1920, o Krestintern estava moribundo. Figuras pró-camponeses no Partido Soviético, em particular Nikolai Bukharin, cada vez mais tinham de adaptar-se à visão de Stálin sobre o mundo rural e acabaram, em sua maioria, eliminadas durante os expurgos dos anos 1930 (Cohen, 1975). A única iniciativa duradoura do Krestintern foi a fundação do Instituto Agrário Internacional, em Moscou, com o objetivo explícito de servir de contrapeso ao Instituto Internacional de Agricultura (IIA), sediado em Roma, criado em 1905 com o apoio da Fundação Rockefeller e de uma precursora remota da Organização das Nações Unidas para a Alimentação e a Agricultura (Carr, 1964; Jackson, 1966).

Verde *versus* Vermelho nos anos 1920

Vista de fora, no entanto, a Internacional Vermelha Camponesa não parecia tão frágil. Em 1926-1927, sentindo-se ameaçadas pelo Krestintern, coalizões rivais buscaram formar um órgão de coordenação internacional. O primeiro foi iniciativa do dr. Ernst Laur, secretário-geral da União Camponesa Suíça, a fim de unificar a Comissão Internacional de Agricultura (ICA), com sede em Paris, e o IIA, de Roma, que tinha laços estreitos com a Liga das Nações.[5] A ideia de Laur era criar vínculos fortes entre organizações nacionais de camponeses e de agricultores e os dois órgãos de política. No entanto, seu plano fracassou quando o ICA e o IIA estabeleceram grupos concorrentes de coordenação internacional de organizações de agricultores, e quando os partidos agrários da Europa oriental se mantiveram distantes, desconfiados da oposição de Laur às expropriações de grandes propriedades e à intervenção no setor agrícola (Jackson, 1966).

Em 1926, a Agência Agrária Internacional, de Praga, ou Internacional Verde, abandonou sua orientação pan-eslava inicial e passou a contatar organizações de agricultores na França, Romênia, Finlândia e outras partes da Europa. Sob a liderança de Karel Mečiř, que servira como embaixador tcheco na Grécia, a Internacional Verde definiu-se como um centro para troca de experiências, apoio moral e solidariedade entre camponeses e partidos agrários, e como adversário internacional de governos nacionais que ameaçassem

---

5 O ICA foi criado em 1889 pelo ministro da Agricultura francês, Jules Melin. A organização buscou realizar congressos internacionais periódicos sobre problemas técnicos da agricultura mundial (Jackson, 1966).

34 MARC EDELMAN E SATURNINO M. BORRAS JR.

os interesses camponeses. Entretanto, suas principais atividades foram a publicação de um boletim trimestral multilíngue e a realização de convenções anuais. Em 1929, no seu auge, incluía dezessete partidos-membros, estendendo-se, nas palavras de Mečiř, "do Oceano Atlântico ao Mar Negro, do Oceano Ártico ao Mar Egeu " (Jackson, 1966, p.149).

A crise econômica mundial de 1929, a derrocada de vários partidos agrários nacionais e a ascensão do fascismo contribuíram para o fim da Internacional Verde. Os comunistas, a despeito de flertes ocasionais com os partidos agrários, condenavam com veemência tanto a Internacional Verde, como a tentativa de Laur de unir o ICA de Paris e o IIA de Roma. No contexto cada vez mais polarizado das Europas central e do leste, com rápida diminuição do espaço político, o projeto de uma internacional de camponeses ou agricultores só pôde irromper depois da Segunda Guerra Mundial, com a fundação da International Federation of Agricultural Producers (IFAP, Federação Internacional de Produtores Agrícolas).

A Federação Internacional de Produtores Agrícolas

A IFAP surgiu em meio ao otimismo em relação à cooperação global do fim da Segunda Guerra, e aos sérios temores de escassez de alimentos e da reincidência de uma crise agrícola como a dos anos 1930. Após o fim da guerra, o racionamento de alimentos na Grã-Bretanha persistiu ainda por cerca de uma década e, na realidade, tornou-se ainda mais severo para alguns produtos básicos como batatas. O mesmo artigo do *Times* que anunciava a fundação do IFAP, em 1946, por exemplo, também saudava a iminente chegada de "215.181 caixas de maçãs da Austrália" e "o primeiro carregamento de tomates das Ilhas do Canal" (London Times, 1946b).

Em 1946, o Sindicato Nacional de Agricultores britânico convocou uma reunião, em Londres, de representantes de agricultores de 30 países, com o objetivo de criar uma coalizão transnacional para apoiar a recém-formada Organização das Nações Unidas para

Agricultura e Alimentação (FAO), e de superar as diferenças entre grupos de interesse baseados em insumos básicos – por exemplo, produtores de grãos e produtores de gado de engorda – no setor agrícola (London Times, 1946a, 1946b). As organizações do norte europeu, que vieram a dominar a IFAP, possuíam uma trajetória de décadas em congressos internacionais, muitos envolvendo sociedades cooperativas e grupos de agricultores cristãos criados no início do século XX (ICA; IFAP, 1967; IFAP,1957). Apesar de alguma ambiguidade em relação ao liberalismo de mercado, essas forças costumavam apoiar partidos políticos de centro-direita. No período anterior à Segunda Guerra, atuavam em consonância com o IIA, de Roma (ver na subseção anterior), que empreendia pesquisa agronômica, defendia sistemas padronizados de divulgação de dados estatísticos e cooperava com a Liga das Nações. A FAO, criada em 1945, foi explicitamente modelada com base nessa experiência prévia, e a IFAP destinava-se a ser a parceira ou aliada da FAO no setor privado.

A prevalente situação de escassez é um elemento importante para se compreender por que as organizações de agricultores britânicas e de outras partes da Europa, no período pós-guerra, assim como a FAO e a IFAP, consideravam o aumento da produção agrícola um imperativo fundamental. Durante a convenção de fundação da IFAP, algumas delegações não europeias, especialmente as canadenses, demandaram mecanismos de comercialização internacional e de gestão da oferta "que distribuíssem a abundância de forma eficiente e de modo que os excedentes não implicassem desastres para os produtores" (London Times, 1946b). No entanto, prevalecia a orientação "produtivista" na IFAP, a qual veio depois a constituir um forte eixo de dissenção com as organizações agrárias mais radicais, que emergiram a partir da década de 1980 e cujas prioridades eram a equidade social e a sustentabilidade ambiental.

Nos primeiros anos da organização, os dirigentes da IFAP, quase todos de países desenvolvidos, participaram de delegações governamentais para as conferências da FAO, algumas vezes exercendo considerável influência sobre as políticas da FAO (IFAP, 1952a). Suas conexões com as instituições de governança global e

36 MARC EDELMAN E SATURNINO M. BORRAS JR.

com as grandes organizações de agricultores no Norte global permitiram à IFAP atrair um número crescente de organizações de camponeses e agricultores do Sul global. Sua estrutura organizacional interna baseava-se em uma gama variada de unidades regionais e focadas em *commodities*. Por várias décadas, a IFAP foi, possivelmente, o maior e mais influente movimento agrário transnacional, embora tenha sido aos poucos ofuscada pelo surgimento de grupos mais radicais, especialmente a Via (analisada em detalhes nos próximos capítulos). Em 2010, a IFAP foi atingida por uma súbita e grave crise interna que levou a organização à insolvência e dissolução (ver Capítulo 3).

A Federação Internacional de Movimentos de Adultos Rurais Católicos (Fimarc)

A Fédération Internationale des Mouvements d'Adultes Ruraux Catholiques (Fimarc), fundada em Portugal, em 1964, e sediada na Bélgica, nasceu da renovada ênfase do Concílio Vaticano II nos ensinamentos sociais da Igreja e, particularmente, na "opção pelos pobres" que constituía o cerne da teologia da libertação. Juntamente com seu grupo jovem, o Mouvement International de la Jeunesse Agricole et Rurale Catholique (Mijarc, Movimento Internacional da Juventude Agrária e Rural Católica), a Fimarc se define "como um movimento católico laico voltado ao desenvolvimento solidário com o mundo rural e seus habitantes, agricultores, pescadores, povos indígenas e todos os setores marginalizados da [...] sociedade" (Fimarc, 2014b). Busca atuar na genuína evangelização das áreas rurais e para a melhora abrangente da vida das populações rurais do mundo, a vasta maioria das quais é privada de tudo o que é necessário para uma existência humana digna. Os movimentos que conformam a Federação comprometem-se a "contribuir para a construção de uma sociedade baseada na solidariedade, na qual [...] indivíduos e comunidades são respeitados em termos de tudo que os define: seu sexo, sua raça, sua cultura e fé religiosa" (Pontifical Council, 2014).

A Firmarc possui 65 organizações filiadas, distribuídas entre África (16), Ásia (10), Europa (8), Oriente Médio (2) e América Latina (21), e afirma ter 1,5 milhão de membros (vale observar que essa é uma conta bem mais modesta do total de filiações do que aquela feita pela Via, que possuía, em 2014, 164 organizações filiadas e afirma representar cerca de 200 milhões de agricultores). A Firmarc possui uma revista, *Voz do Mundo Rural*, publicada em quatro idiomas e considera as Nações Unidas como uma instituição estratégica. Tem apoiado ativamente o Comitê Internacional de Planificação pela Soberania Alimentar (CIP) e a campanha da Via pela aprovação na ONU da Declaração dos Direitos dos Camponeses (ver Capítulo 6).[6] A Firmarc enfatiza especialmente a disseminação de informação, a formação e o que denomina "consciência cidadã" para a participação em ações de *lobby* e campanhas (Firmarc, 2014a). "Economia solidária", comércio justo, "finança solidária", soberania alimentar, apropriação de terras e dignidade humana estão entre os principais temas de trabalho da Firmarc.

A Rede WWOOF

A rede World Wide Opportunities on Organic Farms (WWOOF, Oportunidades Mundiais em Sítios Orgânicos), em geral, tem escapado ao radar de acadêmicos e ativistas interessados em organizações de cunho político mais explícito. O enfrentamento a dois problemas fundamentais que afetam o mundo rural constituem o foco de atuação da rede: primeiro, a ausência, em muitos lugares, de alternativas à agricultura industrial; e, em segundo lugar, as dificuldades encontradas pela juventude para aprender sobre agricultura e tornar-se agricultor. A organização priorizou, inicialmente, conectar consumidores urbanos de alimentos orgânicos com quem produzia esses alimentos. Esse objetivo transformou-se, depois, em um programa

---

6 A resolução foi aprovada pela Assembleia Geral das Nações Unidas em 17 de dezembro de 2018. (N. E.)

de estágios voluntários de longo prazo em unidades de produção orgânica. Da Grã-Bretanha, a rede expandiu-se para vários lugares da Europa e para a Nova Zelândia. Em 1985, surgiram no Canadá e nos EUA. A rede conta hoje com sítios afiliados em mais de cem países. Há diversas seções nacionais, mas mesmo onde não há uma representação as unidades de produção (denominados WWOOF independentes) ainda atraem voluntários. A rede realizou conferências internacionais na Grã-Bretanha (2000), no Japão (2006) e na Coreia (2011) (Bunn, 2011). Os poucos estudos acadêmicos sobre a WWOOF tendem a considerá-la sob as rubricas de turismo alternativo ou voluntariado, mas a rede contribui também, de forma crescente, para a sobrevivência de unidades de produção orgânica, pela oferta de trabalho de baixo custo, e constitui um caminho de ingresso na agricultura para jovens de países desenvolvidos que, sem ela, teriam poucas oportunidades para isso (Hyde, 2014; Yamamoto; Engelsted, 2014). Muitos de seus agricultores anfitriões consideram-se participantes de uma "economia social" local, que evoca tanto a "economia solidária" promovida pela Fimarc como as perspectivas mais conhecidas de "soberania alimentar".

Um aspecto curioso da WWOOF é como o significado da sigla foi mudando ao longo dos anos. Em 1971, quando a rede foi fundada, em Londres, a sigla significava Working Weekends on Organic Farms (Trabalhos de Fins de Semana em Sítios Orgânicos). No início dos anos 1980, passou a significar Willing Workers on Organic Farms (Trabalhadores Voluntários em Unidades de Produção Orgânica), mas a menção a "trabalhadores" criou problemas com as autoridades de imigração para os jovens que buscavam voluntariar fora de seu país. Diante dessa dificuldade, a rede mudou seu nome, uma vez mais, para World Wide Opportunities on Organic Farms (Oportunidades Mundiais em Sítios Orgânicos). O nome da rede tornou-se tanto uma referência a seus participantes (WWOOFers) como um verbo (to WWOOF significa trabalhar em um sítio através da rede WWOOF) (Bunn, 2011).

Roppa na África Ocidental

Em 1973-1974, uma grande seca devastou as regiões do Sahel e do oeste da África. "Desastres naturais", evidentemente, nunca são inteiramente "naturais", e com frequência suscitam mobilização social. Boa parte da desertificação que contribuiu para a fome no Sahel ocorreu quando os cultivos de algodão e amendoim para exportação esgotaram os aquíferos, expulsando os camponeses de suas terras, e restringindo os pastores nômades e seus rebanhos a áreas de pastagem cada vez menores (Franke; Chasin, 1980). Em 1973, os países da região reagiram, formando um Comitê Interestatal de Luta contra a Seca no Sahel (CILSS), enquanto doadores no Norte global fundavam o Club du Sahel para coordenar projetos de ajuda humanitária. Dois anos depois, os governos regionais formaram a Comunidade Econômica da África Ocidental (Ecowas) com uma agenda centrada na integração econômica e na manutenção da paz (Cissokho, 2008, 2011).

O reflexo desses processos verticais de integração foi um crescente debate entre as organizações de base sobre gestão de recursos, sobrevivência econômica e física, e luta coletiva. Em 1976, movimentos camponeses emergentes estabeleceram contatos transnacionais, no âmbito de programas de capacitação, patrocinados por ONGs internacionais e algumas locais. Isso levou à criação de uma efêmera Union Provisoire des Paysans Africains (UPPA, União Provisória de Camponeses Africanos). Quando outra seca irrompeu, em 1984-1985, os Estados do CILSS procuraram incorporar os movimentos camponeses em seus planos de emergência. Em meados da década de 1990, agências doadoras europeias bilaterais passaram a priorizar o apoio a iniciativas regionais e transnacionais, em detrimento das nacionais. Tal como ocorreu na América Central com a rede Asocode (ver adiante), as organizações da África Ocidental formaram uma Plataforma Camponesa do Sahel para exibir um perfil unificado nas negociações com instituições financeiras internacionais, agências doadoras e seus próprios governos. Em 1999, o Club du Sahel consentiu com as demandas da Plataforma Camponesa, e alocou fundos

40 MARC EDELMAN E SATURNINO M. BORRAS JR.

para capacitação e intercâmbio entre movimentos camponeses da África Ocidental (Cissokho, 2008, 2011; Lecomte, 2008).

A Network of Peasant and Agricultural Producers Organizations of West Africa (Roppa, Rede de Organizações de Camponeses de Produtores Agrícolas da África Ocidental) foi fundada em 2000, reunindo as "plataformas" existentes em dez países francófonos e abrindo um escritório regional em Burkina Faso. Em poucos anos, a rede havia crescido, agregando organizações de Nigéria, Serra Leoa, Libéria e Guiné Bissau. Desde o início, a Roppa foi extremamente crítica às políticas neoliberais de ajuste estrutural, comércio e integração regional. Comprometeu-se com o movimento pela soberania alimentar e, especialmente, com a conferência global em Nyéléni, Mali, em 2007. No entanto, ao contrário da Via (ver capítulos 2 e 3), a Roppa mostra-se disposta a envolver-se com o Banco Mundial, participar de negociações tripartite com os governos e outras organizações da sociedade civil e colaborar com projetos financiados por bancos (Chissakho, 2008). Em 2007, membros da Roppa participaram como "comediadores" em negociações comerciais entre governos de países da África Ocidental, instituições regionais e a OMC (Lecomte, 2008).

Trinta anos gloriosos?

A França denomina as três décadas que se seguiram à Segunda Guerra Mundial de "os trinta gloriosos" (*les trente glorieuses*) – uma era de desenvolvimento conduzido pelo Estado, de elevação dos salários reais e da qualidade de vida, e da expansão da proteção social. Embora provavelmente poucos na França entre 1945 e 1975 percebessem sua situação como "gloriosa" (e, certamente, bem menos nas colônias e ex-colônias francesas e demais lugares do Sul global), a visão nostálgica que hoje temos desse período indica algumas estruturas e processos mais amplos que são relevantes para o posterior advento do neoliberalismo e a futura ascensão de uma geração mais combativa de organizações camponesas.

Desenvolvimento nacional

A Conferência de Bretton Woods dos governos aliados, realizada em New Hampshire, em julho de 1944, quando se avistava já o fim da guerra na Europa, estabeleceu um sistema internacional de taxas de câmbio fixas e de controles sobre o movimento de capitais, que persistiu até os anos 1970. E, o que é mais relevante, por cerca de três décadas, economistas e formuladores de políticas nos países capitalistas presumiram que Estados e mercados desempenhavam papéis que se reforçavam mutuamente no desenvolvimento. John Maynard Keynes, chefe da delegação britânica em Bretton Woods, destacava-se na defesa do uso do gasto público como estímulo anticíclico e criador de empregos. As políticas keynesianas, aplicadas nos Estados Unidos e em alguns outros países durante a depressão dos anos 1930, contribuíram para a revitalização das principais economias capitalistas (embora os gastos militares na preparação para a Segunda Guerra Mundial também tenham tido um impacto significativo). Após 1944, as estratégias keynesianas de desenvolvimento nacional influenciaram vários países do mundo. Criadas para dar início à recuperação pós-guerra na Europa, as instituições de Bretton Woods (o Banco Mundial e o Fundo Monetário Internacional), juntamente com agências especializadas da ONU, rapidamente voltaram-se para os países em desenvolvimento, influenciando agendas apoiadas no Estado, que geralmente incluíam investimentos setoriais e de infraestrutura, bem como gastos com saúde e educação.

Em contraste com suas prescrições de austeridade e livre-mercado, adotadas com ênfase depois de 1980, o Banco Mundial e o FMI geralmente viam com bons olhos a intervenção do Estado na economia naquele período. Isso, com frequência, significava estimular a industrialização por substituição de importações mediante altas barreiras tarifárias, controle das taxas de câmbio, subsídios ao investimento e ao consumo, e o financiamento de megaprojetos como barragens, projetos de irrigação, estradas e portos (Helleiner, 1994). No setor agrícola, além do estímulo à modernização tecnológica (ver adiante), o Banco Mundial apoiava tanto a formação de câmaras de commodities, que adquiriam as colheitas dos agricultores a preços garantidos, como subsídios ao consumo, que colocavam os alimentos básicos ao alcance das famílias de baixa renda. Mesmo Estados ditatoriais criaram pelo menos os rudimentos de um sistema de bem-estar social – hospitais e postos de saúde públicos, subsídios para habitação e planos de previdência social e aposentadoria para trabalhadores urbanos do setor formal. O alcance desses programas era, evidentemente, parcial e desigual, e as populações rurais foram quase sempre as últimas a beneficiarem-se, especialmente nos países mais pobres. Embora o período 1945-1975 estivesse longe de ser "glorioso", em muitas partes do mundo correspondeu a uma elevação da qualidade de vida e da melhora dos níveis gerais de equidade social, ainda que de forma assimétrica, ao menos em comparação com o período pré-guerra.

A revolução verde e a diferenciação rural

A "revolução verde" na agricultura iniciada no final dos anos 1940 foi essencialmente uma extensão aos países em desenvolvimento da revolução da semente híbrida que ocorrera na década anterior, nos Estados Unidos, Canadá, França e outros países industrializados. Financiada a princípio pela Fundação Rockefeller, cujo interesse em questões de agricultura e saúde pública era antigo, a "revolução" tinha por marco institucional uma série de centros de pesquisa (que hoje se poderiam denominar "parcerias público-privadas") focados em culturas específicas. Diante da fome disseminada no México, na Índia, nas Filipinas e em outros países, a premissa subjacente à "revolução" era de que a aplicação da ciência à agricultura poderia elevar a produtividade e prevenir revoluções comunistas de base camponesa. O programa de melhoramento do trigo, no México, e o programa do arroz, nas Filipinas, engendraram novas variedades de alta produtividade adaptadas para produzirem melhor com o uso abundante de fertilizantes e praguicidas químicos. Tiveram um êxito espetacular no aumento das safras e na redução da fome. Contudo, como muitos já demonstraram, também exacerbaram as divisões de classe no meio rural, pois as novas tecnologias beneficiaram sobretudo os ricos, os primeiros a adotá-las, por terem acesso a irrigação, crédito, transporte e serviços de extensão (Hewitt de Alcántara, 1976). As "revoluções" também geraram uma série de problemas ambientais: contaminação por agrotóxicos, poluição e uso insustentável de aquíferos, uniformidade genética e perda de biodiversidade.

Os esforços para produzir uma revolução verde no cultivo de milho foram menos efetivos, em parte porque os programas de extensão tiveram dificuldades para atingir os milhões de pequenos produtores cujos lotes estão ocultos em encostas, dependentes de precipitações pluviais, na América Latina e outras regiões (Paré, 1972). O milho é também muito sensível ao tempo de exposição à luz solar, o que dificultou o simples fornecimento de híbridos dos EUA para os mercados latino-americanos. Contudo, a difusão da revolução verde do trigo e do arroz em todo o mundo foi rápida. O trigo desenvolvido no México tornou-se a base de uma revolução verde nas regiões do Punjab indiano e paquistanês. O arroz das Filipinas difundiu-se e foi adaptado em todo o sudeste da Ásia e na América Latina. No mundo inteiro, em vários lugares, pequenos agricultores começaram a combinar elementos do "pacote" da revolução verde, especialmente fertilizantes químicos, com sementes e técnicas de cultivo tradicionais. Como ocorrera com os primeiros adeptos, a dependência mesmo parcial das novas tecnologias envolveu os pequenos produtores cada vez mais em redes de relações de mercado que, às vezes, aumentavam sua renda, mas também implicavam maiores endividamento e vulnerabilidade. Assim, o remédio técnico para o que consistia fundamentalmente em um complexo conjunto de crises sociais acabou, por vezes, exacerbando os problemas que se pretendia remediar.

Reforma agrária redistributiva conduzida pelo Estado

Os temores do comunismo na Guerra Fria e os movimentos anticoloniais do pós-guerra também estimularam programas radicais de reforma agrária redistributiva, de iniciativa estatal, em várias regiões importantes do mundo. No pós-guerra, os Estados Unidos incentivaram reformas redistributivas no Japão, em Taiwan e na Coreia do Sul, para enfraquecer as reacionárias elites proprietárias de terras e reduzir as tensões sociais. No contexto desses três países do leste da Ásia, as reformas – realizadas mediante pesadas barreiras tarifárias – acabaram contribuindo para criar uma classe média rural e um robusto mercado doméstico para produtos manufaturados. Vale notar que o sucesso dos Tigres Asiáticos envolveu uma série de medidas – democratização da propriedade da terra, ampliação dos mercados internos, subsídio à indústria e, finalmente, industrialização orientada para a exportação.

Na América Latina, a experiência de reforma agrária foi mais irregular. O México realizou uma ampla redistribuição de terras nos anos 1930, e a Bolívia fez o mesmo após sua revolução de 1952. Após a reunião de 1961, em Punta del Este, que fundou a Aliança para o Progresso liderada pelos EUA, sob intensa inquietude de contágio revolucionário na esteira de Cuba, todos os países latino-americanos – inclusive as ditaduras mais conservadoras – colocaram a reforma agrária em sua agenda (Dorner, 1992; Thiesenhusen, 1995). Por vezes, em lugar de uma genuína redistribuição, esses programas forneceram terras pouco férteis ou estimularam a colonização de zonas de fronteira remotas. Ou então as agências estatais expropriaram grandes propriedades ociosas e estabeleceram cooperativas camponesas ou alocaram lotes a beneficiários individuais. Praticamente em todos os casos, aqueles que receberam terras assumiram pesadas dívidas. As reformas agrárias consolidaram, entre o campesinato e o Estado, um forte contrato social que, por sua vez, moldou as formas como os camponeses se organizavam e engajavam-se em ação coletiva. E muitas vezes esses programas fracassaram quando os Estados não entregaram (ou pararam de oferecer) recursos complementares adequados, especialmente crédito, assistência técnica e treinamento, irrigação e infraestrutura de transporte, processamento, armazenamento e comercialização.

Organizações camponesas e o Estado

As reformas agrárias conduzidas pelo Estado ocorreram, quase sempre, de forma vertical, hierárquica, exigindo interação com várias burocracias do setor público, incluindo órgãos específicos, escritórios de títulos e agrimensura, bancos de desenvolvimento estatais, serviços de extensão, companhias de seguros e câmaras de agricultura. Essas características facilitaram a emergência de certos tipos de organizações camponesas que atuavam como intermediárias e eram, em geral, corporativistas e/ou controladas por partidos políticos que utilizavam a distribuição de benefícios relacionados à reforma de forma clientelista, em troca de votos ou de outras manifestações de lealdade. Elas tendiam a concentrar poder e informações institucionais em um grupo privilegiado de líderes que se perpetuavam, enquanto a massa de membros quase não tinha voz ativa, devendo simplesmente seguir as diretrizes emanadas do topo.

O verticalismo subordinava os interesses dos camponeses àqueles dos partidos políticos ou das burocracias estatais e restringia consideravelmente as possibilidades de organização e de atuação autônoma. Nas décadas de 1980 e 1990, o arrocho no setor público enfraqueceu a capacidade de Estados e partidos manterem os fluxos de recursos clientelistas. Em diversas regiões do mundo, os eleitorados manifestaram crescente descrença nas legendas políticas tradicionais, em razão de escândalos de corrupção e das medidas de austeridade. Para muitos camponeses organizados, a redução dos benefícios clientelistas gerou crescente descontentamento com a classe política, as políticas governamentais e seus próprios líderes.

A retração do setor público teve como consequência múltiplos ataques à subsistência rural, especialmente por parte dos programas de ajuste estrutural econômico. Medidas relevantes incluíram a redução ou eliminação do crédito agrícola por bancos públicos, o esvaziamento ou dissolução das câmaras de agricultura, e o fim dos serviços de extensão governamentais e dos subsídios para insumos e maquinário. Aberturas de mercado unidirecionais, resultantes da inclusão da agricultura no GATT/OMC e de acordos de comércio

46 MARC EDELMAN E SATURNINO M. BORRAS JR.

bilaterais, forçaram os agricultores dos países em desenvolvimento a concorrer não apenas com os agricultores altamente capitalizados dos países desenvolvidos – que seguiam protegidos contra a concorrência estrangeira – como também com os ministérios da Fazenda desses países, que propiciavam subsídios para as grandes safras de *commodities*. A liquidação (*dumping*) do milho americano abaixo do custo de produção reduziu os preços e debilitou os produtores da América Latina e da África, enquanto a oferta de trigo artificialmente barato favoreceu uma mudança de dieta, dos grãos tradicionais para pães, massas e lanches baratos, gerando crescente dependência da importação de alimentos.

Conflitos camponeses no final do século XX

Os "trinta anos gloriosos" também foram uma época de insurreições camponesas massivas (Wolf, 1969), além de um período de expansão dos Estados de bem-estar e da proteção social nos países desenvolvidos e naqueles de média renda em desenvolvimento. As revoluções na China (1949), na Bolívia (1952) e em Cuba (1959), as guerras anticoloniais e anti-imperialistas no Vietnã, na África portuguesa e na Rodésia-Zimbábue, além da ascensão de movimentos guerrilheiros na Malásia, nas Filipinas e na Colômbia, contribuíram para a percepção – quase universal em todo o espectro político – de que o campesinato era um importante protagonista histórico e um alvo-chave para iniciativas de desenvolvimento. O enorme interesse nos "estudos do campesinato", no final dos anos 1960 e nos 1970, brotou desse fermento (Shanin, 1990).

No entanto, nas décadas de 1980 e 1990, muitos acadêmicos desviaram seu olhar das realidades rurais. A participação de camponeses em genocídios (no Camboja e em Ruanda) e em guerras predatórias por recursos (na Libéria e em Mianmar), e a despolitização ou atividades repugnantes de alguns grupos antes revolucionários (por exemplo, as FARC da Colômbia ou o ZANU do Zimbábue) produziu desilusão entre acadêmicos de esquerda e ativistas (Buijtenhuijs, 2000). O declínio do romantismo em relação à luta armada por parte de ativistas e estudiosos do campesinato também abriu espaço para novos tipos de ação política em resposta às novas ameaças aos meios de vida rurais. Em especial, a inclusão, pela primeira vez, da agricultura em negociações de comércio mundial, durante a Rodada Uruguai do GATT (1986-1993), sinalizava a chegada de uma dramática liberalização do comércio internacional. Camponeses e agricultores percebiam, de forma crescente, o profundo impacto que o "livre" comércio mundial teria, e tinha já, sobre o setor agrícola e sobre seus meios de vida.

Os MATs e a ascensão do neoliberalismo

A história inicial dos movimentos agrários transnacionais (MATs) que emergiram na década de 1980 está estreitamente vinculada aos programas de austeridade e de ajuste estrutural patrocinados pelo FMI – e Banco Mundial –, aos acordos de comércio bi e multilaterais, tais como o North America Free Trade Agreement (Nafta, Tratado de Livre-Comércio da América do Norte), de 1994, e às negociações da Rodada Uruguai do GATT, que culminaram, em 1995, na formação da OMC (Edelman, 2003; Heller, 2013). Essas novas formas de governança neoliberal marcaram o fim do Estado de bem-estar keynesiano e, de modo geral, dos projetos nacionais de desenvolvimento. As ameaças aos pequenos agricultores incluíram o sumiço dos auxílios do setor público, e novas vulnerabilidades geradas pelos mercados abertos e pelo comércio globalizado.

Esses "cosmopolitas enraizados" (Tarrow, 2005) esperavam conter uma investida econômica neoliberal que se fortalecia havia duas décadas. O sistema de Bretton Woods, de taxas de câmbio fixas e de controle nacional dos fluxos de capital, que tornara possíveis os "trinta anos gloriosos" desgastara-se, vindo finalmente a ruir na década de 1970. Recessão, "estagflação", disparada dos preços do petróleo, fim do padrão-ouro e crescentes déficits fiscais proporcionaram uma janela política e de formulação de políticas aos radicais

48 MARC EDELMAN E SATURNINO M. BORRAS JR.

do livre-mercado, cujas ideias, antes vistas como extravagantes, quando não extremistas, até então não tinham merecido consideração (Boas; Gans-Morse, 2009). Embora muitos acadêmicos situem o início do neoliberalismo nas eleições de Margareth Thatcher, em 1979, na Grã-Bretanha, de Ronald Reagan, em 1980, nos Estados Unidos, e de Brian Mulroney, em 1984, no Canadá, vale recordar que os primeiros esforços para implementar esse paradigma ocorreram, de fato, nas ditaduras do Terceiro Mundo, especialmente com Haji Mohamed Suharto, na Indonésia, e com Augusto Pinochet, no Chile (French-Davis, 2003; Simpson, 2008).

"Neoliberalismo" – nos anos 1980, um termo de opróbrio em boa parte do mundo em desenvolvimento e para muitos acadêmicos e ativistas progressistas – era uma categoria ampla, que englobava quatro elementos principais: (1) liberalização do comércio internacional; (2) garantias para investidores; (3) menos controle sobre os fluxos de capital; e (4) encolhimento do Estado através de demissões de servidores públicos, redução ou eliminação de serviços essenciais e privatização de empresas públicas. Os países que adotaram essas políticas nas décadas de 1980 e 1990, com exceção de poucos casos heterodoxos (por ex. Taiwan, Coreia do Sul), experimentaram taxas de crescimento menores, ampliação das desigualdades entre ricos e pobres, e informalização massiva de suas economias (Chang; Grabel, 2004; Kohli, 2009; Wade, 2003). No setor agrícola, o neoliberalismo significou acentuadas reduções tarifárias e aumento das importações de produtos básicos a baixo custo, cortes nos subsídios diretos e indiretos para produtores, exceto em poucos países desenvolvidos brindados com excepcional flexibilidade (especialmente União Europeia e Estados Unidos), e reformulação das normas sanitárias e fitossanitárias que poderiam oferecer barreiras não tarifárias ao comércio internacional. Cada vez mais, camponeses e agricultores tinham consciência do profundo impacto, presente e futuro, do neoliberalismo global sobre o setor agrícola e seus meios de subsistência.

O neoliberalismo representava também a crescente mercadorização e privatização da biosfera, inclusive com a apropriação de material genético de plantas através de direitos e patentes de cultivares, que tornaram possível gerar enormes lucros a partir de sementes que os agricultores camponeses haviam cultivado seletivamente ao longo de milhares de anos. Leis de certificação de sementes, em quase todos os países passaram, cada vez mais, a determinar quais sementes os agricultores podiam plantar. Isso tanto refletia como contribuía para um rápido e abusivo processo de concentração entre as maiores empresas de sementes (Howard, 2009). Outra forma de mercadorização da biosfera envolveu novos mercados que tratavam florestas e plantio de árvores como "sumidouros" de CO_2, os quais geravam "créditos de carbono" para seus proprietários.

O neoliberalismo, no entanto, não constituía uma doutrina fixa, monolítica ou atemporal. Em meados da década de 1990, crises financeiras persistentes levaram o Banco Mundial e o G-7, sob pressão da Campanha Jubileu 2000, a desenvolverem programas de perdão da dívida externa para nações denominadas "países pobres muito endividados" (PPME). De forma gradual, a rígida ortodoxia que dominara nas instituições financeiras internacionais e em muitos governos de países em desenvolvimento evoluiu para um neoliberalismo mais "pragmático", preocupado em melhorar as "capacidades" dos indivíduos (Sen, 2000). A hegemonia do "Consenso de Washington" desmoronou na segunda metade da década de 1990, quando muitos de seus eminentes arquitetos lançaram críticas mordazes sobre o impacto das políticas de ajuste estrutural sobre as economias e a qualidade de vida dos países mais pobres (Stiglitz, 2002; Sachs, 1999; Soros, 2002).

Os primeiros organizadores dos MATs a tentar conter a corrente neoliberal constituíam um grupo politicamente diverso que incluía anarquistas espanhóis, sociais-democratas canadenses e do norte da Europa, pequenos agricultores ambientalistas engajados no fortalecimento de alternativas à agricultura industrial, e veteranos e militantes de movimentos revolucionários e partidos marxistas (apesar da atitude ambígua do marxismo em relação aos camponeses, por um lado, saudando-os como força revolucionária e, por outro, desdenhando-os como individualistas pequeno-burgueses). Seus públicos variavam de microprodutores de milho da América Central e trabalhadores sem terra do Brasil a camponeses abastados do sul da Índia e produtores de trigo mecanizados das planícies canadenses. Em diversas áreas – Europa ocidental, América Central, Sudeste Asiático, África Ocidental –, os primeiros MATs consistiram de alianças transfronteiriças regionais. Antes do estabelecimento de MATs formalmente constituídos, algumas organizações nacionais, como o Sindicato Nacional de Agricultores do Canadá e o Movimento dos Trabalhadores Sem Terra (MST) do Brasil, possuíam programas de alcance e de solidariedade internacional e importantes vínculos com ativistas de países vizinhos. Rompendo de modo significativo com eras anteriores de organização camponesa, os MATs emergentes mostravam extraordinária heterogeneidade política e cultural, uma vez que o imperativo comum de enfrentar a OMC, as gigantescas empresas de sementes e os comerciantes mundiais de grãos superava praticamente todas as potenciais divisões. De fato, uma característica notável dos primeiros MATs é a presença significativa entre seus organizadores de pessoas que – em razão de exílio, migração ou outras vicissitudes da vida – eram bi ou multilíngues, podendo atuar como intermediárias entre ativistas de diferentes países e distintos idiomas.[7]

Nos próximos capítulos, analisamos a política dos MATs que mais se destacam atualmente, examinando questões de classe social, identidade cultural e ideologia, bem como seus laços com outras ONGs, agências doadoras e instituições intergovernamentais. Reconhecemos que, com nossa ênfase nos movimentos *agrários*, não pudemos dar a devida atenção aos vínculos de solidariedade transnacional entre setores relacionados, como pescadores (WFF e WFFP), pastores e nômades indígenas (Wamip). Alenta-nos saber que outros (Ratner et al., 2014; Sinha, 2012; Upton, 2014) começaram a colocar esses movimentos na agenda de pesquisa.

---

7 Depois de 2000, movimentos como a Via dependiam cada vez mais dos serviços de intérpretes profissionais voluntários, como os de Babels (Boéri, 2012) e Coati.

2
DIFERENCIAÇÃO INTERNA NOS MATs: CLASSES, IDENTIDADES E INTERESSES IDEOLÓGICOS CONCORRENTES

O surgimento de classes ricas e pobres no campesinato – geralmente referido como diferenciação – há muito tem estado entre os temas mais candentes nos debates dos estudos agrários (Akram--Lodhi; Kay, 2010; Bernstein, 2010). Embora, aqui, nosso interesse resida no impacto das diferenças de classes sobre a ação política dos movimentos agrários transnacionais (por exemplo, entender questões e campanhas voltadas para a terra *versus* as laborais) e não nos debates em si, vale descrevê-los brevemente, uma vez que estão ligados de forma inseparável à ação política das distintas classes dentro do campesinato. Isso também será útil para compreender a ascensão de populistas agrários radicais na Via Campesina que marginalizaram os marxistas ortodoxos dentro do movimento agrário global. Diferenças de classe no âmbito do campesinato e dos movimentos também ajudam a explicar por que a Via e seus grupos afiliados têm enfatizado campanhas sobre terra, comércio internacional, clima, meio ambiente, sementes e questões de gênero, em lugar de direitos trabalhistas, que fariam mais sentido para um grande número de pobres, trabalhadores sem terra, do meio rural.

Debates sobre diferenciação e camponeses médios

Entre o final do século XIX e início do século XX, a Rússia foi um lugar crucial para os debates sobre diferenciação. Isso se deveu, em parte, à coleta pelo governo tsarista de dados censitários agrícolas e de orçamentos familiares em uma escala inédita mundialmente, que permitiu a economistas e sociólogos realizarem um número imenso de estudos empíricos inovadores, sincrônicos e diacrônicos (Shanin, 1972). A estimulante atmosfera revolucionária da época também ajudou a moldar a discussão. Lênin (1964 [1899]) e, mais tarde, outros marxistas ortodoxos viram a penetração do capitalismo no meio rural como a principal força que dividia o campesinato entre camponeses pobres, médios e ricos. Já o economista A. V. Chayanov, tal qual os populistas russos com quem, às vezes, ele é associado, via o ciclo doméstico das unidades familiares como o principal motor da diferenciação de classe, com as famílias mais antigas, que podiam contar com o trabalho de filhos adultos, geralmente mais ricas, e os domicílios mais jovens, sobrecarregados com dependentes não produtivos, menos ricos. Os contrastes fundamentais entre as perspectivas marxista e populista estavam relacionados à constância (ou à falta dela) das classes sociais rurais e às causas da diferenciação – capitalismo *versus* ciclos geracionais. Ambos os polos do debate receberam tanto louvores como críticas mordazes (Van der Ploeg, 2013; Vilar, 1998) e é muito provável que quase todos os casos históricos reais de diferenciação do campesinato envolvam certa combinação de fatores de classe e geracionais.

Ecos dos debates russos são ouvidos na historiografia subsequente e em outras regiões do mundo (e na política camponesa contemporânea – ver Capítulo 3). O historiador Fernand Braudel (1982), por exemplo, defendeu enfaticamente que, na Europa, o mercado *per se* não espoliava os camponeses, e que a proletarização ocorria, em geral, através de coerção extraeconômica ou pela força bruta. Na América Latina, e particularmente no México, marxistas ortodoxos e agrários – *descampesinistas* e *campesinistas* – dividiam-se segundo posições leninistas ou chayanovianas, quanto à possibilidade de o campesinato sobreviver sob o capitalismo (Esteva, 1983; Feder, 1978; Roseberry, 1993). Os *descampesinistas* leninistas aguardavam ansiosamente o iminente desaparecimento dos camponeses, os quais, eles supunham, acabariam por desenvolver uma "verdadeira" consciência proletária. Os *campesinistas*, por outro lado, insistiam naquilo que hoje se poderia denominar resiliência do campesinato – sua capacidade de adaptar-se a circunstâncias econômicas cada vez mais ameaçadoras e de desenvolver sua própria consciência sobre lutas pela terra. Muitos, neste último grupo, viam o campesinato – ou pelo menos algumas classes dentro dele – como detentor de um extraordinário potencial revolucionário (Huizer, 1972, 1975).

Grandes movimentos agrários transnacionais diferenciam-se internamente – por classe e ideologia, bem como por outras dimensões identitárias, especialmente raça, etnia, gênero e geração. Um dos aspectos mais surpreendentes dos MATs contemporâneos é o de serem altamente diversos no tocante a esses eixos e, apesar disso, capazes de unir e mobilizar em torno de campanhas comuns e de manter o compromisso com o movimento transnacional durante e no auge das campanhas. Os ativistas celebram esse fato como o triunfo da "unidade na diversidade" – uma pauta mestra em sua narrativa, fundamental para a construção e consolidação de sua política identitária. Para os MATs – sejam eles radicais, liberais ou conservadores –, o marco de ação tende a girar em torno da ideia de que "somos todos gente da terra". Os movimentos transformam esse *slogan* em uma categoria político-econômica, invocando os conceitos de "campesinato" ("somos todos camponeses") ou de "agricultores familiares" para a Via Campesina, ou simplesmente "agricultores familiares" para a já extinta IFAP.

Ambas as formulações sugerem o "camponês médio", categoria com uma longa e polêmica história na política rural e na academia. Na Rússia pré-revolucionária, por exemplo, Chayanov via o "camponês médio", ou "agricultor médio", como um produtor agrícola que não contratava trabalhadores assalariados e não empregava a força de trabalho familiar fora da propriedade, mas que produzia o suficiente para as necessidades de consumo do domicílio e para uma poupança modesta. Os marxistas – de Lênin a Mao – também dedicaram considerável atenção ao "camponês médio", ainda que divergissem de Chayanov em relação às raízes geracionais, cíclicas, das diferenças de classe no meio rural. Os marxistas, em geral, viam os camponeses pobres como potencialmente mais receptivos às ideias de revolução armada e de socialismo (Paige, 1975; Cabarrús, 1983), embora também sustentassem que os "camponeses médios", que eles diferenciavam dos "camponeses ricos" (ou, na Rússia, *kulaks*), poderiam tornar-se aliados confiáveis.

O livro de Eric Wolf *Guerras camponesas do século XX* (1969), um dos trabalhos primordiais dos estudos tradicionais do campesinato dos anos 1960, também focalizava os "camponeses médios". Nem tão pobres para estarem desesperadamente centrados na própria sobrevivência, nem tão ricos a ponto de beneficiarem-se significativamente do *status quo* – para Wolf, os "camponeses médios" gozavam de suficiente espaço de manobra para tornarem-se protagonistas centrais nas revoluções que transformaram México, Argélia, China e Vietnã, entre outros países. O tipo ideal do camponês genérico de Wolf também possuía algo de "camponês médio". Ele precisava produzir um "fundo de reposição" para assegurar a reprodução biológica, um "fundo cerimonial" para apoiar casamentos, festividades comunitárias e outras obrigações sociais, e um "fundo de arrendamento" que consistia na riqueza transferida a proprietários de terras, usurários, intermediários, ministros religiosos e arrecadadores de impostos (Wolf, 1966). Para Wolf, o "camponês médio" era, portanto, um personagem que era explorado, mas nem tanto, e que, caso explorasse outros, o fazia apenas eventualmente e não sistematicamente.

Qualquer tentativa de construir e consolidar um amplo movimento social exige, em última instância, uma narrativa de "simplificação", muitas vezes privilegiando a unidade *mais que* a diversidade. Qualquer "pesquisador engajado" reconhece a importância dessa tarefa política, e somos profundamente solidários com esse imperativo. No entanto, política e analiticamente, não é produtivo *super*-privilegiar a unidade à custa de não observar a diversidade ou não reconhecer suas raízes e implicações. Como "pesquisadores engajados", não vemos isso como uma questão puramente acadêmica, pois é fácil para acadêmicos "interpelar movimentos" à distância. Ao contrário, acreditamos que reconhecer a significativa diferenciação interna em um movimento facilita não apenas uma melhor compreensão de questões políticas cruciais, tais como alianças estratégicas, mas também das lutas organizacionais internas por unidade em face da diferença. É com esse espírito que esboçamos nossas ideias neste capítulo, enfocando a Via Campesina, com um breve olhar sobre a APC e a IFAP.

Em sua atuação no cenário mundial, a Via alcançou reconhecimento como a principal voz dos setores organizados representantes das populações rurais marginalizadas, em particular camponeses e pequenos agricultores. Mesmo antes do colapso da IFAP, em 2010, a Via já gozava de crescente reconhecimento como alternativa legítima e viável, o que contribuiu para desgastar a anterior hegemonia da IFAP. Ao mesmo tempo, como qualquer entidade que busca agregar, organizar e representar uma pluralidade de identidades e de interesses, a Via constitui uma "arena de ação" dinâmica, em que o perfil e a estratégia de um movimento podem ser contestados e (re)negociados ao longo do tempo. Essa dupla qualidade – de "protagonista" e de "arena de ação" – ajudou a torná-la uma organização importante para os movimentos agrários locais e nacionais. Por outro lado, outros movimentos sociais transnacionais, redes de ONGs, agências internacionais e acadêmicos tiveram dificuldades em compreender e lidar com sua complexidade interna. O que denominamos caráter dual de "arena" e de "protagonista" da Via, como de outros movimentos sociais transnacionais, é similar às noções de "rede-como-atuação" e "rede-como-estrutura" desenvolvidas por Keck e Sikkink (1998, p.7) em seu estudo inovador sobre ativismo transnacional.

Diferenciação de classe social

Tanto ativistas como acadêmicos com frequência empregam jargões que dificultam o entendimento do fazer político rural. Tais termos incluem: "povo local", "comunidade local", "gente da terra", "pobres rurais" e, na verdade, até "camponeses". Classes trabalhadoras baseadas na terra são socialmente diferenciadas. Esse caráter diferenciado baseia-se, principalmente, embora não exclusivamente, em posições opostas nas relações sociais que envolvem propriedade e/ou controle dos mais importantes meios de produção: terra, trabalho, capital e tecnologia, particularmente. Embora todos os membros dessas categorias imprecisas possam ser considerados classe trabalhadora, há diferentes níveis de acesso a recursos: alguns possuem terra, outros não; alguns contam com irrigação, enquanto outros estão à mercê das precipitações pluviais. O acesso à terra e à propriedade está entre os mais importantes fatores de diferenciação entre grupos e classes trabalhadoras rurais.

Um agricultor que possui uma extensão de terra maior do que seu próprio agregado familiar pode cultivar dificilmente irá vender o trabalho de membros da família e provavelmente contratará trabalho. Conseguirá produzir mais excedentes para expandir seus cultivos, adquirir mais gado, maquinário e insumos, especular nos mercados, emprestar dinheiro, e assim por diante. Ele se distingue de um grande proprietário [*landlord*] por continuar a trabalhar a terra e porque sua renda principal vem do seu próprio trabalho e de outras iniciativas produtivas – em oposição ao grande proprietário, que não trabalha a terra e cuja renda origina-se sobretudo de arrendamentos e/ou de empréstimos de dinheiro. Se necessitar adquirir grão ou animais no mercado, ele tem poder de compra para isso. Nas Filipinas, por exemplo, onde o arroz é o produto básico principal, os arrozeiros ricos normalmente extraem de suas safras uma parte para consumo da família durante o ano todo, e vendem o restante. Raramente precisam comprar arroz para suas necessidades de consumo.

Esse perfil de um agricultor rico é quase universal – embora o tamanho da propriedade e o volume de trabalho contratado, entre outras coisas, possa variar acentuadamente de uma sociedade para outra. Um agricultor rico de Java, na Indonésia, por exemplo, pode possuir um arrozal de apenas três hectares irrigados, e um pequeno caminhão utilizado para transportar os insumos agrícolas e a produção. Nas planícies canadenses, uma família agricultora rica pode possuir 10 mil hectares de cultivo de trigo e várias colheitadeiras de alto custo. Seriam esses agricultores os "verdadeiros senhores do campo", como afirmou Lênin (1964) sobre os *kulaks* russos do final do século XIX? Na maior parte das sociedades, o número absoluto de agricultores ricos é muito pequeno, embora, com frequência, eles detenham um considerável poder econômico e político. Proprietários de terras e usurários são, quase sempre, ainda mais ricos, como o próprio Lênin reconheceu no caso da Rússia.

O perfil de um camponês pobre – não do camponês médio – é bem diferente. Uma agricultora pobre obtém sua renda principalmente do trabalho na terra, que pode ser própria ou não. Sua situação é mais precária quando precisa arrendar a terra em que trabalha. Sua terra é, em geral, muito pequena e/ou de má qualidade. Ela mobiliza a mão de obra disponível em sua família para trabalhar a terra, mas a produção é insuficiente para a subsistência. Se for uma típica pequena produtora de arroz nas Filipinas, terá cerca de um hectare de cultura de arroz de regadio. Não consegue guardar muito de sua safra, porque necessita dinheiro para as necessidades básicas. Poderá reservar algum arroz para consumo, mas suficiente apenas para dois meses. Depois disso, terá de comprar arroz no mercado. Uma característica fundamental dos agricultores pobres é que raramente contratam trabalho, embora vendam seu trabalho para outros, normalmente para os agricultores médios e ricos, ou a empregadores nas cidades vizinhas. Eles constituem, possivelmente, o tipo mais numeroso de agricultores no mundo atual.

O "campesinato médio" é, por definição, intermediário. Seus membros normalmente possuem terra para sobreviver e, em geral, não vendem sua força de trabalho, nem contratam trabalho. Sua situação é, contudo, precária, aspirando crescer para tornarem-se agricultores ricos, enquanto lutam para não despencarem para as fileiras dos agricultores pobres.

As categorias até aqui descritas são tipos ideais e devem ser consideradas indicadores heurísticos, não representações fiéis de fatos incontestáveis. As situações do mundo real são muito mais complexas e intrincadas do que as categorias puras aqui descritas. As fronteiras entre esses tipos ideais também são, muitas vezes, indistintas. Como já mencionado, Chayanov via as diferenças de classe no campo como transitórias e significativamente ligadas à idade das famílias (uma das muitas posições heréticas que levaram ao seu expurgo e morte sob o regime stalinista na URSS [ver Shanin, 2009]). Recentemente, Van der Ploeg (2008) enfatizou a existência de uma continuidade entre as formas camponesa e "empresarial" de agricultura, com variadas composições de orientação para a subsistência ou para o mercado e de tecnologias tradicional e "moderna". Esses tipos ideais são, portanto, dinâmicos e fluidos e devem ser compreendidos como partes de um processo contínuo de diferenciação do campesinato, à medida que o capital, inexoravelmente, penetra no meio rural e transforma terra, trabalho e sementes em mercadorias. Para nossos propósitos, contudo, uma tipologia de classe aproximada e sucinta é importante para entender a política no meio rural e as questões que unem e dividem as classes trabalhadoras agrárias.

Agricultores ricos estão interessados em questões específicas de sua classe. Uma vez que sua renda deriva da venda de excedentes, normalmente apoiam políticas governamentais que lhes possibilitem acumular mais. Estas incluiriam, provavelmente, preços mais altos para o produtor e proteção contra importações baratas, sejam estas através dos canais de mercado ou de ajuda externa alimentar. Eles apreciam as políticas que asseguram baixos preços para insumos como óleo diesel e fertilizantes, baixas taxas de juros sobre empréstimos para produção ou para compra de maquinário, melhoria da irrigação e infraestrutura pós-colheita, tais como instalações para estocagem e estradas da propriedade ao mercado. Preços mais altos para os alimentos geralmente beneficiam os agricultores ricos, uma vez que são produtores de excedentes de alimentos que retêm suprimentos para seus domicílios e não são compradores de produtos básicos. Eles geralmente olham com desconfiança para duas políticas cruciais: a primeira é a de salários mais altos e benefícios para os trabalhadores agrícolas; a segunda é a reforma agrária (embora, em muitos países, camponeses ricos tenham conseguido, às vezes, através de subterfúgios, tornarem-se beneficiários da reforma agrária).

Agricultores pobres provavelmente darão preferência a um conjunto muito diferente de políticas. Primeiro, eles têm um interesse fundamental em adquirir acesso seguro à terra, seja por meio de reforma agrária, seja através de programas de colonização ou realocação, ou através de arrendamento. Em segundo lugar, enquanto compradores, pelo menos sazonais, de produtos básicos, eles provavelmente apoiarão alimentos a preços acessíveis, via esquemas de subsídio universal ou focado, ou de programas de distribuição de alimentos. Como vendem parte significativa de sua produção, provavelmente darão apoio a políticas governamentais de preços baseadas no princípio de "comprar caro, vender barato", com o governo adquirindo safras de alimentos a preços altos e revendendo-as aos consumidores a preços baixos – um esquema fundamental para as câmaras de *commodities* que o Banco Mundial ajudou a estabelecer em muitos países nos anos 1960, para então, nos 1980, demandar sua abolição por serem instituições contrárias ao livre-mercado, que produziam grandes déficits fiscais. Terceiro, os agricultores pobres podem apreciar políticas que exigem melhores salários e benefícios para o trabalho agrícola.

O camponês médio, posicionado entre essas duas categorias, pode acolher, em diferentes momentos, tanto as políticas benéficas aos camponeses ricos como aquelas que beneficiam os pobres, dependendo, em parte, de terem ou não acesso garantido à terra ou à propriedade da terra que trabalham, e de sua situação estar gravitando em direção ao estrato mais rico ou à categoria mais pobre de agricultores. De um modo geral, contudo, apoiam preços menores para os insumos agrícolas e melhores preços para a produção, uma vez que aspiram tornar-se agricultores ricos.

60 MARC EDELMAN E SATURNINO M. BORRAS JR.

Temos ciência de que as realidades sociais vigentes podem não se encaixar nessas categorias esquemáticas de forma simples e direta. Muitos agregados familiares ou indivíduos podem não ser facilmente situáveis em uma ou outra categoria, uma vez que se envolvem em um conjunto plural e diverso de meios de subsistência ao longo das estações em um mesmo ano – agricultor pobre, trabalhador rural, vendedor de rua, trabalhador da construção. Há agricultores ricos que estão mais próximos daqueles fazendeiros altamente capitalizados e que são prioritariamente comerciantes ou usurários, e assim por diante. O ritmo rápido com que as famílias se encaixam ou oscilam entre esses vários tipos ideais, em meio a mudanças dinâmicas nos processos de acumulação, câmbios demográficos e mudanças macroeconômicas, também pode resistir à categorização simples. Assim, ao passo que insistimos em que categorias como camponeses ricos, médios ou pobres não devem ser usadas de modo rígido ou estático, também acreditamos que essas heurísticas são úteis para pensar sobre como cada grupo entende e luta pelo que considera ser seus interesses. As diferenças políticas entre esses grupos – sobre reforma agrária ou preços dos alimentos, por exemplo – muitas vezes, não são apenas significativas, mas estão em clara oposição. Passamos agora a olhar para os MATs a partir dessa perspectiva.

Política de classes nos MATs

A base de classe social da Via Campesina é altamente heterogênea. Um esboço de mapa das classes que a compõem, construído a partir do conhecimento dos autores sobre o movimento, sugere o seguinte: (i) camponeses sem terra, arrendatários, meeiros e trabalhadores rurais, principalmente na América Latina e na Ásia; (ii) pequenos e médios agricultores de tempo parcial da Europa ocidental, América do Norte, Japão e Coreia do Sul; (iii) agricultores familiares – de subsistência e empresariais – incluindo os da África e os que emergiram de reformas agrárias, como as do Brasil e do México; (iv) agricultores médios e ricos, principalmente, mas não exclusivamente, da

Índia, dos Estados Unidos e do Canadá; (v) comunidades de povos indígenas envolvidas em diversas formas de subsistência produtiva, principalmente na América Latina; e (vi) semiproletários situados em comunidades urbanas ou periurbanas em alguns países como Brasil e África do Sul.

Embora haja certamente outros grupos e classes sociais rurais pertencentes à Via, pode-se dizer que eles têm menos voz dentro do movimento e são menos significantes em termos de sua base. Tais grupos incluem: pescadores artesanais e trabalhadores da indústria pesqueira, pastores, trabalhadores rurais sem terra, trabalhadores migrantes e povos das florestas. A presença desses grupos e seu peso relativo diante de organizações maiores de agricultores têm implicações importantes sobre o modo como a Via formula suas pautas e campanhas e constrói suas alianças com outros movimentos da classe trabalhadora. Discutimos essa questão de modo mais abrangente no próximo capítulo.

A questão da terra e os guardiões na Via Campesina

A Via Campesina sempre formulou a questão de terra como uma luta contra os latifúndios. A reforma agrária – a redistribuição de grandes propriedades privadas a camponeses com muito pouca ou nenhuma terra, com vistas a criar um campesinato médio dinâmico e produtivo – tornou-se pauta mestra dominante das campanhas da Via pela terra.

Movimentos de camponeses sem terra e pobres da América Latina e Ásia estão entre os grupos mais eloquentes dentro da organização, que divide suas campanhas temáticas em comissões, uma das quais está encarregada de formular e encabeçar a pressão por reforma agrária. A "Campanha Global pela Reforma Agrária" (CGRA) foi lançada por volta de 1999-2000, em um momento em que o Banco Mundial promovia enfaticamente uma "reforma agrária de mercado" (ram), de caráter neoliberal. Outros aliados uniram-se à Via

62 MARC EDELMAN E SATURNINO M. BORRAS JR.

na formulação, lançamento e desenvolvimento da CGRA, entre os quais Rede de Informação e Ação pelo Direito a se Alimentar (FIAN), Focus on the Global South (Foco no Sul Global) e a Rede Social de Justiça e Direitos Humanos do Brasil, no âmbito da Rede de Pesquisa-Ação sobre a Terra (LRAN). A posição contrária à ram e ao Banco Mundial foi uma extensão lógica e necessária da postura antineoliberal. A CGRA e a Via conseguiram devolver o tema da reforma agrária à agenda dominante do desenvolvimento, embora não tenham conseguido influenciar o curso efetivo das políticas em países-chave. No Brasil, por exemplo, que constitui uma base crucial da Via Campesina, a reforma agrária de mercado expandiu-se durante o período em que a CGRA esteve ativa.

A Campanha Global pela Reforma Agrária fundava-se no trabalho de uma "comissão da reforma agrária". Cada uma das comissões da Via é coordenada por uma organização afiliada. A comissão de reforma agrária foi coordenada pelo movimento camponês hondurenho sob a liderança, por um longo período, de Rafael Alegría (também coordenador-geral da Via Campesina de 1996 a 2004).[1] Entre as mais influentes vozes latino-americanas na Via estão a do MST brasileiro, cujos representantes têm mantido posições de liderança fundamentais no movimento global. Na Ásia, os movimentos das Filipinas e da Indonésia – em especial quando o secretariado internacional da Via esteve na Indonésia, entre 2004 e 2010 – e alguns grupos do sul da Ásia (em particular Bangladesch e Nepal), embora importantes como movimentos, ainda não são tão coesos e influentes como o sólido bloco latino-americano. Contudo, os movimentos camponeses e de trabalhadores rurais asiáticos e latino-americanos (assim como o Movimento dos Sem-Terra [LPM] da África do Sul, antes de implodir) foram os principais catalisadores da iniciativa da Via de conduzir uma campanha global pela reforma agrária. Em 2014, a

---

1 Em 2010, o Cococh experimentou uma séria cisão interna, Alegría foi marginalizado da organização e, pouco depois, a entidade se desfiliou da Via (embora duas de suas filiadas – a Anach e a CNTC – se tenham tornado filiadas, em lugar dela) – ver Honduras Laboral (2010) e Junta Ďirectiva Nacional Auténtica del Cococh (2010).

mudança do secretariado internacional da Via para Harare, no Zimbábue, onde é coordenado pelo Fórum dos Pequenos Agricultores Orgânicos do Zimbábue (Zimsoff) pode ter conferido impulso à questão da reforma agrária. A líder do Zimsoff, Elizabeth Mpofu, beneficiária da acelerada reforma agrária ocorrida em seu país, tornou-se coordenadora geral da Via.[2]

A força dessas organizações latino-americanas e asiáticas era tal que prevaleceu mesmo quando outra voz influente dentro da Via, a Associação dos Agricultores do Estado de Karnataka (KRRS) indiana, inicialmente se opôs a fazer da reforma agrária uma campanha-chave da Via Campesina. A posição dessa organização, cuja principal base é formada por agricultores ricos e médios do estado de Karnataka, acabou suplantada.

O que estava em jogo para a KRRS? Desde a década de 1980, esse grupo organizou campanhas espetaculares contra as corporações transnacionais (CTNs) e os cultivos transgênicos, as quais viraram foco da mídia (Gupta, 1998). A campanha contra organismos geneticamente modificados (OGMs), em especial, sintonizou-se com as ações do Norte contra as culturas transgênicas, e a KRRS tornou-se protagonista das campanhas globais da Via sobre essa temática (embora, ironicamente, muitos membros da KRRS cultivassem safras transgências e não se opusessem a esses cultivos [Pattenden, 2005]).

A KRRS também assumiu o papel de "guardiã" informal no sul da Ásia, decidindo, efetivamente, quais organizações seriam admitidas ou – mais frequentemente – impedidas de ingressar na Via. Significativos setores organizados das classes rurais exploradas da Índia e de outros países do sul da Ásia foram excluídos, fosse porque a KRRS impediu sua entrada ou por não estarem interessados em participar de um processo do qual a KRRS era "guardiã". Como observou um aliado da Via: "Na Índia, uma casta superior de agricultores juntou-se à Via Campesina, e agora as castas inferiores são mantidas fora da Via Campesina. Como corrigir isso?" (citado em Rosset, 2005, p.37).

---

2 Sobre a controversa reforma agrária do Zimbábue, ver Scoones (2010).

64 MARC EDELMAN E SATURNINO M. BORRAS JR.

Algumas dessas organizações de agricultores pobres, mais tarde, aderiram à Via. Contudo, muitas organizações de pobres rurais sem terra da Índia continuam fora da Via Campesina, em parte pela contínua influência da KRRS na organização e, em parte, devido a clivagens ideológicas que debilitaram a KRRS no final dos anos 1990, tornando-a um aliado menos atrativo.

Apesar de sua retórica frequentemente radical, a KRRS deliberadamente faz vista grossa às questões de classe. Seu já falecido fundador e líder de longa data, M. D. Nanjundaswamy, explicou que "não podemos dividir-nos entre latifundiários e agricultores sem terra e mobilizar-nos separadamente, pois a mobilização não terá força nem influência" (Assadi, 1994, p.215). Como seria de esperar, a KRRS opôs-se aos limites legais relativos à propriedade da terra, ao mesmo tempo que defendia limites à propriedade industrial urbana. Além disso, "tanto o movimento de Shetkari Sanghatana, no estado vizinho de Maharashtra, como a KRRS, não só não condenaram as atrocidades contra *advasis* e *dalits*, como, em alguns casos, os perpetradores das violências eram seus próprios membros" (Assadi, 1994, p.213-5).[3] O caso da KRRS indica a existência de sérias discrepâncias de classe entre movimentos que compõem a Via. Tais discrepâncias influenciam marcadamente não só seu rol de organizações, mas também o marco das demandas, metas e representações de suas campanhas.

A KRRS não foi a primeira nem a única organização de agricultores ricos a tentar influenciar a Via. A primeira grave consequência envolveu a Unión Nacional de Agricultores y Ganaderos (UNAG) da Nicarágua, que em 1992 organizou, em Manágua, um congresso de solidariedade global, do qual se originou a ideia de formar a Via, tendo a própria UNAG como uma das entidades fundadoras. Foi também um dos pilares da coalizão Asocode, que abrangeu toda a América Central e se tornou um dos grupos regionais mais dinâmicos nos primeiros anos da Via. Apesar de sua proximidade com

---

3 *Adivasis* são grupos considerados indígenas "tribais". *Dalits* são membros das castas estigmatizadas, antes referidas como "intocáveis".

a Frente Sandinista radical da Nicarágua, a UNAG era afiliada à IFAP, a rede transnacional de organizações de agricultores ricos e médios. As principais preocupações da UNAG estavam focadas em produção e comércio, administração da primeira agência governamental de produtos básicos do governo sandinista e obtenção de mais serviços de apoio governamental e acesso a crédito propiciado por agências doadoras bilaterais e multilaterais (Blokland, 1992).

Outra organização nicaraguense que participou da fundação da Via, a Asociación de Trabajadores del Campo (ATC), contrasta nitidamente com a UNAG, ainda que ambas tenham proximidade histórica com os sandinistas e a UNAG tenha derivado de um ramo de agricultores ricos da ATC. Voltada às questões e demandas de pessoas sem terra, como salários e terra, a ATC organizava trabalhadores avulsos e sazonais, bem como membros de cooperativas e de fazendas estatais, e era filiada a federações trabalhistas regionais e internacionais. Em uma entrevista de 1994, um líder da ATC zombou, dizendo que, enquanto os líderes da UNAG viajavam de avião para países vizinhos, ele e outros ativistas da ATC só podiam pagar viagens de ônibus.[4]

Tais diferenças de classe irromperam em 1993, já na reunião de fundação da Via, quando as lideranças emergentes desta última e uma ONG holandesa – a Fundação Paulo Freire (PFS), que promoveu o evento – divergiram quanto à Via organizar-se como um "fórum" de entidades que seriam associadas à IFAP ou como uma organização autônoma, independente da IFAP.[5] A PFS defendia

---

4 Entrevista conduzida por Marc Edelman com José Adán Rivera Castillo, secretário administrativo e financeiro da ATC, Manágua, Nicarágua, 29 de junho de 1994.

5 A Paulo Freire Stichting (Fundação) surgiu em 1983, a princípio com o objetivo de oferecer cursos sobre questões internacionais a estudantes de escolas secundárias agrícolas holandesas; depois, passou a conectar organizações de agricultores em diferentes partes do mundo a fontes de financiamento da cooperação europeia. Paulo Freire, o vanguardista educador brasileiro, só soube da existência da PFS em 1988, mas, segundo consta, apreciou saber que a fundação levava seu nome. Em 1997, a PFS, juntamente com outras quatro organizações holandesas, fundou uma nova ONG, a Agriterra. A PFS deixou de existir a partir de então,

66 MARC EDELMAN E SATURNINO M. BORRAS JR.

a primeira proposta, enquanto os líderes de movimentos rurais, como Paul Nicholson, líder dos agricultores bascos (então representante da Coordenação de Agricultores Europeus [CPE]), opunham-se e propunham a formação de uma organização autônoma. O fato de a UNAG ser também filiada da IFAP complicava a situação. Por fim, a UNAG (na qual o coordenador da PFS havia trabalhado durante vários anos como agente da cooperação holandesa) alinhou-se à PFS, permaneceu na IFAP e decidiu deixar a Via. Embora o incidente pareça ter sido uma disputa "de espaço" usual aos debates políticos intramovimentos, tanto ativistas como acadêmicos referem-se a ele, muitas vezes, como um momento basilar, e um olhar mais atento revela uma clara linha divisória de classe entre as forças pró e anti-IFAP.

A campanha por reforma agrária da Via ganhou terreno na América Latina e em alguns países da Ásia. Na Índia, onde a reforma agrária é uma questão política premente, isso não ocorreu. O rotundo silêncio indiano relativo a essa campanha não surpreende, se usarmos as lentes de classe para examinar a base de afiliadas da Via Campesina naquele país – agricultores prósperos da KRRS (e, mais tarde, da BKU).

Um prisma analítico de classe ajuda a explicar parte do mutismo em campanhas da Via. Um segmento significativo da pobreza rural constitui-se de trabalhadores sem terra. Os exemplos incluem trabalhadores no corte da cana-de-açúcar, no Brasil, nos bananais do Equador, nas plantações de ananás, nas Filipinas, e imigrantes nos Estados Unidos e na Europa que trabalham nas vinhas e no cultivo de morangos, entre outros. O grupo dos sem-terra também inclui aqueles que trabalham para agricultores de pequena escala e ricos. Muitos deles, especialmente trabalhadores sem terra em plantações da grande indústria agrária, não desejam se tornar pequenos agricultores. Suas demandas estão relacionadas à justiça trabalhista: melhores salários, benefícios e condições de trabalho, e direitos de

---

tendo seu escritório e ativos transferidos para a Agriterra (entrevista de Marc Edelman com Kees Blokland, Arnhem, Holanda, 24 de abril de 1998).

negociação coletiva. Embora afirme representar "os pobres do meio rural", nenhuma campanha sistemática relacionada à justiça trabalhista – questão central e imperiosa para a maioria dos pobres rurais – foi lançada pela Via. Apesar de ter realizado reuniões sobre trabalhadores agrícolas migrantes na Europa e nos Estados Unidos, a organização concede muito menos importância a essas iniciativas do que às suas campanhas anti-OMC, anti-OGM e relacionadas à posse da terra, mudança climática e sementes.

Outras políticas identitárias

Abordamos a questão de classe com cautela. A classe é, evidentemente, um fator importante na definição da política dos MATs, mas não é o único (como indicamos na Introdução). A classe tem intersecções com outras identidades sociais, tornando mais complexa a natureza política dos movimentos. Seria enganoso sugerir uma clara correlação entre a posição socioeconômica de classe e o exercício do poder de agência pelos atores. A transição de uma "classe em si" para uma "classe por si" – se de fato ocorrer – é, muitas vezes, mediada pela intersecção de outras identidades sociais, como raça, etnia, gênero e geração.

Raça/Etnia

A intersecção entre classe e raça e etnia pode ser complexa e complicar a política dos trabalhadores. As famílias sem terra, por exemplo, podem pertencer a diferentes grupos étnicos e estruturar suas posições políticas de modos diferentes. Um trabalhador migrante cebuano, ou ilongo, ou tagalo (cristão), envolvido na extração da borracha no sudoeste das Filipinas, pode ter o ponto de vista da classe sem terra, enquanto, perto dali, um colono yakan (muçulmano) sem terra e desempregado pode ter sido violentamente despejado de sua comunidade original há meio século pelos proprietários da plantação de seringueiras. Ambos têm os interesses de classe dos sem-terra – ter terra para cultivar ou trabalho estável na fazenda. Mas estão ligados ao mesmo pedaço de terra e à plantação de maneiras radicalmente diferentes e assumem posições distintas em questões de terra e da plantação. O trabalhador migrante cristão provavelmente desejará obter uma parcela da plantação para si através da reforma agrária, enquanto o colono muçulmano original despejado pode buscar recuperar a terra através de algum tipo de processo de restituição. Aqui, a intersecção das identidades de classe, étnica e religiosa torna mais intrincada uma política agrária já complexa. Embora a classe seja importante, não pode ser uma categoria tomada independentemente, isolada de outras dimensões da identidade.

Tensões como essa são hoje comuns em muitos movimentos agrários transnacionais.

As origens europeia e afrodescendente dos sem-terra no Brasil e na Colômbia, sul-africana, zimbabuana e moçambicana dos trabalhadores agrícolas migrantes na África do Sul, e agricultores sedentários *versus* pastores nômades na Namíbia são apenas alguns dos casos em que relações étnicas ou nacionais antagônicas retardaram ou debilitaram a construção do movimento.

Gênero

A intersecção entre gênero e classe está entre as mais onipresentes e importantes dimensões identitárias. A paridade de gênero na construção da Via e na condução de seu mandato tem sido um ponto crucial de sua política interna. Contudo, no encontro de fundação da organização em Mons, na Bélgica, em 1993, apenas cerca de 20% dos delegados eram mulheres. Na Segunda Conferência, em 1996, em Tlaxcala, México, a eleição de um Comitê de Coordenação Internacional (CCI) composto só por homens causou comoção entre as delegadas mulheres que forçaram uma nova eleição. Esta resultou na integração de uma mulher – Nettie Wiebe, da União Nacional de Agricultores (NFU) do Canadá – ao CCI (Wiebe, 2013).

Embora historicamente o meio rural da América Latina tenha sido fortemente marcado pelo patriarcalismo, os movimentos da região foram pioneiros na criação de modelos com maior equidade de gênero. Na década de 1980, muitas organizações, respondendo a pressões por parte das mulheres em suas fileiras e das agências doadoras europeias, formaram departamentos ou comissões de mulheres. Estas, em alguns casos, romperam com a organização original, tornando-se organizações autônomas de mulheres rurais, geralmente identificadas com uma ou outra corrente feminista (Deere; Royce, 2009). A Confederção Latino-Americana de Organizações Camponesas (CLOC), que inclui a maior parte dos grupos afiliados à Via da região, desde o início, estabeleceu a prática de realizar assembleias de mulheres antes das principais conferências, de modo a assegurar que as vozes das mulheres fossem ouvidas e representadas. A Via também adotou essa prática e, em sua Terceira Conferência, em Bangalore, em 2000, renovou a composição de seu Comitê Coordenador, de modo a que cada região fosse representada por um homem e uma mulher.

Essa maior participação das mulheres, segundo Deere e Royce (2009, p.16),

abriu espaço para um discurso de gênero dentro dos movimentos rurais mistos, em parte porque os movimentos autônomos de mulheres rurais e os movimentos mistos estão frequentemente disputando membros, o que estimulou as organizações mistas a tornarem-se muito mais complacentes para com as mulheres e suas demandas.

O que é mais importante, "gênero" ou "questões das mulheres" já não são considerados temas do domínio exclusivo das mulheres. Os esforços para sensibilizar os homens avançaram rapidamente e ações importantes, como a Campanha Global da Via Campesina para Pôr Fim à Violência contra as Mulheres (Via Campesina, 2012), incentivaram os membros das organizações a engajarem-se em uma série de atividades em pequenos grupos e massivas, contra a violência.

Se maiores sensibilização e paridade de representação formal levaram a mudanças reais nas relações de poder é outra questão.

Contudo, como argumenta Bina Agarwal (2015), ao analisar o caso dos comitês de manejo florestal no sul da Ásia, "uma massa de crítica das 'mulheres-em-si' pode produzir diferenças marcantes, mesmo sem uma consciência social das 'mulheres por si' ".

Geração

"Quem herdará o campo?", pergunta Ben White (2011) ao defender uma integração mais sistemática entre os estudos agrários e os geracionais. A dimensão geracional da mudança e da política rurais está outra vez visível (como o foi de outro modo na época de Chayanov), embora esteja ainda longe de receber a atenção que merece. Isso se deve em parte à percepção por muitos de que jovens das áreas rurais já não desejam o trabalho agrícola. Isso pode ser verdade em diversos lugares. Mas o que dizer da juventude rural que quer, sim, a agricultura, mas não tem acesso à terra, em razão de barreiras financeiras? A terra tornou-se escassa e mais cara em todo o mundo, o que impediu que mais e mais jovens que almejam começar um empreendimento agrícola consigam viabilizar seus sonhos. Vale questionar: eles não conseguem acesso à terra porque são jovens, ou por conta de sua situação de classe social? De um modo geral, filhas e filhos de famílias ricas, que querem prosseguir na agricultura, têm menos obstáculos do que aqueles de origem pobre e de classe trabalhadora. Aqui, novamente, a intersecção entre classe e geração é crítica.[6]

Muitos presumem que a agricultura em tempo parcial é um indício de problemas econômicos e de uma unidade familiar que está em processo de se diferenciar através da dinâmica do mercado. O apelo por corrigir essa situação baseia-se num tipo ideal de "agricultor médio" e na ideia de que se devem instituir políticas para apoiar agricultores de tempo parcial a tornarem-se agricultores médios

---

6 Mills (2013) aponta as mesmas questões teóricas, tendo examinado o caso do Canadá. Bunn (2011) e Hyde (2014) analisam a miríade de formas utilizadas por jovens da América do Norte e de outros lugares para ingressar no ramo da agricultura.

de tempo integral. De fato, a agricultura de tempo parcial é, muitas vezes, um estágio num processo de diferenciação social em que o agricultor está perdendo posição. Mas a agricultura de tempo parcial nem sempre indica problemas econômicos. Pode ser uma estratégia calculada para algumas famílias permanecerem no campo, combinando o trabalho no campo em tempo parcial com outras atividades econômicas ou um emprego – o que os cientistas sociais hoje denominam "pluriatividade" ou "nova ruralidade" (Kay, 2008). Alguns agricultores ou mesmo alguns que desejam trabalhar com essa atividade no Norte global, em sua maioria jovens, consideram a jornada de tempo parcial como alternativa viável. Políticas para apoiar esse tipo de meios de subsistência são significativamente diferentes daquelas voltadas a agricultores médios de dedicação exclusiva. Os novos adeptos da dedicação parcial provavelmente buscarão e defenderão políticas de forma distinta tanto daquelas dos jovens agricultores de tempo integral como da geração mais velha de agricultores em tempo parcial que estão em processo de se diferenciarem.

Lugar

A questão de espaço e lugar, e do modo como esses fatores interagem com a classe social, é de particular importância na fase atual do capitalismo global, em que o capital busca ferozmente tomar espaços para mais acumulação. Região, nação e localidade têm sido quase sempre importantes *loci* de identidade, por vezes equiparando-se e outras vezes intersectando-se com hierarquias de classe. Quando grandes empresas se apossam de largas parcelas de terra para instalar áreas de mineração, empreendimentos turísticos, ou projetos de atenuação das mudanças climáticas, como REDD+, é pouco provável que necessitem grande volume de trabalho e a expulsão dos habitantes humanos tende a ser um efeito comum. Embora esses processos atinjam diferentes grupos sociais de forma diversa, em uma situação de expulsão em massa, vários segmentos tendem a ser afetados de modo similar. A expulsão, por exemplo, é uma consequência traumática, independentemente de os afetados serem agricultores ricos ou pobres, trabalhadores sem terra ou pastores. Diante da expulsão, a identidade social mais importante que todos eles assumem é a de "desalojados". Sua posição política compartilhada – independentemente das diferentes origens de classe – provavelmente irá enfatizar esta situação comum.

Em suma, embora a classe seja um elemento fundamental para nossa análise do contexto político agrário, insistimos em compreender como ela intersecta outras identidades sociais. Só então seremos capazes de identificar como e por que determinadas formas de ação política emergem.

Diferenças ideológicas

Grandes movimentos sociais transnacionais como a Via são, em geral, ideologicamente diversos. Isso se deve em parte – mas não unicamente – às diferenças de classe, como já explicado. Existem movimentos de camponeses sem terra, por exemplo, que mantêm posições ideológicas muito diferentes. Há movimentos sociais cujos apoiadores são heterogêneos em termos de classe, geração, etnia ou gênero e que podem compartilhar de uma mesma ideologia. Os movimentos sociais, com frequência, questionam: "Como chegamos a esta situação, que tipo de sistema alternativo queremos, e que tipo de estratégias empregaremos para alcançar nossa visão alternativa?". Essas questões estratégicas são inerentemente ideológicas. Os marxistas têm respostas para elas que diferem daquelas dos populistas agrários radicais não marxistas; os movimentos inspirados por ideias anarquistas terão divergências fundamentais com os leninistas; os grupos liberal-progressistas podem não ter dificuldades para dialogarem com ecofeministas; e as tendências marxistas historicamente antagônicas – maoístas e trotskistas, por exemplo – podem ter dificuldades em trabalhar juntas em uma ampla coalizão. A ideologia não se apresenta de forma clara e uniforme entre as organizações que integram um MAT. Alguns grupos mantêm um compromisso muito forte com determinada posição ideológica, enquanto outros podem ser mais flexíveis, mas tender a uma certa direção.

Compreender a configuração ideológica de um grande MAT e a conexão com a classe social de suas bases pode ajudar a explicar sua análise dos problemas e seus processos de produzir demandas. Pode também indicar as lacunas na base e na ação política do movimento e apontar como os grandes MATs constituem, em si, arenas de disputa. Em suma, ao examinar como a configuração ideológica se intersecta com a classe e outras posições identitárias em jogo no âmbito de um MAT, podemos alcançar um entendimento melhor de por que o MAT atua de um determinado modo (ou não) em conjunturas históricas cruciais.

A Via é um grande MAT constituído de movimentos nacionais que detêm firmes compromissos com certas posições ideológicas, ou pelo menos tendem a uma ou outra perspectiva ideológica. Como as diferenças de classe, as divergências ideológicas raramente são abordadas de forma aberta na Via ou entre seus observadores externos simpatizantes. As diversas orientações identificadas incluem: (i) várias correntes de populistas agrários radicais; (ii) marxistas ortodoxos, alguns dos quais de orientação maoísta; (iii) grupos radicais de tendência anarquista; (iv) ambientalistas radicais; e (v) ativistas feministas. Muitos grupos e indivíduos situam-se em algum ponto entre essas categorias amplas, enquanto outros mostram orientações sobrepostas, como os populistas-feministas agrários radicais, ou os populistas--marxistas agrários radicais. Muitos outros não revelam qualquer posição ideológica claramente definida, ou carecem de posições ideológicas formadas. Essa diversidade ideológica entre membros da Via é extraordinária: comparemos, por exemplo, a Bangladesh Krishok Federation (BKF, Federação de Camponeses de Bangladesh), marxista ortodoxa, com o radicalismo heterodoxo do Sindicato Obrero del Campo (SOC, Sindicato dos Trabalhadores do Campo) da Andaluzia, na Espanha, com o National Farmers' Union (NFU, União Nacional de Agricultores) do Canadá, ou com a KRRS da Índia.

A configuração de classe de um MAT é uma coisa; o marco ideológico dominante que orienta o movimento global é outra. Não há uma relação automática entre as duas. No caso da Via, suas lideranças, desde a década de 1990 têm sido dominadas pelo bloco populista agrário radical, marginalizando, na prática, os marxistas ortodoxos. Esse bloco – atualmente uma coalizão de vários blocos menores – é anticapitalista, mas aspira reconceber um novo tipo de modernidade, tendo o "campesinato médio" no centro de sua visão alternativa. Essa liderança influencia não só a formulação das campanhas políticas, como também o modo como a Via se constitui como movimento global.

Custos organizacionais das divisões ideológicas

No sul da Ásia, a orientação dos camponeses ricos da KRRS e seu exagerado papel na Via levaram outros grupos camponeses de esquerda da Índia a formarem um movimento transnacional concorrente na região, a Asian Peasant Coalition (APC, Coalizão Camponesa Asiática). A força da rede APC, que em geral é marxista ortodoxa ou de orientação maoísta, reside em seu compromisso consistente com a organização dos camponeses pobres e dos trabalhadores rurais. Sua base social está entre os estratos mais vulneráveis do campesinato. As organizações integrantes da rede APC poderiam ter aprimorado a análise de classe e as demandas de classe da Via, ampliado sua representação na região e fortalecido a luta por terra na Ásia. Sua ideologia sectária, no entanto, impediu a construção de alianças multiclasses. Como seria de se esperar, a relação entre a APC e a Via desabou.

Tensões ideológicas têm implicações para a estratégia política, como demonstramos ao longo deste capítulo. As tensões internas entre afiliadas da Via mexicana em relação à conveniência de alianças, passadas e presentes, umas com as outras e com o Estado e partidos políticos também refletem essas diferenças (Bartra; Otero, 2005). Às vezes, organizações muito pequenas e tendências em organizações que vivenciaram rupturas buscam filiar-se aos MATs ou intensificar relações existentes com esses, como forma de legitimar-se e de assegurar acesso a recursos materiais.[7] O abismo ideológico separa, às vezes, organizações não do mesmo, mas de diferentes países. O MST do Brasil e o CNCR do Senegal, por exemplo, têm diferentes posições sobre como e se o movimento deve manter relações com o Estado e com as instituições internacionais de desenvolvimento. O MST dialoga com o Estado sobre questões relacionadas à terra, embora insista em sua autonomia, mas adota uma posição muito mais crítica em relação ao Banco Mundial, como o faz a Via. O CNCR, por sua vez, abarca várias organizações financiadas por governos, é membro da coalizão Roppa (ver Capítulo 1), assim como da Via, e opta por combinar negociação e confrontação intermitente com uma relação colaborativa com o Banco Mundial. Tais diferenças são respaldadas evidentemente por particularidades incrustadas nas trajetórias sociais e políticas das diferentes sociedades e estruturas de classe de onde as organizações filiadas à Via se originam.

Conclusão

Grandes movimentos sociais transnacionais como a Via geralmente constituem alianças entre múltiplas classes. Tais alianças são complicadas – ou enriquecidas – pela diversidade e amplitude de suas bases. Contudo, as alianças multiclasse internalizam não só uma pluralidade de interesses de classe, mas – talvez o mais importante – interesses de classe e perspectivas *concorrentes*. Um movimento de "gente da terra" – ou mesmo de "trabalhadores da terra" – tende a obscurecer isso. Apelos por preços mais altos ao produtor, por exemplo, podem impactar de formas diferentes as bases do movimento. Para ir direto ao ponto, pequenos produtores de alimentos podem prosperar, enquanto os que necessitam comprar alimentos podem experimentar a fome. Questões de classe

---

7 Esse, pode-se dizer, foi o caso de alguns movimentos de México, Honduras e África do Sul discutidos anteriormente.

potencialmente inconciliáveis são, como vimos antes, mediadas por outras identidades sociais (etnia, geração e gênero). Movimentos como a Via podem ser mais claramente compreendidos como "alianças multiclasses e multi-identitárias".

A ideologia é um fator crítico para a compreensão das questões de classe e de identidade que podem unir e dividir movimentos. Em grandes MATs, observamos uma pluralidade de posições ideológicas, tendências e influências. Assim como no caso da classe, um aspecto importante e desafiador da diversidade ideológica não está somente em sua pluralidade, mas no fato de que essas ideologias estão competindo entre si. Ao identificarmos que múltiplas ideologias são ideologias *concorrentes*, devemos, necessariamente, retroceder nossa análise às relações entre as organizações afiliadas de um amplo movimento global. Elas não estão lá apenas como múltiplos grupos atuando em paralelo; estão tanto unidas como competindo umas com as outras. A partir dessa perspectiva, pode-se desenvolver um quadro mais realista de um MAT, simultaneamente como "protagonista" e como "arena de ação" e, assim, começar a compreender como esses dois aspectos dos MATs conformam-se mutuamente.

3
Classe, identidade e diferenças ideológicas entre MATs

No Capítulo 2, discutimos a questão da diferenciação interna aos movimentos agrários transnacionais. Neste capítulo, teremos o mesmo ponto de partida, ou seja, a análise das posições de classe, mas trataremos da diferenciação entre grandes MATs.

A Via Campesina é o MAT radical mais famoso no cenário global dos movimentos de justiça social surgidos nos últimos vinte anos. Mas não é o único importante. Na realidade, alguns são mais conhecidos ou mesmo politicamente radicais que outros. As relações que se estabelecem entre os MATs variam muito em função da estrutura de classes, das identidades e ideologias de cada um – as mesmas clivagens que os diferenciam internamente. Ademais, essas relações são dinâmicas e fluidas, sendo constantemente renegociadas e contestadas.

A maior parte dos estudos enfoca principal ou exclusivamente a Via e poucos têm examinado de forma sistemática as dinâmicas políticas entre os principais MATs.[1] No entanto, o exame de uma única experiência, de modo isolado dos demais – ou de outros movimentos de justiça global – pouco contribui, porque eles se constituem

---

1 As exceções incluem Desmarais (2003); Edelman (2003) e Borras; Franco (2009).

mutuamente. As relações entre os MATs são importantes para se compreender sua política de um modo geral e, em particular, as questões de representação, intermediação e mobilização. A Via é o nosso principal ponto de referência neste capítulo, mas é analisada em comparação com outras importantes organizações transnacionais: a IFAP, a International Land Coalition (ILC, Coalizão Internacional para o Acesso à Terra), o CIP e a APC. Pretendemos *ampliar* a discussão, trazendo à pauta outras organizações e *sistematizar* a análise das diferenças entre a Via e outros MATs, investigando as intersecções de classe, identidade e ideologia.

Os MATs examinados neste livro estão, de diferentes modos, todos comprometidos com uma ideia de "justiça social", mas há diferença no modo como cada um interpreta essa ideia e como tenta alcançá-la. Tratando de movimentos de justiça ambiental, Anna Tsing observa:

> As possibilidades de pensar globalmente têm inspirado os movimentos sociais de todos os tipos a conceberem causas globais. No entanto, uma política global cria problemas específicos. As metas de justiça social precisam ser negociadas não apenas entre dimensões de classe, raça, gênero, nacionalidade, cultura e religião, mas também entre o Sul global e o Norte global e entre as grandes metrópoles do mundo e seus interiores rurais e provinciais. O modelo de solidariedade de classe do século XX demanda dos aliados em uma coalizão alinharem-se como equivalentes. Aliados raramente alinham-se tão bem. Mesmo sem pretender romper os laços, eles forçam para novas direções. Seu atrito muda a trajetória de todos. (Tsing, 2005, p.13-4)

Ao esclarecer o que une e o que divide os MATs e as relações entre essas organizações, pode-se entender melhor por que certos movimentos formulam problemas e demandas do modo como o fazem, empregam determinados repertórios de ação coletiva, e preferem interagir com determinados conjuntos de atores estatais e não estatais. Esperamos também fornecer um antídoto para três tendências comuns entre os profissionais do desenvolvimento: (1) tratar os MATs como constelações indiferenciadas de atores e reduzir sua importância a uma questão de "mera presença ou ausência" em determinado espaço geográfico, político ou de políticas públicas; (2) trivializar temas recorrentes que unem ou dividem os MATs como meras disputas de espaço (por exemplo, concorrência por fundos) ou diferenças de personalidade e de liderança; e (3) celebrar romanticamente a unidade da coalizão, tratando tensões e cisões como algo inerentemente negativo.

Diferenciação de classe e política de identidade

Via, IFAP e WFO

A Via foi fundada por importantes movimentos agrários nacionais e regionais, principalmente para confrontar a já extinta IFAP. No final da década de 1980, ativistas de muitos movimentos agrários nacionais pensavam que a hegemonia da IFAP no cenário internacional de governança já durara tempo demais, representando não os estratos pobres e marginalizados das classes trabalhadoras do mundo rural, e sim os setores bem-sucedidos da população agrícola, com sua sede em Paris, capital de um país altamente desenvolvido. Como foi exposto no Capítulo 2, a formação da Via, em maio de 1993, em Mons, na Bélgica, resultou de um conflito entre, por um lado, organizações agrárias nacionais que queriam seu próprio movimento autônomo e, por outro lado, a ONG (PFS) que patrocinou a reunião e que esperava incorporar as organizações participantes na IFAP. As tensões entre a IFAP e os movimentos agrários que dela não participavam surgiram durante a Rodada Uruguai de negociações do GATT (1986-1994) e foram especialmente pronunciadas na América do Norte e na Europa, onde o American Farm Bureau (Instituto Americano de Agricultura), a Canadian Federation of Agriculture (CFA, Federação Canadense de Agricultura) e o Committee of Professional Agricultural Organisations in the European Union (COPA, Comitê das Organizações Profissionais Agrícolas da União Europeia) eram (e ainda são) politicamente dominantes. Assim, não surpreende o fato de que organizações norte-americanas e europeias com visões alternativas – a National Family Farm Coalition (NFFC, Coalizão Nacional da Agricultura Familiar) dos Estados Unidos, a National Farmers Union (NFU, União Nacional de Agricultores) do Canadá e a Coordination Paysanne Européenne (CPE, Coordenação Camponesa Europeia) estivessem entre as fundadoras da Via. A iniciativa foi uma extensão de uma luta por construir espaços fora da IFAP e autônomos em relação às associações dominadas por ela. Um exame rápido das diferenças entre a Via e a IFAP confirma a importância das perspectivas de classe e identidade na análise dos MATs.

Oficialmente, a IFAP afirmava ser "a organização mundial de agricultores que representa mais de 600 milhões de famílias agricultoras reunidas em 120 organizações nacionais de 79 países". Alegava, ainda, ter defendido "os interesses dos agricultores em âmbito internacional, desde 1946" (IFAP, 2009). Sua base principal era constituída de pequenas, médias e grandes organizações de agricultores, de países do Norte e do Sul, mas prevaleciam as organizações de países desenvolvidos. Muitas das associadas da IFAP nos países em desenvolvimento eram organizações lideradas por agricultores ricos e médios, em muitos casos, por empresários de classe média adeptos do agronegócio. Fundada em 1946, a IFAP tornou-se a principal organização setorial agrícola a obter *status* consultivo em instituições intergovernamentais.

Embora não constituísse uma rede politicamente homogênea, sua política refletia a visão das suas filiadas que detinham poder econômico. De 1946 a 2008, todos os presidentes e secretários-gerais foram homens brancos de países industrializados. Só em 2008, sessenta anos após sua fundação, a IFAP elegeu um presidente de um país em desenvolvimento, a Zâmbia. As perspectivas de classe e identidade determinavam suas posições políticas. Apesar de uma peculiar ambivalência em relação ao liberalismo de mercado, os grupos ligados à IFAP geralmente apoiavam partidos políticos de centro-direita (Edelman, 2003). Em várias ocasiões, a IFAP considerou o neoliberalismo como uma oportunidade e, em geral, apoiava políticas neoliberais, ao passo que defendia modificações menores que beneficiariam o setor agrícola (Desmarais, 2007).

Tal afinidade com "soluções" de mercado pode explicar a razão de a IFAP nunca se ter empenhado ou mobilizado em torno das questões agrárias mais prementes para os mais pobres dos pobres rurais, como salários e redistribuição de terras. Uma leitura atenta dos principais documentos da IFAP indica que sua agenda enfatizava *commodities* e comércio internacional, ao contrário dos documentos-chave da Via, que destacam contestações políticas em torno da terra. A IFAP deu preferência à negociação, colaboração e parceria oficial com organismos intergovernamentais, como a FAO e o Banco Mundial, em contraposição ao repertório da Via, que inclui negociação, parceria e colaboração, mas também confronto, manifestações públicas, desobediência civil, ocupações de terras e destruição de culturas geneticamente modificadas. Jack Wilkinson, ex-presidente da IFAP e líder da CFA, resumiu com precisão a perspectiva da organização ao comentar: "A IFAP ganhou uma posição como representante oficial, quando grupos como o Banco Mundial, Nações Unidas, FMI e FAO discutiam a política alimentar e queriam uma visão dos agricultores" (Western Producer, 2011).

Quando os mercados de *commodities* agrícolas tiveram um *boom* em 2008, provocando revoltas alimentares em dezenas de países, organizações da sociedade civil e movimentos sociais lançaram campanhas contra a produção de biocombustíveis, um dos principais catalisadores do aumento dos preços e, em consequência, da fome. Um exemplo revelador da posição da IFAP em relação a políticas agrícolas relevantes é sua posição quanto aos biocombustíveis, no auge da crise alimentar mundial de 2008:

> A produção de alimentos para consumo humano e animal continua a ser fundamental para os agricultores da IFAP; no entanto, os biocombustíveis representam uma nova oportunidade de mercado, ajudam a diversificar os riscos e promovem o desenvolvimento

82 MARC EDELMAN E SATURNINO M. BORRAS JR.

rural. Os biocombustíveis são a melhor opção disponível atualmente para reduzir a emissão de gases de efeito estufa do setor de transportes, contribuindo para mitigar as mudanças climáticas [...]. Recentemente, os biocombustíveis foram responsabilizados pela subida dos preços. Há inúmeros fatores por trás do aumento de preços dos alimentos, inclusive escassez de oferta devida às más condições climáticas e mudanças nos hábitos alimentares, que vêm gerando forte demanda. [...] É importante, para uma comunidade agrícola que há muito experimenta baixos rendimentos, superar as ideias errôneas sobre biocombustíveis. A bioenergia representa uma boa oportunidade de estimular as economias rurais e reduzir a pobreza, desde que essa produção atenda aos critérios de sustentabilidade. A produção sustentável de biocombustíveis por agricultores familiares não constitui uma ameaça à produção de alimentos. É uma oportunidade de obter rentabilidade e de recuperar as comunidades rurais. (Excerto de uma declaração da IFAP em FAO, 2008, p.97)

A Via, ao contrário, se opõe aos biocombustíveis, que vê como um dos principais incentivadores da apropriação global de terras e uma falsa solução para a mudança climática – uma posição subsequentemente confirmada em relatórios das principais organizações ambientais (Searchinger; Heimlich, 20150). Apesar da alusão da IFAP aos "agricultores familiares" e à redução da pobreza, sua posição sobre essa questão reflete a dos agricultores comerciais ricos.

A IFAP ruiu em 2010, para a surpresa de muitos que a consideravam uma organização robusta, consolidada e influente. Problemas relacionados à governança interna e às finanças levaram à sua extinção. O ato oficial de dissolução, emitido pelo Tribunal de Grande Instance de Paris, revela que a IFAP fracassou por ter-se tornado excessivamente dependente do financiamento de uma única fonte – a ONG holandesa Agriterra –, com a qual pretendia conduzir um projeto específico, o "Agricultores contra a Pobreza 2007-2010".[2]

---

2 Tribunal de Grande Instance de Paris, 2010. Jugement du 4 Novembre 2010, Ouverture d'une liquidation judiciaire Régime General, Procédures Collectives

MOVIMENTOS AGRÁRIOS TRANSNACIONAIS 83

Jack Wilkinson, mais tarde, observou que a IFAP "começou sua espiral rumo à insolvência quando [a Agriterra] não honrou a promessa de reembolsar a IFAP pelos custos de alguns projetos de desenvolvimento" (Western Producer, 2011). Segundo o documento do Tribunal, a Agriterra recusou-se a pagar à IFAP parte do seu compromisso de 2008 e de todo o ano de 2009, deixando a Federação com um déficit de 500 mil euros.[3] Vê-se contraditório esse papel da Agriterra, já que sua antecessora, a PFS, desempenhara um papel importante na organização da reunião fundadora da Via em 1993, quando tentou conduzir os participantes a unirem-se à IFAP (ver Capítulo 2).[4]

A disputa financeira entre IFAP e Agriterra ocorreu paralelamente a disputas internas que portavam evidentes matizes regionais e raciais. Em 2008, Ajay Vashee, da Zâmbia, foi eleito secretário-geral – o primeiro não branco eleito para a liderança da IFAP. O documento do tribunal francês apontou

um problema de "governança" devido principalmente a uma presidência dissonante em relação a um grande número de membros da Federação e a um conflito entre o presidente e o secretário-geral da IFAP. Uma mudança de presidência, que só poderia ocorrer com a realização de uma assembleia geral, não é viável devido ao seu custo.[5]

N. RG 10/13970. Affaire: Fédération Internationale des Producteurs Agricoles. Paris. Agradecemos a Birgit Müller por facilitar-nos a obtenção desse documento.

3 Ibid. p.3.

4 É duplamente irônico o fato de que, em 2009, Vashee, o líder da IFAP, continuasse a representar essa organização em fóruns internacionais, como a Conferência de Copenhague (Vashee, 2010) e no seleto Fórum Mundial Econômico de Davos (CNA, 2009), embora uma nota autobiográfica posterior do mesmo Vashee indicasse que sua gestão na presidência terminara em 2008 (International Conference, 2010). Em 2003, Vashee ajudou a fundar a Confederação Sul-Africana dos Sindicatos Agrícolas (Sacau), uma rede regional de agricultores comerciais de larga escala, a qual possuía, em 2013, 16 organizações filiadas de 12 países (International Conference, 2010; Sacau, 2013). Depois da derrocada da IFAP, Vashee atuou como presidente da Sacau (International Conference, 2010).

5 Tribunal de Grande Instance de Paris, p.3.

84   MARC EDELMAN E SATURNINO M. BORRAS JR.

Wilkinson foi mais explícito, afirmando que

> o estilo de liderança de Vashee também se tornou parte do problema [...] Organizações que queriam ajudar teriam marcado reuniões às quais ele não comparecia, o que não é a maneira de se trabalhar com parceiros [...]. Conselhos, muitas vezes, ele considerava um desafio à sua autoridade. (Western Producer, 2011)

Um ano após a dissolução da IFAP, surgiu uma nova organização cujas filiadas e ideologia refletiam as da IFAP. Fundada em Stellenbosch, na África do Sul, a World Farmers' Organization (WFO, Organização Mundial de Agricultores) é vista, com frequência, como a sucessora da IFAP. O enunciado de sua missão declara que

> a WFO visa reunir organizações de agricultores e cooperativas agrícolas de todo o mundo, representando a comunidade global de agricultores: micro, pequenos, médios agricultores, assim como os de larga escala [...] [E]la visa fortalecer as posições dos agricultores nas cadeias de valor, com foco nos pequenos agricultores. Ao defender os agricultores e representar seus interesses nos fóruns de política internacional, a WFO os ajuda a gerirem melhor a extrema volatilidade dos preços, aproveitando oportunidades de mercado e acesso oportuno às informações de mercado. (WFO, 2014)

A WFO concentra-se em seis áreas: segurança alimentar, mudanças climáticas, cadeias de valor, mulheres na agricultura, comércio internacional e agricultura contratual. Tais áreas são muito semelhantes aos temas centrais da IFAP. Contrastemos esses temas com as principais questões da Via: reforma agrária e água, biodiversidade e recursos genéticos, soberania alimentar e comércio internacional, mulheres, direitos humanos, migração e trabalhadores rurais, agricultura camponesa sustentável e jovens.

As organizações filiadas à WFO e à Via em distintos países possuem estruturas de classe significativamente diferentes. Bastam poucos exemplos para comprovar: African Farmers Association

MOVIMENTOS AGRÁRIOS TRANSNACIONAIS **85**

of South Africa (Afasa, Associação Africana de Agricultores da África do Sul) e Home of the South African Farmer (AgriSA, Casa do Agricultor) *versus* o Landless People's Movement (LPM, Movimento dos Sem-Terra); a holandesa Land-en Tuinbouw Organisatie Nederland (LTO, Organização Agrícola e Hortícola da Holanda) *versus* o Nederlandse Akkerbouw Vakbond (NAV, Sindicato Agrícola Holandês); a Sociedad Rural Argentina (SRA) *versus* o Movimiento Campesino de Santiago del Estero (Mocase); a Commercial Farmers' Union (CFU, União dos Agricultores Comerciais) do Zimbábue *versus* o Zimbabwe Small Organic Smallholder Farmers Forum (Zimsoff, Fórum de Pequenos Agricultores Orgânicos do Zimbábue). Em âmbito regional, na Europa, por exemplo, há um contraste similar entre a COPA, uma coalizão de grupos de agricultores de larga escala de âmbito nacional, de um lado, e a European Coordination Via Campesina (ECVC, Coordenação Europeia da Via Campesina), de outro. Essas são divisões clássicas entre fazendeiros ricos e agricultores pobres.

Há, portanto, duas redes globais distintas, fundadas em diferentes classes sociais – e ambas afirmam representar os pequenos agricultores do mundo. A frase seguinte parece capturar a visão da "gente da terra" conforme enunciada pela Via e suas aliadas: "promover o bem-estar de todos os que obtêm sua subsistência da terra e assegurar-lhes a manutenção de remuneração adequada e estável". No entanto, esta, na verdade, era a primeira cláusula do Estatuto da IFAP. As dinâmicas políticas que separam essas organizações podem ter implicações de amplo alcance na formulação de políticas globais de desenvolvimento. Mas, sem uma análise de classe, é difícil diferenciá-las, ou explicar por que e como essa distinção é importante. Formulações do tipo "gente da terra", "gente local", "voz do agricultor", e "comunidade local" – usadas pela Via e suas afiliadas – inadvertidamente mascaram importantes diferenças de classe entre movimentos e, portanto, nem sempre são úteis analiticamente.

Um movimento de movimentos: a Via e o CIP pela soberania alimentar

A Via Campesina é frequentemente definida como um "movimento de movimentos". A noção de "movimento de movimentos" no mundo agrário sugere uma convergência de forças com múltiplos tipos de políticas de classe e identidade. As classes trabalhadoras rurais são diversas e plurais, e essa diversidade é avivada por políticas de identidade complexas, segundo aspectos de etnia, gênero, região e geração, entre outras dimensões, como discutimos no Capítulo 2.

Se a ideia de "movimento de movimentos" é adequada para a Via, o é ainda mais para o Comitê Internacional de Planificação pela Soberania Alimentar (CIP). Esta é a maior rede internacional de movimentos sociais que atuam com campanhas e políticas relacionadas aos alimentos e à soberania alimentar. Trata-se de uma aliança multissetorial entre setores rurais e urbanos e grupos camponeses e não camponeses – apesar de haver predomínio do setor rural. Fundado em 1996, durante a Cúpula Mundial sobre Segurança Alimentar, de Roma, o CIP proporcionou um espaço para a articulação em rede e coordenação política entre diversas organizações (ver Tabela 3.1). Algumas ONGs desempenharam papéis cruciais em sua fundação e em sua posterior consolidação. Essas foram a Crocevia, o International Collective in Support of Fishworkers (ICSF, Coletivo Internacional de Apoio aos Pescadores Artesanais) e o Centre for Sustainable Development and Environment (Cenesta, Centro para o Desenvolvimento e Meio Ambiente Sustentáveis). ICSF e Cenesta propiciaram ao CIP dois públicos fundamentais – pastores e pescadores. O CIP possui uma estrutura organizacional flexível em comparação com suas organizações filiadas, tais como a Via. É uma rede de redes, uma coalizão de coalizões. O trabalho se organiza segundo grupos temáticos. Em 2013, possuía grupos ativos sobre: terra, biodiversidade agrícola, pescadores, *responsible agricultural investiment*" (rai, investimento agrícola responsável), agroecologia, povos indígenas e pastores.

Tabela 3.1 – Movimento sociais filiados ao CIP pela soberania alimentar

Movimentos internacionais
Via Campesina (Via)
Fórum Mundial de Populações de Pescadores (WFFP)
Fórum Mundial de Pescadores e Trabalhadores da Pesca (WFF)
Aliança Mundial de Povos Indígenas Nômades (Wamip)
União Internacional das Associações de Trabalhadores em Alimentação, Agricultura, Hotelaria, Restaurantes, Fumo e Similares (IUF)
Conselho Internacional dos Tratados Indígenas (IITC)
Coalizão Intęrnacional do Hábitat (HIC)
Marcha Mundial de Mulheres (MMM)
Federação Internacional de Movimentos de Adultos Rurais Católicos (Fimarc)
Movimento Internacional da Juventude Agrícola e Rural Católica (Mijarc)
Movimentos regionais
Rede de Organizações Camponesas e de Produtores Agrícolas da África Ocidental (Roppa)
Plataforma Regional de Organizações Camponesas da África Central (Propac)
Coalizão de Mulheres Rurais da Ásia (ARWC)
Coalizão Internacional de Trabalhadores Agrícolas (CAWI)
Rede Árabe pela Soberania Alimentar (ANFS)
Movimento Agroecológico Latino-Americano (Maela)
Articulação Continental de Mulheres Indígenas (ECMI)
Coordenação Andina das Organizações Indígenas (CAOI)
Confederação das Organizações de Produtores Familiares do Mercosul (Coprofam)
Aliança Australiana da Soberania Alimentar (AFSA)
Aliança Americana da Soberania Alimentar (USFSA)

O CIP merece ser objeto de um estudo completo e de um outro livro. Nosso objetivo aqui não é explorá-lo em detalhes, mas sim utilizá-lo como um caso ilustrativo que oferece elementos relevantes para o estudo dos MATs. Vários pontos são cruciais. Em primeiro lugar, movimentos *sociais* transnacionais – além dos apenas *rurais* – interessados na política de alimentos e da agricultura são diversos em termos de origem e estrutura de classes e de orientação ideológica. A base do CIP está formada por pequenos e médios agricultores, trabalhadores rurais sem terra, pescadores artesanais e pastores.

88 MARC EDELMAN E SATURNINO M. BORRAS JR.

Extraordinariamente, quase todos os movimentos sociais rurais radicais politicamente importantes no mundo estão, direta ou indiretamente, ligados ao CIP. Como seria de esperar, a maioria das organizações politicamente importantes de agricultores ricos, de média e larga escala, em todo o mundo (inclusive aquelas antes afiliadas à IFAP e agora à WFO), não está associada ao CIP. A solidariedade política entre os estratos mais pobres de classes trabalhadoras, em grande parte rurais, é o cimento que une esses movimentos em uma rede global e que diferencia esta última das redes dos setores rurais ricos como IFAP e WFO.

Em segundo lugar, a ampla identidade compartilhada e as preocupações tanto de produtores quanto de consumidores de alimentos levaram diferentes movimentos sociais a fundarem o CIP em 1996. De um modo geral, as organizações associadas ao CIP consideram a globalização neoliberal prejudicial aos interesses de suas bases e sustentam que o sistema alimentar global não tem proporcionado remuneração adequada aos produtores de alimentos e sequer tem logrado amainar a fome mundial. Tal consenso, que é tanto ideológico quanto de classe, erigiu a política de identidade do CIP em torno da plataforma alternativa da soberania alimentar.

O CIP, juntamente com a Via e outros movimentos, começou a pressionar por soberania alimentar durante a Cúpula Mundial sobre a Alimentação, de 1996, argumentando que ela constituía um paradigma alternativo ao foco na "segurança alimentar" da FAO e dos governos participantes. O CIP cresceu e consolidou-se como resultado de sua ação militante durante pelo menos três outras conjunturas políticas: (1) protestos contra as negociações da OMC, a partir de 1999; (2) na preparação para a Conferência Internacional da FAO sobre Reforma Agrária e Desenvolvimento Rural (Ciradr), de 2006 (Monsalve, 2013); e (3) durante e após a alta mundial dos preços dos produtos alimentares, em 2008-2009, e as subsequentes negociações no Comitê de Segurança Alimentar Mundial (CSA) em torno das Diretrizes Voluntárias sobre a Governança Responsável da Posse de Terras, dos Recursos Pesqueiros e Florestais no Contexto da Segurança Alimentar Nacional (Seufert, 2013). Em cada um desses momentos cruciais, uma coalizão de coalizões organizacionalmente ampla, mas ideologicamente coerente, era necessária para uma defesa eficaz e para propor e lutar por políticas alternativas. O CIP tornou-se e continuou a ser um movimento social internacional que exerce um protagonismo dinâmico – um que, certamente, não é tão celebrado como a Via, mas detém, provavelmente igual importância estratégica.

Em terceiro lugar, uma das principais razões para a fundação do CIP em Roma, no final de 1996, no contexto da Cúpula Mundial da Alimentação, foi desafiar a hegemonia da IFAP. Desde 1946, a IFAP monopolizava a representação da agricultura familiar nos foros oficiais das Nações Unidas. Como exposto no Capítulo 2, um dos motivos para a criação da Via foi uma forte insatisfação popular, em relação à IFAP, entre vários movimentos rurais nacionais, que percebiam essa organização como representando os interesses de agricultores ricos dos países desenvolvidos. Contudo, antes da Cúpula Mundial da Alimentação de 1996, a Via não era suficientemente conhecida ou forte para desafiar a IFAP na cena global. Outros movimentos setoriais, como o World Forum of Fish Harvesters and Fish Workers (WFF, Fórum Mundial de Pescadores e Trabalhadores da Pesca), formado no ano anterior à Cúpula, contribuíram para a construção de uma plataforma mais ampla, usada para contestar a IFAP. Vale ressaltar que, além de se opor à IFAP, o CIP e movimentos associados também lograram pôr em questão as convenções prevalecentes sobre a representação de movimentos de base nos espaços de governança internacional, inclusive o monopólio das ONGs nessa participação (discutido no próximo capítulo). Eles efetivamente criaram um espaço autônomo para os movimentos sociais das classes trabalhadoras rurais, ampliando o alcance e congregando a força política de organizações que, de outro modo, estariam dispersas. O CIP tem confrontado e competido com a IFAP e, mais tarde, com a WFO nos espaços oficiais de representação em organismos e agências da ONU. No entanto, essa presença em instituições de governança internacional exige ao CIP fazer o que fazia a IFAP – negociar e pressionar em ambientes que Gaventa e Tandon (2020) classificam de "espaços convidados". Contudo, diferentemente da IFAP, o CIP e seus movimentos associados consideram que suas principais arenas de luta estão fora desses espaços oficiais.

Por fim, MATs gigantes como o CIP, apesar de disporem de classes e orientação ideológica bastante coerentes, são essencialmente arenas de interação entre membros da coalizão, que tanto podem ser movimentos fraternos como rivais e que tentam constantemente moldar-se mutuamente. Isso se pode observar, por exemplo, no modo como evolui a abordagem da questão da terra na Via. Desde a criação da organização, em 1993, até o início dos anos 2000, sua ação em torno da terra esteve formulada dentro do estrito parâmetro da reforma agrária, com uma campanha específica contra a reforma agrária de mercado liderada pelo Banco Mundial. Durante a Conferência Internacional da FAO sobre Reforma Agrária e Desenvolvimento Rural (Ciradr), de 2006, o CIP – e não a Via – tomou a frente na representação oficial dos movimentos rurais na ONU. Isso contribuiu para uma abordagem muito mais ampla das questões fundiárias, especialmente enfatizando a terra como "território" e não apenas um terreno agrícola (Monsalve, 2013). "Território", vale destacar, implica direitos coletivos e propriedade exclusiva. A dificuldade com a formulação "terra" *versus* "território" deriva das diferentes políticas de classe e identidade. Pequenos agricultores, os sem-terra, povos indígenas e pastores, por exemplo, formulam "terra" e "território" de formas muito diferentes – sendo, os dois últimos grupos, historicamente receosos de reformas agrárias. Mais recentemente, a Via articulou sua própria campanha mundial pela terra no contexto de "terra e território" (Martínez-Torres; Rosset, 2013).

Ideologia

Via, IFAP e WFO

Do ponto de vista ideológico, a WFO (e antes dela, a IFAP) almeja fazer o sistema capitalista global funcionar bem para pequenos, médios e grandes agricultores comerciais. Tal qual sua predecessora, a WFO elenca entre seus principais parceiros a corporação financeira internacional (IFC), o BM e a OMC. Em contraposição, esse mesmo grupo de instituições internacionais é tido pela Via como os principais inimigos dos pequenos agricultores. Além disso, a WFO, como antes dela a IFAP, "visa a fortalecer as posições dos agricultores nas cadeias de valor [...] [A] WFO apoia os agricultores para gerirem melhor a extrema volatilidade dos preços, aproveitando oportunidades de mercado e o acesso oportuno às informações de mercado" (WFO, 2014).

A missão da WFO é conectar produtores aos mercados e comércio internacional. A Via, por outro lado, sempre enfatizou a autonomia da pequena agricultura em relação ao controle das corporações e "se opõe enfaticamente ao agronegócio e às multinacionais que estão destruindo os povos e a natureza" (Via Campesina, 2011). Enquanto a Via é conhecida por sua campanha mundial de oposição aos transgênicos, organizações importantes que integravam a IFAP e hoje estão na WFO colocam-se no lado oposto. Jervis Zimba, por exemplo, líder da Zambia National Farmers Union (ZNFU, União Nacional de Agricultores da Zâmbia) e vice-presidente da WFO, em 2010, apelou ao governo zambiano pela revogação da proibição dos OGMs. Argumentava que os transgênicos são benéficos para a agricultura de pequena escala, por aumentarem a produtividade e propiciarem uma chance de escapar à pobreza:

> Em outros países onde a biotecnologia tem sido utilizada, especialmente para o algodão, nossos pequenos agricultores logram produzir dez vezes mais em relação aos nossos níveis atuais de produção, com menos insumos, portanto, menores custos de produção, gerando altos ganhos para os pequenos produtores. (AgBioWorld, 2010)

A ZNFU é a mesma organização que fora liderada por Ajay Vashee – presidente da IFAP à época da falência da entidade.

As diferenças de classe e ideológicas entre a Via, de um lado, e a IFAP e a WFO, de outro, podem ser mais especificamente observadas pela perspectiva nacional-regional. Na África do Sul, por exemplo, a organização filiada da Via é o LPM, um movimento incipiente que vem titubeando organizacional e politicamente desde sua criação (ver Capítulo 4). Suas bases, débeis e esparsas, estão constituídas de grupos de sem terra de comunidades rurais e periurbanas (Baletti et al., 2008), que não dispõem de qualquer apoio entre grandes ou pequenos agricultores economicamente estáveis, orientados ao mercado. Os membros do LPM são sul-africanos negros, pobres, que foram marginalizados sob o regime de *apartheid*.

Já a filiada da IFAP na África do Sul era a AgriSA, sucessora da South African Agricultural Union (SAAU, União Agrícola Sul--Africana), formada em 1904 para representar agricultores comerciais brancos. Em 1999, mudou seu nome para AgriSA como parte do processo de desrracialização pós-*apartheid* das organizações de agricultores e recrutou agricultores comerciais negros. Na corrida global por terras pós-2008, estava entre as organizações que viram grandes oportunidades em negociações de grandes extensões de terra em outros lugares do continente. A AgriSA justificou esse passo afirmando que "os agricultores comerciais sul-africanos desejam estabelecer-se no continente africano 'em razão da escassez de recursos naturais e da redistribuição da terra' em seu país" (Hall, 2012, p.827). Ao final de 2010, a AgriSA estava em negociações com 22 governos no continente africano para aquisição de vastas extensões de terra destinadas à produção comercial de alimentos e biocombustíveis. Somente na República Democrática do Congo, foram alocados 200 mil hectares de terra, com possibilidade de aquisição de até 10 milhões de hectares de terras do Estado. Em suma, a AgriSA situa-se decisivamente no lado daqueles a que a mídia se refere como "caçadores de terras" (Hall, 2012). A AgriSA foi uma filiada fundamental da IFAP, como o é atualmente da WFO. Ela sediou o congresso fundador da WFO, em 2011. A AgriSA e a WFO consideram os negócios de extensas áreas de terra como uma oportunidade de investimento para os agricultores comerciais, enquanto a Via os vê como uma apropriação de terras que desaloja camponeses e outras populações rurais.

Via e ILC

Outra iniciativa em torno da defesa de políticas para a terra ganhou ímpeto após a alta global dos preços dos alimentos em 2008-2009: a International Land Coalition (ILC, Coalizão Internacional para o Acesso à Terra). Fundada em 1996, originalmente denominada Coalizão Popular para Erradicar a Fome e a Pobreza, foi renomeada para ILC em 2003. Trata-se de uma aliança global de instituições financeiras internacionais (IFIs), como o Banco Mundial e o IFAD, instituições intergovernamentais (Comissão Europeia, FAO) e várias ONGs (por exemplo, World Wildlife Fund). A IFAP era associada da ILC e fazia parte do seu Conselho Gestor. A ILC é administrada por profissionais de classe média, sediados em um secretariado internacional localizado e financiado pelo IFAD, em Roma.

Essa estrutura torna a ILC uma instituição relevante para muitos atores no âmbito global de formulação de políticas da terra, mas problemática para outros. Apesar de seu caráter de coalizão híbrida, a ILC está próxima das IFIs que constituem os alvos principais das campanhas de "exposição e oposição" da Via. Um ex-diretor da ILC certa vez elogiou o processo "democrático" que respalda a nova política do Banco Mundial para a terra, inaugurada em 2003 (Banco Mundial, 2003). O banco, por sua vez, exalta sua influência sobre a ILC, com o Grupo de Avaliação Independente do Banco Mundial informando sobre as

> evidências [...] de que técnicos do Banco Mundial têm desempenhado um papel importante na promoção de uma análise profunda como base para o conhecimento da ILC [...] [e] têm aportado insumos substanciais através do Grupo Temático da Terra do banco e dos documentos produzidos pelo banco sobre questões fundiárias. (World Bank-IEG, 2008, p.xx)

Contudo, alguns membros da ILC se opõem às políticas do Banco Mundial relativas à terra, e a Via é clamorosa em suas críticas.[6] As posições da ILC mudaram visivelmente, à medida que se acelerava a corrida por terras pós-2008. Refletindo suas bases de classe e ideológica, a coalizão tende a adotar uma visão processual sobre a apropriação de terras, identificando negócios envolvendo a terra como apropriação, somente quando esses são feitos de forma não transparente ou resultam em violações de direitos humanos.[7] Isso difere, evidentemente, do apelo radical da Via para suspender e fazer retroagir as apropriações de terras, o qual se detém menos nas questões processuais e mais na economia política e nos impactos sociais das negociações de terras.

Nos últimos anos, a ILC conseguiu atrair a filiação de algumas organizações de agricultores, embora não em número suficiente para contrabalançar o de ONGs, agências doadoras e instituições financeiras intergovernamentais e internacionais. Vale destacar que não há, ao menos ainda, uma significativa sobreposição entre as filiadas da Via e da ILC, por razões principalmente institucionais e ideológicas: a primeira é uma coalizão radical de movimentos sociais de base, enquanto a segunda é uma coalizão "conservadora-progressista" de instituições financeiras internacionais e ONGs.

Via e CIP

No Capítulo 2, discutimos como as organizações filiadas à Via mantêm posições ideológicas diversas e concorrentes. Isso se

---

6 No entanto, como observa Edelman (2003, p.207), a Via dialogou brevemente com o Banco Mundial, quando seu coordenador geral, Rafael Alegría, palestrou em um fórum do banco sobre "Fortalecimento das organizações de produtores", no qual a IFAP também esteve representada. Essa história, em geral, foi esquecida – se não reescrita – e o documento relevante (Via Campesina, 1999) já não está disponível na página web da LVC.

7 Para uma discussão detalhada da posição da ILC, ver Borras; Franco; Wang (2013).

complica ainda mais se a comparamos com o CIP. É inevitável que uma rede tão ampla acabe reunindo grupos ideologicamente díspares.

Embora algumas tensões ideológicas separem a Via e o CIP, de um modo geral, prevalece certa unidade ideológica. Ainda que divirjam as posições sobre questões amplas, como o capitalismo, resta um compromisso compartilhado de priorizar as "lutas contra a expropriação", sejam esses esforços abertamente anticapitalistas, campanhas contra corporações transnacionais, ou lutas contra a expulsão da terra ou pelo controle de sementes, tecnologia e biodiversidade. Existe uma forte tendência, embora não homogênea, entre os membros do CIP e da Via, a uma narrativa anticapitalista. O CIP constitui um exemplo extraordinário de uma aliança multiclasses ampliada, abrangendo disparidades rural-urbanas e hemisféricas, bem como ideológicas.

Aquelas diferenças ideológicas que de fato provocam tensões entre o CIP e a Via fundam-se, em grande medida, nas origens de classe. Outras questões de identidade complicam mais a relação entre Via e CIP. O discurso agrário radical populista, anticapitalista e beligerante da Via não se ajusta à orientação mais liberal progressista dos movimentos de agricultores católicos como a Firmarc (ver Tabela 3.1). O compromisso ideológico da Via com o "camponês médio" como o único caminho viável para um futuro alternativo também tem produzido atritos. Um ator importante dentro do CIP é o sindicato brasileiro Confederação Nacional dos Trabalhadores Rurais Agricultores e Agricultoras Familiares (Contag), membro da IUF (ver Tabela 3.1). Depois de se opor, inicialmente, à reforma agrária de mercado no Brasil, a Contag finalmente passou a apoiá-la.[8] O MST (membro da Via) mantém um relacionamento historicamente tenso com a Contag, especialmente por suas diferentes posições em relação às lutas que dominam o campo no Brasil. Enquanto o MST prioriza a reforma agrária para promover a agricultura familiar, a Contag enfatiza questões de justiça trabalhista. Além disso, a

---

8 Para uma análise da Contag e sua posição entre os movimentos rurais brasileiros, ver Welch; Sauer (2015).

interação com grupos indígenas também trouxe à tona tensões entre movimentos camponeses e algumas organizações de povos indígenas (mesmo aquelas filiadas à Via), com algumas declarando que a Via "parece um espaço de camponeses, não um espaço de povos indígenas" (Rosset; Martinez-Torres, 2005, p.16, n.9). Tal situação funda-se em uma contradição inerente entre a implementação da reforma agrária e a defesa ou a reivindicação de territórios indígenas. Essa tensão interna à Via e dela em relação ao CIP provavelmente seguirá sendo um dos mais difíceis desafios nos e entre os MATs, apesar dos recentes ajustes na Via em termos de como se articula sua campanha global pela terra (Rosset, 2013).

Via e APC

Talvez uma das mais agudas e complicadas divisões ideológicas que envolvem a Via – ademais do abismo que a separa de suas rivais IFAP e WFO – é aquela com a APC. Essa desavença reflete uma das controvérsias mais duradouras nos estudos agrários, a saber, os debates entre marxistas ortodoxos e populistas agrários radicais sobre a diferenciação camponesa e a mudança agrária (ver Capítulo 2, sobre a interpretação leninista *versus* a chayanoviana das diferenças de classe no campesinato). Ela se torna complicada, porque a dinâmica Via -APC envolve algumas organizações que pertencem a ambas as redes.

Formalmente estabelecida em 2003, a APC é uma coalizão de agricultores, camponeses sem terra, pescadores, trabalhadores agrícolas, *dalits*, povos indígenas, vaqueiros, pastores, mulheres camponesas e juventude rural de nove países (ver Tabela 3.2). Possui uma plataforma explicitamente anti-imperialista, que enfatiza mobilização e resistência, reforma agrária genuína e soberania alimentar, combate ao agronegócio, agricultura ecológica, mudança climática e solidariedade entre os povos (APC, 2014). Isso contrasta com os temas centrais da IFAP e da WFO, embora seja bastante similar às agendas da Via e do CIP.

Tabela 3.2 – Relação de membros da APC com a Via

Membros da APC	Membro da Via
Movimento Camponês das Filipinas (KMP)	Sim
Federação Nacional de Mulheres Vikalpani (VNWF, Sri Lanka)	Não
Movimento Trabalhista Paquistão (PKMT)	Não
União Sindical dos Pescadores de Andhra Pradesh (APMU, Índia)	Não
Força de Mulheres Tenaganita (TWF, Malásia)	Não
Rede de Ação sobre Pesticidas Ásia Pacífico (PAN AP, Malásia)	Não
Raízes para a Equidade (Paquistão)	Não
Frente Cingalesa de Camponeses (ALPF, Sri Lanka)	Não
União dos Trabalhadores Migrantes de Andhra Pradesh (APMW, Índia)	Não
União das Populações Pescadoras Tradicionais de Andhra Pradesh (APTFPU, Índia)	Não
Movimento de Mulheres Dalit de Tamil Nadu (TNDWM, Índia)	Não
Sindicato dos Trabalhadores Rurais de Karnataka (KGSSS, Índia)	Não
União dos Trabalhadores Agrícolas (UMA, Filipinas)	Não
Federação Nacional dos Trabalhadores do Açúcar (NFSW, Filipinas)	Não
Assembleia Nacional de Agricultores (NFA, Sri Lanka)	Não
Federação Indiana de Trabalhadores Camponeses (IFTOP, Índia)	Não
Federação de Camponeses de Bangladesh (BKF)	Sim
Associação de Mulheres Camponesas de Bangladesh (BKS)	Sim
Associação de Agricultores Sem Terra de Bangladesh (BBS)	Não
Sindicato Agrícola de Bangladesh (BALU)	Não
Federação Nacional de Mulheres Camponesas (Amiha, Filipinas)	Não
Federação do Trabalho Agrícola de Bangladesh (BAFLF)	Não
Aliança dos Movimentos de Reforma Agrária (AGRA, Indonésia)	Não
Aliança dos Movimentos Populares (APM, Índia)	Não
Associação das Mulheres do Nepal (ANWA)	Não
Coalizão Camponesa Sul-Asiática (Ásia Meridional)	Não
Federação Nacional das Organizações de Pequenos Pescadores das Filipinas (Pamalakaya)	Não
Movimento da Reforma Agrária e Agrícola Nacional (Monlar, Sri Lanka)	Sim
Fundação para o Desenvolvimento Agrícola (FAD, Mongólia)	Não
Federação dos Camponeses do Nepal (ANPF)	Sim
Federação de Trabalhadores Rurais Informais de Andhra Pradesh (APVVU, Índia)	Não
Fórum de Mulheres de Tamil Nadu (TNWF, Índia)	Não

Se o perfil de classe trabalhadora de um movimento nacional ou subnacional for o principal critério para ingressar na Via, então quase todas as organizações filiadas à APC se encaixariam, pois representam os estratos mais pobres do campesinato e do proletariado rural, e quase todas constituem legítimos movimentos agrários militantes (com exceção da ONG de pesquisa orientada a serviços PAN--AP). Elas são também movimentos anti-imperialistas com políticas similares às da Via, mas devido às diferenças ideológicas entre, de um lado, a liderança dominante na Via e, de outro, a ideologia marxista mais ortodoxa (geralmente de inspiração maoísta) da maioria dos membros da APC, não foi possível a inclusão desses movimentos membros (exceto no caso de KMP, Monlar, ANPF, BKS e BKF). Tal grau de divisão ideológica não é visto em nenhuma outra região onde a Via opera. Na América Latina e no Caribe, quase todos os movimentos agrários militantes se integraram à Via, com exceção de poucos casos no México, Colômbia, Brasil e América Central.

O problema da não inclusão de vários movimentos agrários militantes, em geral do Sul da Ásia e, particularmente, da Índia, é exacerbado pela predominância na Via de organizações cujas bases, em grande parte, estão entre agricultores médios e ricos, ou que manifestam a ideologia do agricultor comercial médio ou rico (Pattenden, 2005; Assadi, 1994). Tais movimentos incluem a KRRS, de Karnataka, e as organizações BKU em cerca de dez estados indianos. Suas demandas centrais giram em torno de preços mais altos para o produtor. Comparemos as Tabelas 3.2 e 3.3, que apresentam membros da APC e da Via no sul da Ásia, respectivamente. O maior dilema para a Via no sul da Ásia é o de como manter sua posição ideológica global e sua política amplamente inclusiva, algo que seria colocado em risco se muitos grupos ligados à APC – alguns conhecidos por sua política sectária – fossem admitidos. Seria difícil imaginar como uma "Via Campesina" poderia defender camponeses médios e pequenos agricultores com uma liderança marxista ortodoxa e uma ideologia que promovesse prioritariamente os interesses dos proletários rurais.

Tabela 3.3 – Relação de membros da Via em relação à APC

Membros da Via	Membro da APC
Federação dos Camponeses do Nepal (ANPF)	Sim
Associação do Trabalho Agrícola do Nepal (NALA)	Não
Associação Nacional dos Piscicultores do Nepal (NNFFA)	Não
Associação Nacional das Mulheres Camponesas do Nepal (NNPWA)	Não
Associação de Povos Indígenas de Bangladesh (BAS)	Não
Associação de Mulheres Camponesas de Bangladesh (BKS)	Sim
Federação de Camponeses de Bangladesh (BKF)	Sim
União dos Agricultores Indianos, Madhya Pradesh (BKU, Índia)	Não
União dos Agricultores Indianos, Haryana (BKU, Índia)	Não
União dos Agricultores Indianos, Maharashtra (BKU, Índia)	Não
União dos Agricultores Indianos, Nova Deli (BKU, Índia)	Não
União dos Agricultores Indianos, Punjab (BKU, Índia)	Não
União dos Agricultores Indianos, Rajasthan (BKU, Índia)	Não
União dos Agricultores Indianos, Uttaranchal (BKU, Índia)	Não
União dos Agricultores Indianos, Uttar Pradesh (BKU, Índia)	Não
Associação de Agricultores do Estado de Karnataka (KRRS, Índia)	Não
Associação dos Produtores de Coco de Kerala (KCFA, Índia)	Não
União dos Agricultores de Nandyal, Andhra Pradesh (NRS AP, Índia)	Não
Associação dos Agricultores de Tamil Nadu (TNFA, Índia)	Não
Adivasi Gothra Mahasabha, Kerala (AGMK, Índia)	Não
Movimento da Reforma Agrária e Agrícola Nacional (Monlar, Sri Lanka)	Sim

A Via e o "Movimento (por Soberania) Alimentar"

Nos últimos anos, emergiram vários tipos de movimentos alimentares cruzando as divisões de classe, rural-urbana, produtor-consumidor e Norte-Sul. Alguns deles são bem pequenos e localizados, enquanto outros são mais amplos e articulados em redes. Tendem a uma unicidade em sua crítica ao sistema alimentar dominante, em torno das questões de acesso, adequação cultural, sustentabilidade e saúde humana e animal. As diferenças de perspectivas podem ser pronunciadas, com alguns apelando para o desmonte do sistema alimentar baseado na agricultura industrial, e outros por diferentes níveis de reforma. Alguns desses movimentos identificam-se com o marco da soberania alimentar, enquanto outros não. Holt-Giménez e Shattuck (2011) oferecem um excelente panorama desse vibrante, embora altamente diferenciado, conjunto de movimentos.

O surgimento desses movimentos alimentares multiclasses tem pelo menos duas implicações políticas relevantes para a Via. Por um lado, ajudou a ampliar as lutas políticas relativas a alimentos, expandindo o alcance político das suas campanhas por soberania alimentar. Fortaleceu o lado progressista e radical do espectro político, ao pressionar por alternativas de justiça alimentar ou de soberania alimentar em todo o mundo. Isso, particularmente, em razão da amplitude da estrutura de classes dos movimentos alimentares e à sua difusão geográfica. Produziu diversas alianças de múltiplos níveis do movimento alimentar. Por outro lado, o aumento de movimentos alimentares tornou a Via apenas um entre muitos atores no esforço geral para confrontar o sistema alimentar dominante e criar alternativas. Os movimentos alimentares desafiam a "franquia política" da Via sobre a soberania alimentar e sua pretensão de ser um arquiteto exclusivo e arguto dos sistemas alimentares alternativos. Soberania alimentar tornou-se apenas uma possibilidade, juntamente com o direito à alimentação, a justiça alimentar e respectivos paradigmas. Além disso, soberania alimentar, tal como é definida pela Via, tornou-se uma entre várias interpretações possíveis para o que o termo significa e o que pode ser na prática. A emergência de um movimento alimentar de base ampla, multiclasses e ideologicamente diverso afastou o discurso sobre sistemas alimentares alternativos do ideal "centrado no camponês médio" da Via (Edelman et al., 2014).

Conclusão

Classe, identidade e ideologia configuram as alianças que unem os movimentos agrários transnacionais, assim como as brechas que os dividem. Os movimentos, às vezes, exibem discursos, ideologias e programas que se sobrepõem e, não obstante, concorrem entre si por membros e influência. Por isso, os MATs podem ser mais bem compreendidos através de uma perspectiva *relacional* e não como atores independentes ou isolados do conjunto dos movimentos sociais. Mais grave que isso é quando acadêmicos e ativistas celebram os MATs como uma comunidade homogênea, uma abordagem descuidada e ingênua que tende a trivializar tensões e divisões entre esses movimentos, considerando-as como problemas organizacionais e disputas de território ou de egos. Tais análises geralmente veem rupturas entre os movimentos agrários como algo negativo. Nossa discussão, neste capítulo, sugere que não necessariamente é assim.

Como aponta Anna Tsing, na passagem citada no início deste capítulo, emergência e desaparecimento, ascensão e queda, e crescimento e encolhimento das coalizões são inerentes à política dos movimentos sociais transnacionais, especialmente na era de coalizões amplas, não partidárias, não hierárquicas como a do Fórum Social Mundial (Santos, 2006). Portanto, tensões e divisões entre MATs e outras organizações de movimentos sociais possuem dimensões positivas, principalmente quando contribuem para afinar posições sobre questões críticas e esclarecer metas e estratégias. Essa é uma das formas de abordar as fissuras entre a Via com a APC e a ILC. A própria Via foi resultado de um conflito similar, em 1993, entre movimentos agrários e a FPS (ver Capítulo 2). Um caso recente dessa dinâmica dos movimentos é a saída da Via da coalizão mundial Our World Is Not For Sale (Owinfs – Nosso Mundo Não Está à Venda). Essa aliança atua sobre questões de justiça social relacionadas a comércio internacional e investimentos, e o rompimento ocorreu publicamente durante os preparativos para a Conferência Ministerial da OMC de 2013, em Bali. Isso gerou alvoroço entre ativistas do campo da justiça social de todo o mundo. Em seu comunicado de retirada, a Via explicou que:

> a Declaração da Owinfs *WTO Turnaround 2013: Food, Jobs and Sustainable Development First* (Mudança de Rumo para a OMC 2013: Primeiro Comida, Empregos e Desenvolvimento Sustentável) já não reflete as prioridades dos movimentos sociais, especialmente os da Via Campesina. A declaração adota um discurso louvável contra a globalização imposta pelas grandes corporações, mas desanda a fazer diversas demandas à OMC, parecendo mais um parceiro negociando do que uma crítica da sociedade civil que deveria estar exigindo mudanças. Nossas demandas vão muito além de espaço político e tratamento preferencial na OMC. As demandas da declaração não só ficam aquém do que queremos, como também servem para legitimar a OMC [...]. Não somos negociadores e não devemos limitar-nos ao que podemos ou não demandar no contexto das negociações. Somos movimentos sociais, atuamos para mudar o mundo e jamais alcançaremos a mudança se não seguirmos aumentando a pressão sobre nossos governos, exigindo-a. Nunca devemos hesitar em imaginar um mundo melhor, um mundo sem a OMC, fundado na justiça econômica, que tenha em seu cerne a soberania alimentar, e que interaja com a Mãe Natureza de forma respeitosa e sustentável [...]. Nosso apelo, hoje, é pelo fim da OMC. Queremos uma mudança sistêmica mais profunda e não uma simples reforma ou mudança de rumo da OMC [...]. Agora é hora das alternativas populares. (Via Campesina, dezembro de 2013)

A declaração da Via afirma com eloquência sua política radical, sua identidade de movimento social e sua visão utópica. Os mesmos sentimentos – de que "nunca devemos hesitar em imaginar um mundo melhor" – estão subjacentes à sua recusa de associar-se à ILC, a tratar sobre questões de terra com o Banco Mundial, ou a estabelecer outras relações que possam comprometer seus princípios fundamentais.

4
O VÍNCULO ENTRE O INTERNACIONAL, O NACIONAL E O LOCAL NOS MATs

Realizar o sonho da solidariedade e da ação transnacional entre camponeses e agricultores é um desafio permanente. Os líderes e militantes dos movimentos precisam equilibrar seu tempo entre a produção agrícola e as demandas do ativismo internacional, nacional e local, além de decidir onde concentrar os limitados recursos de tempo, energia, materiais e humanos. Necessitam forjar alianças com setores não camponeses em campanhas políticas, manter a visibilidade nos meios de comunicação e arrecadar fundos de agências de cooperação e fundações (sobre esse último ponto, ver Capítulo 5). Os movimentos precisam analisar as instituições de governança transnacionais e estatais para identificar pontos adequados de acesso e de pacto. Às vezes, organizam ações diretas audaciosas e chegam a defender na justiça alguns de seus militantes quando detidos.

Questões de liderança também têm suscitado intensos debates. De que modo, por exemplo, as mulheres estabeleceram uma presença influente em organizações tradicionalmente patriarcais, e como isso impacta a política dos movimentos agrários transnacionais e sua dinâmica interna? Como as organizações nacionais constituintes dos MATs – e os próprios MATs – podem assegurar um ciclo geracional que substitua líderes históricos, geralmente masculinos, por um grupo mais diverso e mais jovem de ativistas, e como estes últimos podem desenvolver as habilidades e o conhecimento necessários para sustentar os projetos políticos dos MATs no longo prazo? O que acontece quando os líderes não estão suficientemente conectados ou em contato com as bases?

Do mesmo modo, a filiação aos MATs tem sido, às vezes, controversa. Que critérios são empregados por esses movimentos para admitir organizações nacionais e locais? Como conciliar o compromisso de alguns MATs com o pluralismo e a necessidade de um conjunto mínimo de princípios compartilhados? O momento político em que organizações nacionais e locais filiam-se a MATs também tem determinado os rumos futuros dos movimentos. Que características da organização interna dos MATs levam ao surgimento de organizações "guardiãs" e como têm sido abordados os problemas criados com isso? Os movimentos que aderem aos MATs vêm de países desenvolvidos e em desenvolvimento e representam uma diversidade de perspectivas e interesses, desde os de trabalhadores sem terra até os de agricultores relativamente prósperos. Pode um marco único de "campesinato" ou de "gente do campo" abarcar e unificar de modo adequado esses setores por vezes antagônicos?

Estudiosos da ação coletiva há muito já observaram que os movimentos vêm e vão, muitas vezes, em sincronia com "ciclos de protesto" mais amplos (Tarrow, 1994). Como essas mudanças afetam os MATs e os movimentos que deles participam? Em que medida os "ciclos das agências doadoras", além dos "ciclos de protestos", tornam-se "oportunidades políticas" ou fontes de vulnerabilidades, impactando a ascensão e queda de MATs? Por fim, quando um movimento social direciona demandas a instituições poderosas, ele se envolve em uma política complexa de "representação", aqui entendida em dois sentidos interconexos, tanto como reivindicação de *representatividade* ou de ter um público ou base social, quanto como uma prática de *representar-se* e a seus líderes como detentores de características específicas, especialmente autenticidade e legitimidade. Mesmo observadores simpatizantes têm argumentado que, para um movimento, o simples fato de reivindicar representação – em qualquer dos dois sentidos – significa envolver-se em processos de exclusão social, uma vez que nem todos os interesses ou públicos dentro do movimento estarão bem representados, se o forem (Burnett; Murphy, 2014; Wolford, 2010a). Este capítulo examina desafios e tensões como essas que têm afetado a Via Campesina e suas organizações filiadas, assim como outros MATs e movimentos não integrantes da Via.

Problemas com os "espaços de atuação"

"Quando as pessoas pensam na sede de um movimento internacional, imaginam que ela está em Bruxelas, Paris, Genebra ou Washington, mas nós, por princípio, queremos a sede do movimento em um país do Terceiro Mundo, não em um desenvolvido." Rafael Alegría falava, em 2001, no minúsculo escritório em Tegucigalpa, Honduras, que abrigava o secretariado internacional da Via Campesina.[1] Toda a infraestrutura consistia, então, de dois computadores, um administrador em tempo integral, um secretário bilíngue em tempo parcial e um gerente de comunicações multilíngue situado na Europa, que lidava com listas de *e-mails* e relações com a mídia. Alegría estava de partida para a Cidade do México, onde dois eventos estavam ocorrendo – um Congresso da Confederação Latino-Americana de Organizações Camponesas (CLOC) e um encontro preparatório para o próximo Fórum Social Mundial, em Porto Alegre, Brasil. Ao expor sua visão da Via Campesina, Alegría também lamentava ter pouquíssimo tempo, antes de partir, para ir até sua cooperativa, no interior, e para fazer a colheita de repolhos de sua plantação, para evitar perdê-los. Quando a conversa terminou, um jovem sério entrou correndo, implorando a Alegría que fosse, sem demora, a outra comunidade rural, a duas horas de distância, para prestar apoio jurídico aos camponeses envolvidos em uma complicada disputa de terras.

---

1 Entrevista de Marc Edelman com Rafael Alegría, Tegucigalpa, Honduras, 2 de agosto de 2001.

O dilema de Alegría – como dar conta de, ao mesmo tempo, colher os repolhos de sua horta, prestar apoio jurídico em outro lugar em Honduras, e representar a Via no exterior – sugere não ser fácil coordenar as esferas local, nacional e internacional do ativismo, seja para os ativistas individualmente, seja para os movimentos. Priorizar as demandas que emanam dessas três esferas do ativismo pode significar descuidar de campanhas importantes realizadas em outros âmbitos. A globalização neoliberal, por exemplo, com frequência incentivou a descentralização de funções essenciais do Estado, forçando os movimentos a operarem simultaneamente nos âmbitos local e internacional. Demandas concorrentes desse tipo suscitam uma série de questões sobre a profissionalização das lideranças e dos processos de tomada de decisão, e a especialização das funções dentro das organizações. Ao mesmo tempo, os líderes que se tornam profissionalizados a ponto de negligenciarem sua própria produção agrícola correm o risco de perder a legitimidade entre suas bases e a autenticidade "camponesa", que afiança seu direito de agirem como porta-vozes ou representantes do movimento.

Difusão dos repertórios de protestos e práticas do movimento

Na Introdução, sugerimos que, para as organizações camponesas locais e nacionais, alianças transnacionais muitas vezes facilitam o acesso a recursos materiais e de conhecimento, assim como a identificação de oportunidades para uma ação política eficaz. Membros e aliados dos MATs trocam repertórios de protestos, informação e ideias sobre estratégias. Planejam campanhas conjuntas, colaboram em arrecadação de fundos e consultam-se mutuamente sobre como identificar pontos de acesso e potenciais apoiadores nas instituições que buscam influenciar (ver Capítulo 6).

Os repertórios de contestação ou protesto estão profundamente arraigados nas histórias locais e nacionais específicas (Tilly, 2002). Seja armando barricadas em estradas ou encaminhando petições aos governos, cantando canções (e quais) ou marchando em silêncio, incendiando ônibus ou praticando desobediência civil não violenta, as práticas empregadas pelos movimentos variam amplamente de um lugar para outro, mudam com o tempo e envolvem imitação e inovação. Os MATs – em que movimentos de diversas regiões do mundo reúnem-se – têm sido prolíficos disseminadores e inventores de repertórios de protesto. Caravanas de manifestantes que viajam ou marcham de um lugar a outro, realizando encontros e confrontando políticos, têm sido, há anos, uma característica dos movimentos de protesto indianos e sul-americanos. Em 1999, uma caravana de 400 agricultores indianos percorreu a Europa, protestando contra corporações transnacionais e contra o livre-comércio, e reunindo-se com seus homólogos europeus (Pattenden, 2005). Pouco depois de terem partido, José Bové e a Confédération Paysanne francesa destruíram uma loja McDonald's que ainda estava em construção, assim como os indianos – três anos antes – haviam atacado uma loja da Kentucky Fried Chicken, em Bangalore (Edelman, 2003).

Em outro exemplo de "contágio" transfronteiriço de repertório de protestos, em países tão distintos como Índia, Brasil, Nova Zelândia, França, Alemanha, Reino Unido, Suíça, Estados Unidos e Filipinas, ativistas – às vezes, ligados a MATs – têm arrancado ou queimado cultivos geneticamente modificados (Baskaran; Boden, 2006; Kuntz, 2012). Enquanto alguns governos mundo afora têm exigido que os agricultores plantem sementes oficialmente certificadas e tornam ilícitas as sementes não comerciais, os agricultores respondem com a intensificação das trocas locais e transnacionais de sementes entre agricultores (Badstue et al., 2007; Da Vià, 2012; Via Campesina, 2013). Quando os interesses corporativos tentaram – definitivamente sem êxito – patentear o ingrediente ativo da árvore nim (*Azadirachta indica*), que os camponeses indianos vêm utilizando há milênios como pesticida e bactericida natural, os movimentos agrários sul-asiáticos forneceram sementes de nim para seus pares na América Central e no Caribe, em parte para complicar sua apropriação por interesses privados.

108   MARC EDELMAN E SATURNINO M. BORRAS JR.

Práticas simbólicas e comemorativas também têm se disseminado amplamente. A Via, por exemplo, adotou a prática das "místicas" – encenações cerimoniais que abrem e encerram eventos, em geral com música e teatralizações políticas – do MST e de outros movimentos sociais brasileiros. As bandanas verdes e os bonés, que se tornaram emblemáticos da Via Campesina, também são uma adaptação das echarpes e bonés vermelhos do MST.

Durante a segunda conferência internacional da Via – em Tlaxcala, México, em 1996 –, chegou a notícia de que a polícia militar brasileira havia massacrado dezenove pessoas em Eldorado dos Carajás, onde membros do MST haviam bloqueado uma estrada para pressionar o governo a resolver uma disputa por terras (Via Campesina, 1996; Fernandes, 2000). Repórteres de televisão, presos no engarrafamento resultante na estrada, filmaram os assassinatos, gerando clamor público (Cadji, 2000). Desde então, as organizações ligadas à Via em diversas regiões do mundo celebram o Dia Internacional das Lutas Camponesas em 17 de abril, realizando manifestações e outras formas de protesto.

A cada ano, movimentos, em várias partes do mundo, também celebram Lee Kyung Hae, um agricultor coreano que, segurando uma faixa que anunciava "a OMC mata agricultores", apunhalou-se fatalmente durante uma marcha de protesto em frente ao local da Quinta Reunião Ministerial da OMC, em Cancún, em 2003. Embora Lee fosse ex-presidente da Federação de Agricultores Progressistas da Coreia, de tendência política centrista, que não era nem é hoje filiada à Via, o movimento transnacional o reivindica como um mártir, em razão de seu dramático suicídio, celebrado, a cada 10 de setembro, como um Dia de Luta contra a OMC. Ativistas coreanos têm se mostrado especialmente criativos quando se trata de novas formas de protesto. Durante a Reunião Ministerial de 2005 da OMC, em Hong Kong, centenas de manifestantes da Liga Camponesa Coreana, filiada à Via, subitamente vestiram coletes salva-vidas de cor laranja e mergulharam no porto tentando desviar dos cordões policiais e nadar até o local da reunião. Praticamente todos foram puxados para fora d'água e presos, desencadeando uma campanha internacional para conseguir sua libertação.

Construção e difusão do saber agrícola

Os MATs e seus movimentos constituintes envolvem-se, cada vez mais, não apenas na difusão transfronteiriça de repertórios de protesto e práticas simbólicas, mas também no intercâmbio e construção de conhecimentos sobre a agricultura. Na América Latina, o movimento *Campesino a Campesino* iniciou, na América Central, nas décadas de 1960-1970, um processo de extensão agroecológica de agricultor a agricultor, que acabou se difundindo para o México, Cuba, o restante da América Latina e além (Altieri; Toledo, 2011; Bunch, 1982; Holt-Giménez, 2006; Martínez-Torres; Rosset, 2014). Muitas organizações nacionais estão há muito envolvidas em programas de capacitação em agronomia, gestão cooperativa, normas fitossanitárias, saúde comunitária, direito agrário e outros temas.

O modelo da "universidade camponesa" também está se difundindo. Em 2005, o MST brasileiro fundou a Escola Nacional Florestan Fernandes (ENFF), um importante centro de formação em diversas áreas. No mesmo ano, juntamente com a Via e o governo do estado do Paraná, inaugurou a Escola Latino-Americana de Agroecologia (ELAA) (Capitani, 2013). A Via e o governo venezuelano fundaram outro ramo da escola, em Barinas, Venezuela, com o nome de Instituto Universitário Latino-Americano de Agroecologia "Paulo Freire" (IALA), mas este, em 2013, enredou-se em conflitos entre estudantes que denunciavam administradores por "corrupção" e uma administração que acusava os estudantes de "sabotagem" (IALAnoticias, 2014). Outras universidades camponesas, mais associadas às organizações nacionais de MATs e com modelos pedagógicos muito diversos, operam na Argentina (Via Campesina, 2013c), México (García Jiménez, 2011) e África Ocidental (GFF, 2014), entre outros lugares.

110 MARC EDELMAN E SATURNINO M. BORRAS JR.

Dinâmicas de liderança

As lideranças de quase todas as organizações locais e nacionais de agricultores e camponeses que constituem MATs – e, na verdade, os próprios MATs – têm sido historicamente, em sua maior parte ou totalmente, masculinas. No entanto, em muitas regiões do mundo, as mulheres desempenham muito, ou mesmo a maior parte, do trabalho agrícola e contribuem de muitas outras formas para as unidades agrícolas. Esse desequilíbrio começou a mudar quando as mulheres do movimento passaram a reunir-se separadamente, partilhando experiências e, depois, exercendo pressão por mais representação em suas organizações e nos MATs (Desmarais, 2007, p.161-81). Em algumas organizações nacionais, como o National Farmers Union (NFU, União Nacional de Agricultores do Canadá), há tempos já se reservavam postos específicos de liderança para mulheres e jovens. Em outros lugares, especialmente na América Latina, a pressão por equidade de gênero nas organizações partiu das agências financiadoras europeias, dos movimentos indígenas e afrodescendentes em que as mulheres já haviam despontado como lideranças, e de grupos regionais como a CLOC. Em 2000, a Via Campesina decidiu que cada região deveria estar representada em seu Comitê Coordenador Internacional por um homem e uma mulher. Cada vez mais, a organização passou a realizar reuniões específicas de mulheres antecedendo os grandes eventos internacionais e eventos associados de capacitação para homens "de modo a sensibilizá-los para respeitar mais as mulheres" (Via Campesina, 2009, p.168). Os encontros de mulheres servem não só para analisar questões estritas de gênero, como também uma ampla gama de outros temas. Isso contribuiu para fortalecer a autoconfiança das mulheres – muitas delas jovens ou indígenas – que passaram a ocupar espaços antes patriarcais de liderança e a manifestar outros tipos de preocupações.

A incorporação de jovens nas organizações e, especialmente, em posições de liderança também exigiu atenção especial. Em muitos países, particularmente no Norte global, a população agrícola está envelhecendo. Em 2007, nos Estados Unidos, por exemplo, 30% dos agricultores tinham 65 anos ou mais (Doran, 2013). Desencanto e desesperança são sentimentos generalizados nas áreas rurais de países como a Índia, onde a maioria dos agricultores diz preferir abandonar a agricultura e onde milhares de suicídios de agricultores – principalmente por ingestão de pesticidas – têm se destacado desde a década de 1990 (Hindu Business Line, 2014; Patel et al., 2012). Assim, os movimentos agrários se veem obrigados a enfrentar não só o desafio de integrar os jovens em todos os níveis, mas também os problemas do reduzido entusiasmo, do endividamento e do envelhecimento da população envolvida na agricultura.

Os ativistas dos MATs têm plena consciência desses problemas. Observam-se algumas tendências compensatórias na Europa, na América do Norte e no Caribe, entre outros lugares, onde jovens – alguns, filhos ou netos de agricultores – "retornam" à terra, em geral para produzirem cultivos de alto valor agregado como orgânicos ou outros nichos de mercado locais, e para experimentar formas alternativas de comercialização, como feiras de agricultores e grupos agrícolas de base comunitária (Hyde, 2014). Embora esses setores de novos agricultores vanguardistas sejam importantes para formular alternativas sustentáveis à agricultura industrial e manter cinturões verdes em torno das grandes cidades, seu número total ainda é pequeno. Alguns deles participam de movimentos agrários locais, nacionais e transnacionais, embora a maioria dos jovens dos MATs venha de famílias convencionais de agricultores.

Os esforços dos MATs para integrar os jovens equiparam-se àqueles que levaram à maior participação das mulheres. A Via Campesina e suas organizações constituintes, por exemplo, têm realizado com frequência encontros de jovens, geralmente no contexto de eventos maiores. No entanto, as pirâmides etárias dos movimentos tendem a refletir as forças laborais de suas sociedades de origem, com movimentos "mais velhos" no Norte e mais jovens nas sociedades do Sul, onde as populações ainda não envelheceram no mesmo grau.

Um desafio crucial para os MATs é o vácuo real ou potencial entre suas lideranças e as bases sociais de suas organizações, que pode resultar da ênfase nas atividades transnacionais em detrimento das

112 MARC EDELMAN E SATURNINO M. BORRAS JR.

políticas nacionais ou locais. Na América Central, nos anos 1990, por exemplo, ativistas locais queixaram-se da emergência de um *jet set campesino* – líderes que estavam constantemente viajando de um encontro internacional ou seminário para outro, e que raramente tinham tempo para atender suas organizações de base ou sua produção agrícola (Edelman, 1998, p.76). Um desses autorreconhecidos membros do *jet set*, em entrevista concedida em 2001, afirmou que

> Quando um líder se origina na base [e depois] se burocratiza e distancia da base, as pessoas dizem que ele se tornou como uma pipa [*se papaloteó*], que sobe e sobe ao céu, e então, de repente, a corda rompe e ele está perdido. (Citado em Edelman, 2005, p.41)

Às vezes, a especialização de funções dentro de organizações com esse estilo de liderança leva à concentração do conhecimento e memória institucionais, bem como dos contatos pessoais, em alguns poucos indivíduos. Assim como algumas organizações se tornam "guardiãs" – facilitando ou impedindo a entrada de outros movimentos nos MATs (ver Capítulo 2) –, indivíduos isolados também podem despontar como "guardiões" (Pattenden, 2005). Essas figuras consolidadas e bem relacionadas impedem processos essenciais de sucessão geracional e, por vezes, relutam em aceitar novas ideias.

Os líderes podem também recusar-se a ver o abismo entre os discursos do movimento e as práticas e crenças dos membros nas bases. A KRRS, por exemplo, foi um dos primeiros movimentos no mundo a adotar uma postura radical contra as culturas transgênicas, mas muitos de seus membros (e outros pequenos agricultores indianos) cultivam com entusiasmo o algodão Bt (Herring, 2007; Pattenden, 2005; Stone, 2007). De modo similar, Jefferson Boyer (2010) mostrou como os camponeses em Honduras consideram atrativa e persuasiva a noção de "segurança alimentar" – *seguridad*, afinal, tem grande ressonância para as pessoas em circunstâncias precárias –, embora os líderes do movimento abracem a ideia de "soberania alimentar" e critiquem "segurança alimentar" como um conceito tecnocrático, quantitativo, que nada diz sobre como o alimento é realmente produzido.

Dois sentidos de representação

Observamos antes que "representação" pode ser entendida em dois sentidos: como uma reivindicação de *representatividade* ou de ter um público ou base social; e também como práticas de *representar* um movimento e seus líderes como incorporando autenticamente um projeto político camponês. Os dois sentidos de "representação" estão estreitamente vinculados. Ambos, por exemplo, podem ajudar a constituir e fortalecer a legitimidade de uma organização *vis-à-vis* as instituições de governança nacionais e transnacionais, os movimentos sociais não agrários, a mídia e seus próprios membros. Por outro lado, reivindicações e práticas de representação que não convencem seus públicos-alvo podem contribuir para enfraquecer os movimentos transnacionais (e outros).

Representatividade

Em 2014, a Via Campesina compreendia 164 organizações de 73 países – ambos os números haviam crescido regularmente ao longo dos anos – e afirmava representar cerca de 200 milhões de agricultores. Foram, certamente, afirmações como essa que levaram o *Guardian* de Londres a referir-se à Via como "possivelmente o maior movimento social do mundo" (Provost, 2013). De fato, percepções como essa são amplamente compartilhadas nas instituições de governança internacional, entre ONGs e outras organizações da sociedade civil que interagem com elas, bem como entre os próprios movimentos agrários, para os quais essa percepção de força em âmbito global é fonte de merecido orgulho e de retórica autocongratulatória.

Em âmbito nacional, no entanto, vale lembrar que nenhuma organização ou grupo de movimentos é passível de representar os diversos grupos e interesses de todo um país, apesar de ocasionais reivindicações ativistas em contrário. Dois casos exemplares bastam para esclarecer: um em que uma filiada nacional de um MAT é muito fraca – na África do Sul – e o outro – no Brasil – onde uma filiada nacional é muito forte. O LPM da África do Sul foi um "mobilizador tardio" e nunca obteve força política ou organizacional significativa (apesar das frequentes missões do MST e dos esforços para replicar o sucesso da experiência brasileira). Em 2004, reivindicou um quadro – vagamente definido – de 100 mil associados. No entanto, alguns estudiosos simpatizantes do movimento admitem que "esses [...] números são difíceis de verificar e podem ser imprecisos [e que] a reivindicação de tal força numérica era uma estratégia importante do LPM para ganhar visibilidade" (Baletti; Johnson; Wolford, 2008, p.301). Alguns anos depois de seus líderes afirmarem que o LPM possuía essa substancial adesão, o movimento havia praticamente desaparecido. De fato, em 2012, contava com tão poucos recursos, que um líder de um município rural próximo ao Parque Nacional do Limpopo, que com frequência "representa a África do Sul" em reuniões internacionais, relatou que não tinha acesso a um computador e precisava viajar vários quilômetros em ônibus até um cibercafé para realizar comunicações internacionais.[2] A brecha digital, que afetava tantos movimentos nos primeiros anos da Internet (Edelman, 2003), continua a afetar as organizações camponesas menos bem dotadas e aquelas em áreas remotas. Apesar desses desafios, o LPM é, ainda, a única organização que representa a população rural pobre sul-africana na Via Campesina.

No outro extremo, o MST brasileiro é, de longe, o maior e o mais politicamente coerente entre os movimentos nacionais que integram a Via Campesina, chegando a ser descrito – provavelmente com justiça – como "um dos maiores movimentos sociais do mundo" (Seligmann, 2008, p.345). Sem dúvida, representa um grande número de pessoas pobres no Brasil, possui amplos programas de educação e saúde, e sustenta um esforço de cooperação internacional que tem auxiliado movimentos camponeses de países como África do Sul, Haiti, Indonésia e outros. Contudo, mesmo no contexto brasileiro, o poder representativo do MST é, na melhor das hipóteses, parcial. O principal dirigente do MST, João Pedro Stédile, por exemplo, reconheceu que

---

2 Entrevista de Marc Edelman com líder do LPM, Genebra, 2012.

Nós projetamos uma sombra muito maior do que aquilo que realmente somos, e ficamos famosos por isso. Na verdade, o MST enquanto força organizada dos trabalhadores no Brasil é bem pequeno: não podemos sequer organizar todos os sem-terra do Brasil que totalizam 4 milhões. Mas, como os outros não lutaram e nós continuamos lutando, foi como se um pequeno time de futebol tivesse começado a jogar na Primeira Divisão! (Stédile, 2007, p.195-6)

Além disso, mesmo críticos simpatizantes do MST têm observado sua limitada representação entre afro-brasileiros e mulheres rurais, algumas das quais têm abandonado o MST para formar suas próprias organizações (Stephen, 1997; Rubin, 2002). Outros notam como os sem-terra circulam estrategicamente por acampamentos patrocinados pelo MST e por aqueles de vários movimentos agrários menos conhecidos, antes de encontrar a ocupação da terra mais promissora (Rangel Loera, 2010). Pode-se dizer que todos os demais movimentos nacionais integrantes da Via Campesina se situam entre esses dois polos extremos – o LPM e o MST – em termos de representação. Podem reivindicar, no máximo, uma *representação parcial* do público que dizem representar.

Embora a Via Campesina articule um discurso e aspirações globais, sua presença geográfica não é uniforme. Não possui filiadas na China – onde vive um terço de todos os camponeses do mundo (Walker, 2008) –, nem na maior parte do Oriente Médio ou do Norte da África. Penetrou tardiamente na África subsaariana e possui poucas filiadas ali, em parte porque outros MATs com abordagens semelhantes, como a Roppa, já haviam se organizado nos países francófonos. Nos antigos países soviéticos, os MATs também tiveram pouco ou nenhum impacto, apesar da existência de um bom número de organizações, como a Krest'ianskii Front (Frente Camponesa) da Rússia, que expressa objetivos similares aos enunciados pela Via Campesina (Visser; Mamonova; Spoor, 2012).

Um fator limitador da expansão geográfica dos MATs foi sua tendência a definições estritas de "camponês" e de "agricultor", que excluem setores significativos dos pobres rurais (migrantes e

116 MARC EDELMAN E SATURNINO M. BORRAS JR.

pescadores, por exemplo). Os MATs podem, também, não "identificar" movimentos em regiões desconhecidas, porque esses não se enquadram em seus critérios restritos de o que constitui um "movimento", ou porque o ativismo rural, particularmente sob regimes autoritários, ocorre numa zona menos coerente, em termos organizacionais, de resistência "cotidiana", "legítima" ou "dissimulada" (Scott, 1985; O'Brien; Li, 2006; Malseed, 2008).

Representações da "campesinidade"

Afirmações sobre números e bases de apoio são difíceis de separar daquelas sobre o caráter autenticamente "camponês" de organizações e líderes. No entanto, também aqui é importante confrontar e reconhecer a complexidade e a ambiguidade. A reivindicação de autenticidade vai além da "formulação" dos problemas e dos esforços dos movimentos para aproveitar conjunturas favoráveis ou "oportunidades políticas", ambas práticas familiares aos estudiosos dos movimentos sociais (Benford, 1997). Antes, evidencia certo tipo de autoidentificação e apresentação desse sujeito, individual e coletivo, que potencialmente se traduz em eficácia política.

As dificuldades relacionadas a esses processos entremeados de reivindicação e autoidentificação são maiores para os movimentos de camponeses e pequenos agricultores do que para muitas outras lutas coletivas não agrárias. Praticamente em todos os lugares, as elites menosprezam os pobres rurais, geralmente empregando um vasto vocabulário pejorativo para criticar a inteligência, a honestidade, a aparência física, a higiene e – pasmem! – a capacidade de trabalho duro dos camponeses (Handy, 2009). Ao mesmo tempo, imagens romantizadas do camponês destacam-se em muitas narrativas nacionalistas, como emblemáticas das raízes históricas, da pureza étnica, dos valores espirituais e do sacrifício altruísta. Embora essas visões contrastantes possam ser vistas como dissonância cognitiva da classe alta, elas têm em comum o fato de conferirem aos camponeses um alto padrão de "pureza". A linguagem depreciativa é, afinal, em parte uma crítica por não corresponderem à visão romantizada.

Quando os grupos dominantes – grandes proprietários de terras, elites urbanas, políticos, comentaristas da mídia – encontram movimentos camponeses, podem expressar choque e mostrarem-se decepcionados pelo fato de que os "simples" e, até então, "leais" "filhos do solo" estão apresentando queixas e exigências. Os elementos que tornam mais persuasivos os discursos dos movimentos camponeses contemporâneos – fluência retórica, conhecimento jurídico ou econômico, recurso a noções abstratas de justiça – podem desqualificar os oradores aos olhos das elites que imaginam serem esses traços incompatíveis com os "genuínos", "verdadeiros" e rústicos camponeses. A superação dessa resistência de elite pode exigir dos camponeses e pequenos agricultores empregarem repertórios de protesto inovadores e intensificarem esforços para afirmar sua autenticidade aos olhos do público mais amplo.

Alianças transfronteiriças entre movimentos agrários em diferentes regiões do mundo inevitavelmente ampliam o fosso entre o imaginário das elites sobre os humildes rústicos e o comportamento urbano e a habilidade política dos viajados ativistas camponeses. Os MATs contemporâneos tiveram de adquirir conhecimentos altamente especializados sobre comércio global, propriedade intelectual, OGMs, políticas de subsídios e aspectos ambientais e sanitários da agricultura. Alguns desses temas são centrais também na disputa em âmbito *nacional*, mas, especialmente quando os camponeses organizados exibem essa erudição em arenas internacionais, inevitavelmente parecem ainda mais distantes do imaginário dos grupos dominantes sobre a "verdadeira" campesinidade. Essas questões de representação tornam-se ainda mais complexas no contexto das relações dos MATs com ONGs e outros grupos não agrícolas, como mostra o próximo capítulo.

5
"NADA SOBRE NÓS SEM NÓS": MATS, ONGS E AGÊNCIAS DOADORAS

A longa e rica trajetória dos estudos rurais está repleta de debates sobre solidariedade entre camponeses e aliados externos. A clássica formulação marxista da "questão agrária" trata, em termos gerais, de vínculos, relações e alianças entre camponeses e partidos políticos e outras classes (Hussain; Tribe 1981). De modo similar, a produção acadêmica marxista posterior examinou a questão de quem constituiria a força revolucionária mais confiável, com Eric Wolf (1969) defendendo a "tese do campesinato médio" e Jeffrey Paige (1975) a de um "proletariado rural" (ver Capítulo 2). Os revolucionários marxistas, especialmente Mao Tsé-Tung, tambem analisaram essa questão a partir de uma necessidade estratégica. A literatura sobre economia moral examinou a relação dos camponeses com outras classes e instituições, e como essas configuram a política camponesa e as relações clientelistas (Scott, 1976). Depois, os estudiosos da economia moral deram menos destaque às dramáticas, mas infrequentes, revoluções e rebeliões, e mais "às formas cotidianas de resistência camponesa" que, além de "morosidade, dissimulação, falsa conformidade, pequenos furtos, fingida ignorância, difamação, queimadas, [e] sabotagem" (Scott, 1985, p.29), incluem as relações dos camponeses com atores externos, sejam eles adversários ou aliados (Scott, 1990; Kerkvliet, 2005, 2009). A noção de "resistência justa", desenvolvida por Kevin

120 MARC EDELMAN E SATURNINO M. BORRAS JR.

O'Brien (2013) e Lianjiang Li (2006), fornece um marco refinado para a compreensão das relações entre comunidades rurais e pessoas de fora, em contextos políticos pouco democráticos como a China contemporânea. Vindo da tradição da economia neoclássica, Samuel Popkin (1979) investigou a questão de camponeses e aliados externos, supondo um camponês calculista e maximizador de lucros, que se envolve em intermináveis cálculos de custo-benefício para avaliar os riscos da ação coletiva. Em suma, diferentes tradições acadêmicas identificaram as relações de camponeses com atores não camponeses como fundamentais para a compreensão da política agrária. Essas tradições mencionavam alianças entre camponeses e operários e entre movimentos agrários e partidos políticos. Nossa discussão sobre as relações dos MATs com ONGs e com agências doadoras apoia-se nessa fértil tradição de estudos rurais críticos.

Durante os primeiros três quartos do século XX, partidos políticos estiveram entre os atores externos que desempenharam papéis importantes na ascensão ou queda de movimentos agrários radicais (por exemplo, comunistas, socialistas, democratas-cristãos). Muitas lutas de libertação nacional, anticoloniais e/ou socialistas tiveram apoio significativo dos camponeses, em países como México, China, Vietnã, Angola e Zimbábue. Não surpreende, portanto, que muitos estudos acadêmicos sobre a política camponesa durante esse período estivessem focados em como os camponeses se tornam revolucionários (Huizer, 1975) ou em identificar qual setor do campesinato é mais revolucionário, como nas interpretações rivais de Wolf (1969) e Paige (1975). A maior parte dos projetos políticos nacionais dessa geração orientava-se pelo estatismo, estavam dirigidos a tomar o poder estatal e a estabelecer algum modelo de desenvolvimento dominado pelo Estado. Assim, as contestações políticas quase sempre envolveram o confronto com o Estado ou a tentativa de tomar o poder. Foi nesse contexto que os partidos políticos serviram aos movimentos agrários de múltiplas formas, propiciando direção ideológica e política, vinculando os movimentos agrários a outros movimentos (especialmente os sindicatos), fornecendo apoio logístico à construção do movimento e às suas campanhas, e treinando quadros de organizadores e mentores. A experiência dessa geração de movimentos sugere que os camponeses não são inerentemente contrários a alianças ou liderança externa *per se*, mas estão mais preocupados com os *termos* dessas alianças (Fox, 1993).

A era dos movimentos revolucionários armados de base camponesa findou, efetivamente, na década de 1980, com a revolução sandinista de 1979, na Nicarágua, e a vitória das forças de libertação do Zimbábue, em 1980. Bem poucos movimentos revolucionários armados de base camponesa persistiram, entre os quais o Sendero Luminoso, durante algum tempo, no Peru, as Forças Armadas Revolucionárias da Colômbia (FARC), a revolta de Chiapas, em meados da década de 1990, no México, e alguns grupos maoístas, na Ásia, especialmente no sul da Ásia.

O fim da era dos movimentos revolucionários armados de base camponesa, ou pelo menos dos movimentos camponeses liderados por partidos políticos, não significou o fim dos movimentos agrários militantes. Um novo tipo de movimento agrário surgiu na década de 1980, que exibia muitas semelhanças com movimentos anteriores (muitos praticavam militância anticapitalista). Contudo, esse novo tipo também representa uma ruptura com o passado. Em primeiro lugar, muitos movimentos surgidos durante os anos 1980 proclamaram depois sua "autonomia" e não mais aceitaram subordinar-se ou serem tutelados por partidos políticos, em particular, comunistas ou socialistas "verticalistas" (Moyo; Yeros, 2005).

O enfraquecimento dos partidos políticos e a reaparição dos movimentos agrários militantes significaram que algumas funções essenciais antes desempenhadas pelos partidos tinham de ser assumidas pelos próprios movimentos agrários ou por outras entidades. As duas coisas ocorreram. Alguns movimentos agrários independentes e politicamente importantes, que já não faziam parte de um partido político maior, desenvolveram suas próprias lideranças e marcos ideológicos. Muitos lançaram líderes eloquentes e carismáticos a quem os estudiosos de movimentos sociais transnacionais viriam a rotular, mais tarde, de "novos intelectuais camponeses" (Edelman, 1997) ou "cosmopolitas arraigados" (Tarrow, 2005).

122 MARC EDELMAN E SATURNINO M. BORRAS JR.

No entanto, três outras dimensões importantes da prática tradicional dos partidos políticos receberam menos ênfase no período subsequente. Primeiro, atenuaram-se a "linha política" estrita, a "disciplina" partidária e o compromisso com a construção de frentes comuns com outros movimentos operários, em grande parte devido ao declínio da esquerda ortodoxa e à decadência do sindicalismo militante global. Em segundo lugar, os partidos já haviam munido os movimentos agrários de quadros altamente dedicados e de apoio logístico. E, em terceiro lugar, os partidos políticos em geral insistiam em um plano claro de [tomada do] poder estatal.

ONGs não alinhadas com partidos políticos e agências financiadoras não governamentais aos poucos preencheram o vácuo deixado pela rejeição de vínculos partidários por parte dos movimentos agrários. Aquelas viriam a tornar-se, com frequência, personagens importantes na emergência dos MATs. Algumas pessoas nessas ONGs e agências doadoras haviam participado anteriormente de redes globais de apoio a movimentos de libertação nacional ou de grupos de solidariedade que cruzavam a divisão Sul-Norte. Partilhavam muito do desapontamento e da repulsa dos movimentos agrários pelos partidos políticos. Foram esses agentes não partidários e externos a movimentos sociais que assumiram algumas das tarefas geralmente desempenhadas pelos partidos políticos.

Enquanto o debate político rural anterior aos anos 1980 envolvia questões sobre as relações entre movimentos camponeses e partidos políticos, a partir daquela década observaram-se intensas discussões e disputas em torno das relações entre camponeses e ONGs. A década de 1980 foi também o período em que começava a surgir a maioria dos movimentos rurais contemporâneos pós-partidários (Hellman, 1992; Putzel, 1995). Nesse mesmo período, iniciou-se também a prática do varejo de recursos da cooperação ou ajuda oficial, por meio de agências não governamentais do Norte. O argumento, em geral, era de que os governos eram ineficientes (no Norte e no Sul) e corruptos (no Sul) e de que as ONGs seriam provedoras de serviços mais "ágeis" e fariam melhor uso dos fundos disponíveis. Assim, pequenas agências ligadas a igrejas, na Europa, começaram a crescer ao aceitar fundos de seus governos. Tradicionais agências doadoras não religiosas, como a Oxfam, expandiram suas atividades e um número significativo de novas ONGs – particularmente na Europa ocidental e na América do Norte – começaram a disputar fundos governamentais, de fundações e doações privadas. Foi nessa conjuntura política que a relação entre ONGs, agências doadoras e movimentos rurais começou a desenvolver-se. Três décadas depois, essa relação continua dinâmica, embora não livre de tensões. Assim como a conturbada relação entre movimentos rurais e partidos políticos, o nexo entre ONG-doadora–movimento rural segue sendo uma relação de "amor e ódio", de disputa política e incessante renegociação. Uma forma proveitosa de analisar esse complexo cenário é focalizar dois de seus elementos: (1) MATs e ONGs; e (2) MATs e agências doadoras não governamentais.

MATs e ONGs

ONGs, aqui, significam grupos não estatais que refletem, em linhas gerais, as preocupações articuladas por "movimentos de justiça global" e que se concentram em temas de "justiça agrária". Reconhecemos ser esta uma definição limitada, que não abrange toda a gama e diversidade das ONGs, mas entendemos ser apropriada para este livro. Esses grupos podem ser grandes ou pequenos em termos de fundos e organização, e podem estar localizados em países do Sul ou do Norte. Em geral, dependem diretamente de outros doadores não estatais. O escopo de seu trabalho pode ser local, nacional ou internacional. Alguns são federados nacional ou internacionalmente ou articulam-se em redes. Muitas são ONGs sem atuação comunitária (ou de base), enquanto outras combinam características de ONG e de movimento social. Seus objetivos específicos podem variar, desde a organização comunitária até a formação de organizações da classe trabalhadora, apoio a movimentos de base, desenvolvimento de pesquisa e/ou promoção e elaboração de políticas públicas. Muitas das ONGs que se enquadram nesse

124 MARC EDELMAN E SATURNINO M. BORRAS JR.

perfil foram criadas na década de 1970 (Edwards; Hulme, 1995; Bebbington et al., 2008).

Algumas ONGs internacionais acompanharam, em maior ou menor medida, o surgimento, expansão e consolidação dos MATs. Os grupos nessa categoria incluem Food and Development Policy ou Food First, Transnational Institute (TNI), Grain, Grupo de Ação sobre Erosão, Tecnologia e Concentração (ETC Group), Food-first Information and Action Network (FIAN) e Focus on the Global South.

Essas ONGs contribuíram enormemente para a construção de MATs. Seria ingênuo imaginar que os MATs tivessem emergido unicamente dos esforços independentes dos movimentos rurais de base. Tal suposição desconsidera os obstáculos estruturais, institucionais e materiais que as classes trabalhadoras rurais e os grupos sociais do campo enfrentam na construção de movimentos autônomos e no lançamento de ações coletivas. A contribuição das ONGs para a construção de MATs pode ser observada sob diferentes perspectivas.

Primeiro, as ONGs ajudaram a construir movimentos em contextos onde os movimentos rurais de base ainda não existiam ou eram demasiadamente localizados ou dispersos. Muitos desses movimentos agrários (sub)nacionais tornar-se-iam mais tarde os alicerces dos MATs. Por exemplo, a primeira vez em que os ativistas rurais da Indonésia entraram em contato com a Via foi na assembleia mundial desta última, em Tlaxcala, México, em 1996. A delegação indonésia consistia de ativistas de ONGs, porque os movimentos rurais de base, na Indonésia, eram ainda incipientes e geograficamente dispersos, alguns apoiados por ONGs radicais. Henry Saragih, que mais tarde viria a tornar-se coordenador global da Via Campesina, estava então com uma ONG (Yayasan Sintesa), com sede em Medan. Saragih e seus colegas, inspirados pelo que testemunharam na assembleia da Via, resolveram acelerar o processo de construção de um movimento agrário nacional. Em pouco tempo, fundou-se a Serikat Petani Indonesia (SPI, União dos Agricultores Indonésios), e as ONGs desempenharam um papel significativo na integração dos movimentos locais do país em uma federação nacional unificada. A SPI tornou-se conhecida internacionalmente como sede do secretariado global da Via e, mesmo depois de se ter tornado uma importante filiada, continuou a trabalhar em estreita colaboração com as ONGs. Algumas dessas ONGs se especializaram na organização comunitária, outras em questões jurídicas e outras ainda em pesquisa-ação. A história da SPI é a história de uma dinâmica fortemente entrelaçada, quase inseparável, ligando ONGs e movimentos agrários de base à construção de MATs (Bachriadi, 2010).

A história da SPI na Indonésia é semelhante à do LPM da África do Sul. Imediatamente após o fim do regime de *apartheid*, em 1994, houve um curto período marcado por grande entusiasmo e otimismo em relação à formação de movimentos rurais militantes. A reforma agrária foi uma questão fundamental na transição do regime nacional. Na segunda metade da década de 1990, uma ampla coalizão de ONGs – o Comitê Nacional da Terra (NLC) – iniciou o processo de constituição de uma organização rural nacional, o LPM. Antes disso, as ONGs associadas ao NLC organizavam comunidades em várias regiões, porque, então, quase não existiam organizações do movimento agrário local. O momento político da transição exigia um movimento agrário de caráter nacional. O NLC acelerou o processo de formação de um movimento nacional e, internacionalmente, vinculou essa iniciativa à Via. O resultado deixou a desejar: o LPM jamais alcançou força política e não logrou formar uma base significativa. Mais tarde, o próprio NLC viria a desintegrar-se (Greenberg, 2004). O encargo de ajudar o LPM foi, então, assumido por outra ONG em colaboração com a Via. O MST brasileiro deslocou alguns de seus organizadores para a África do Sul, como parte do esforço para fortalecer o LPM (Baletti et al., 2008), mas também não se alcançou o resultado esperado. O LPM segue existindo, mas é pouco consistente do ponto de vista organizacional e não tem força política.

Ambas as histórias, do LPM e da SPI, indicam o quanto as ONGs e as organizações de base são, muitas vezes, inseparáveis, embora os resultados e trajetórias na Indonésia e na África do Sul tenham sido consideravelmente divergentes.

Uma segunda contribuição das ONGs para os MATs envolveu a facilitação de fluxos de informação transnacionais e o intercâmbio internacional de quadros e militantes. Isso ocorreu, especialmente, nos anos de constituição dos MATs, quando as tecnologias de informação e de transporte não eram ainda tão acessíveis quanto acabaram se tornando. Nos anos 1980 e início dos 1990, em muitas regiões do mundo, as ONGs tinham muito mais acesso a computadores e tecnologias de comunicação do que os movimentos rurais. Nesse período, os escritórios das ONGs estavam, em geral, equipados com telefones, aparelhos de fax, *pagers* e computadores – e, por fim, conexões à Internet. Isso era muito mais raro para os movimentos agrários, mesmo aqueles que conseguiam alugar escritórios modestos. Hoje a maioria das ONGs dispõe de fundos para pagar viagens internacionais para suas equipes técnicas e muitas também apoiam viagens de ativistas dos movimentos rurais. O acesso à infraestrutura de comunicações teve um amplo impacto sobre os movimentos agrários. Como observaram Deere e Royce (2009, p.9-10) no contexto da América Latina, o acesso à Internet e "a rápida disseminação do uso de telefones celulares [...] melhorou consideravelmente a capacidade das organizações rurais de mobilizarem seus membros em curto prazo para reuniões, marchas e manifestações", tanto dentro de um país como internacionalmente.

A terceira contribuição significativa das ONGs para os MATs é a pesquisa-ação, que informa o trabalho de *advocacy*. A pesquisa-ação sobre a política de comércio internacional e o GATT (mais tarde, OMC) foi conduzida, principalmente, por ONGs dedicadas à pesquisa. Entre essas estavam a Fundação Internacional para o Progresso Rural (RAFI), com sede no Canadá, que mais tarde se tornou o Grupo ETC e está focada em biologia sintética e engenharia genética; a Grain, com sede em Barcelona, que rastreia empresas transnacionais do agronegócio; a Focus on the Global South, com sede em Bangkok, fundada por Walden Bello, ex-diretor da Food First, de Oakland, que apoiou a Via com pesquisa sobre questões comerciais durante a segunda metade dos anos 1990; e a Rede de Pesquisa-Ação para a Terra (LRAN), criada em 2002 por várias ONGs – e coordenada por Peter Rosset, após o término de seu mandato como diretor da Food First – para apoiar a Via em sua Campanha Global de Reforma Agrária. Pesquisas realizadas pelo TNI de Amsterdã, presidido por Susan George, sobre ajuda externa, comércio internacional, política alimentar e poder das corporações também contribuíram com as ações da Via.

Em suma, o declínio da influência dos partidos políticos sobre os movimentos agrários ocorreu paralelamente à crescente internacionalização de muitas questões agrárias. Ambos os fenômenos contribuíram para o surgimento, em todo o mundo, de ONGs voltadas para questões rurais. Essas, por sua vez, assumiram alguns dos papéis anteriormente desempenhados pelos partidos políticos, em um processo que contribuiu muito para forjar laços transnacionais entre movimentos agrários.

MATs e agências doadoras não governamentais

Nesta seção, destacamos as relações entre os MATs e as "agências doadoras não governamentais" como Oxfam, ActionAid, ChristianAid, Misereor, EED e ICCO. Essas agências não são instituições estatais, embora recebam recursos de fontes governamentais. A partir daqui, elas serão referidas simplesmente como "agências doadoras".

A emergência dos MATs nas duas últimas décadas coincidiu com o surgimento do complexo global de agências doadoras, um tema extenso e complicado, cuja abordagem aprofundada foge ao escopo deste livro. A contribuição das agências doadoras para a formação dos MATs foi similar àquela das ONGs, mas com algumas diferenças significativas.

Primeiro, esses doadores proveram fundos essenciais à estruturação dos movimentos agrários de base e das ONGs que os apoiaram. Esse trabalho fora, anteriormente, realizado em parte por partidos políticos. A história dos movimentos agrários contemporâneos, inclusive dos mais radicais, é a história de um repentino fluxo de

128 MARC EDELMAN E SATURNINO M. BORRAS JR.

fundos, em volumes significativos, por parte de agências doadoras, principalmente sediadas em e/ou coordenadas desde países do Norte. Por sua vez, a ascensão de movimentos agrários locais e transnacionais proporcionou a base material para a rápida expansão da base de financiamento dessas agências no Norte. Desse modo, a história de cada parte está gravada na história da outra, e cada uma constitui uma dimensão de uma relação simbiótica. Vale ressaltar, no entanto, que não se está afirmando aqui que a ascensão dos movimentos agrários foi impulsionada por doadores (isto é, que a razão de ser de um movimento é a existência de fundos). Não é este o caso para a maioria dos movimentos agrários radicais que surgiram durante esse período, pelo menos não para aqueles que viriam a associar-se à Via e ao CIP. Nosso argumento é de que os consideráveis fluxos de financiamento desses doadores contribuíram de modo significativo para a consolidação organizacional e a mobilização de massas pelos movimentos agrários contemporâneos.

Em segundo lugar, as agências doadoras possibilitaram fluxos de informação e encontros internacionais entre quadros do movimento agrário. Isso foi fundamental. No final dos anos 1980 e início dos anos 1990, o período de formação de muitos MATs, as tecnologias de informação e comunicação estavam se tornando mais acessíveis, embora estivessem ainda fora do alcance de muitos movimentos. Aquisição de aparelhos de fax, pagamento de contas de telefone, gravação de vídeos e instalação de computadores com acesso à Internet implicavam altos custos. Viagens internacionais também exigiam recursos significativos. Os movimentos agrários que não estavam comprometidos com partidos políticos não dispunham desses recursos. Foram as agências doadoras que generosamente aportaram esses recursos essenciais, às vezes diretamente aos movimentos agrários e, às vezes, indiretamente, através de ONGs intermediárias. Foi nessas condições que a Via realizou seu congresso fundador em Mons, Bélgica, em 1993, organizado e financiado pela ONG holandesa PFS. Um dos principais objetivos da PFS, na reunião, era o de criar uma plataforma para levantar mais fundos de governos europeus para apoiar organizações de agricultores do Sul global.

MOVIMENTOS AGRÁRIOS TRANSNACIONAIS **129**

Em terceiro lugar, as agências doadoras financiaram a maior parte das campanhas transnacionais de pressão política, que sempre tinham custos elevados. Transportar dezenas de ativistas rurais e líderes de ONGs de várias partes do mundo para as negociações do GATT, de 1988, em Montreal, Canadá, foi um dos momentos fundamentais dos laços internacionais do movimento agrário. A importância política e o impacto desse encontro se mostrariam estratégicos e duradouros. Mas os custos de levar uma enorme delegação, vinda de todas as partes do mundo, ao Canadá, foram substanciais. Igualmente dispendiosos foram os grandes encontros subsequentes da Via e seus aliados, na Bélgica em 1993, em Tlaxcala, no México, em 1996, em Seattle em 1999, em Cancún, no México, em 2000, assim como para as reuniões anuais do Fórum Social Mundial. Esses encontros foram, sem dúvida, críticos e fundamentais para a vida política dos MATs. Os recursos necessários para que tais eventos ocorressem foram enormes, e as agências doadoras seguiram aportando esses fundos ao longo do tempo. Sem o apoio financeiro de agências doadoras, é impraticável o bom funcionamento de um MAT, principalmente porque muitos deles são movimentos formados, em sua maioria, por pessoas pobres, de modo que não podem gerar receita suficiente das contribuições dos membros.

Tensões e contradições entre MATs, ONGs e doadores

No discurso dos MATs, o termo "ONG" é, muitas vezes, utilizado como uma frase de aplicação geral para referir tanto a ONGs intermediárias como às agências doadoras não governamentais antes discutidas. Essa mistura não contribui para entender a relação entre os MATs e esse conjunto de atores. Esta seção examina brevemente as tensões entre MATs, ONGs e agências doadoras.

A Via nasceu com um forte discurso anti-ONG. A hoje desaparecida Asocode, coalizão camponesa da América Central, desempenhou um papel central na constituição da Via e ficou famosa por articular a primeira crítica sistemática de um MAT às ONGs. A Asocode buscava recuperar a "voz" dos movimentos camponeses e afirmava que os camponeses podiam representar a si mesmos, sem ONGs intermediárias. Wilson Campos, um ativista costa-riquenho que coordenou a Asocode nos anos 1990 e foi um dos fundadores da Via, declarou que "Simplesmente, há ONGs demais na América Central atuando em nome dos camponeses [...]. Além disso, dinheiro demais tem sido gasto para instalar essas organizações e pagar salários" (Biekart; Jelsma, 1994, p.20). Campos acrescentou: "Nós agricultores podemos falar por nós mesmos. Muitas pessoas já se aproveitaram de nós, sem que sequer soubéssemos disso" (Campos, 1994, p.215). Ironicamente, como até mesmo Campos reconheceu depois, a Asocode acabou tornando-se o que rejeitava: uma organização burocratizada, na forma de ONG, com muitos funcionários assalariados e uma dispendiosa sede. Ao final da década de 1990, a Asocode se havia dissolvido – vítima, em parte, de superfinanciamento por agências doadoras demasiadamente entusiastas (Edelman, 2005b, 2008).

Examinemos criticamente algumas das tensões prevalentes nas relações entre movimentos rurais, de um lado, e ONGs e agências doadoras, de outro. Em primeiro lugar, as ONGs e agências doadoras, dizendo falar em nome de camponeses e movimentos rurais, desencadearam boa parte dessa tensão. Muitas ONGs e agências doadoras costumavam comparecer a encontros internacionais, negociações com governos e diversos outros foros, afirmando agir em nome dos camponeses pobres. Historicamente, as ONGs e as doadoras precisaram ocupar vagas que se abriam nos foros internacionais, simplesmente porque não havia suficientes movimentos rurais organizados que pudessem fazê-lo, exceto pelas vagas privilegiadas pré-alocadas ao IFAP (discutido no Capítulo 2). No início, isso não constituía um problema. Nas Filipinas, por exemplo, a KMP só se organizou em 1985. Antes disso, o famoso líder camponês Felicisimo "Ka Memong" Patayan viajava pelo mundo representando os camponeses filipinos, mas vestindo a camiseta de uma ONG. Na Indonésia, antes da constituição formal da SPI como movimento nacional, a Yayasan Sintesa, uma ONG sediada em Medan, representada por Henry Saragih, era a que circulava e ocupava vagas nas conferências internacionais. Durante a segunda metade da década de 1990, na África do Sul, as ONGs que eram membros do NLC desempenhavam um papel similar. Embora no início essa presença de ONGs nas instituições internacionais não fosse um problema para os ativistas rurais, à medida que os movimentos se consolidavam, nos anos 1990, acabaram descobrindo que as vagas em encontros internacionais alocadas para representação de movimentos de base estavam fechadas para eles. Muitas ONGs e agências doadoras perceberam rapidamente a mudança de contexto e judiciosamente cederam suas vagas em favor dos movimentos rurais. Mas nem todas agiram assim.

Algumas desejavam claramente afirmar sua representação nos foros internacionais por razões políticas. Acreditavam que podiam contribuir de modo mais efetivo do que os ativistas de base e algumas discordavam da política de determinados movimentos sociais. Além disso, o fato de manterem esses assentos era, em si, uma demonstração de eficiência, que poderia render retornos institucionais como fundos ou oportunidades de exercer influência. A primeira e decisiva desavença "movimento-ONG" entre a que viria a tornar-se a Via e a ONG holandesa PFS pode ser explicada, em parte, a partir dessa perspectiva. A PFS acreditava que todos os movimentos rurais deveriam tornar-se membros da IFAP, de tendência política conservadora, e atuar para reformar, não para rejeitar, a OMC, bem como para assegurar financiamento significativo por parte das agências governamentais de ajuda externa a fim de apoiar cooperativas e projetos similares. Os ativistas da Via, ao contrário, defendiam um programa mais radical e práticas autônomas de representação.

Um segundo problema é a tendência das ONGs e das agências doadoras de utilizarem seu acesso privilegiado a fundos para influenciar o caráter ideológico e organizacional dos movimentos agrários. Essas entidades não operam em um vácuo político, possuem suas próprias inclinações políticas e ideológicas, redes e agendas. Quando essas agendas coincidem com as dos movimentos rurais de base e dos MATs, as tensões políticas são mínimas. Mas quando elas divergem ou se contrapõem, os atritos podem agravar-se. Em terceiro lugar, as agências doadoras financiam a maior parte das campanhas internacionais dos MATs. Doadores, de um modo geral, permanecem nos bastidores, mas nem todos. Alguns buscam promover sua imagem para arrecadar fundos. Por essa ou outras razões, alguns têm seus próprios programas de promoção e defesa de direitos. Isso, em si, não é um problema, especialmente quando o *master frame* (escopo) da campanha, a análise dos problemas e as demandas convergem com aquelas de seus MATs parceiros. Contudo, surgem complicações quando o escopo e as demandas da campanha concorrem com – ou pior – contrariam aqueles dos movimentos agrários de base.

O discurso envolvendo as relações "movimento rural-ONG" apoia-se em vários pressupostos correntes entre ativistas dos movimentos sociais. Esses serão discutidos, aqui, de forma abreviada, correndo o risco de excessiva simplificação.[1] Primeiro, os ativistas afirmam com frequência que apenas os movimentos agrários, e não as ONGs nem as agências doadoras, podem representar os pobres rurais. Em segundo lugar, argumentam que as ONGs e as agências doadoras são operadas por profissionais de classe média, enquanto os movimentos agrários são conduzidos por camponeses e agricultores pobres. Em terceiro lugar, afirmam que as ONGs são burocráticas e pouco democráticas, ao contrário dos movimentos, que não são burocráticos e funcionam democraticamente. Quarto ponto, as ONGs dispõem de fundos, enquanto os movimentos não os têm. Quinto, as ONGs são paternalistas ou clientelistas, ao contrário dos movimentos agrários, que são "horizontais" e representativos. Finalmente, em sexto lugar, alega-se que as ONGs são politicamente conservadoras e não se engajam em ação direta, enquanto os movimentos agrários são radicais e empregam ação direta. Nem todos os

---

1 Esta seção baseia-se, em parte, em Borras (2008b).

elementos desse discurso são sempre articulados em conjunto ou explicitamente expressos. Não raro, esses argumentos são enunciados separadamente e de forma implícita.

Muitos movimentos de justiça global, ativistas e acadêmicos radicais aceitam essas caracterizações dos MATs como os "bons" *versus* as ONGs e agências doadoras como as "más". A literatura acadêmica é profusa em exemplos do discurso anti-ONG. James Petras e Henry Veltmeyer (2001), por exemplo, rotulam todas as ONGs como uma "classe neocompradora". Lesley Gill (2000, p.169) ridiculariza a atração das ONGs por "grupos exóticos da moda, como organizações de mulheres e de povos indígenas". A realidade, no entanto, é muito mais complicada do que sugerem esses binários simplistas.

A questão da representação é dependente do contexto. Sempre que existirem movimentos agrários que possam representar as bases, ONGs e doadores terão muito o que explicar, no caso de insistirem em falar em nome dos camponeses pobres. Mas, em contextos onde não há movimentos agrários, as ONGs podem intervir de modo produtivo em caráter *ad hoc*.

Embora a maioria das ONGs seja dirigida por intelectuais de classe média, há ONGs cujas equipes técnicas são formadas por filhos e filhas de camponeses. Esses, em geral, formam equipes de campo, em contato direto com os pobres rurais nas comunidades e envolvem-se com a formulação dos problemas e das demandas no contexto de constituiçao de movimentos agrários. Pode-se dizer que sua classe de origem confere legitimidade à sua representação e pode torná-los organizadores efetivos. Há também movimentos agrários, inclusive alguns ligados a MATs radicais, que são liderados por profissionais de classe média. O caso da filiada indiana da Via, a KRRS (ver Capítulo 2), é ilustrativo (Assadi, 1994), embora haja muitos outros exemplos em todo o mundo.

Nem todas as ONGs são burocráticas e pouco democráticas, e nem todos os movimentos agrários são o inverso disso. Nem todas as ONGs são abastadas e nem todos os movimentos agrários desprovidos de recursos. De fato, financiamento abundante, como vimos, às vezes levou à extinção de movimentos agrários promissores.

Além disso, há ONGs que não são paternalistas, enquanto alguns movimentos agrários – especialmente suas seletas lideranças nacionais – o são. E há ONGs que se envolvem em ação direta radical, enquanto muitos movimentos agrários não o fazem. Em suma, as diferenças entre ONGs e movimentos são em grande parte ideológicas e políticas, e não evidentes. Elas não devem ser reduzidas, *grosso modo*, a questões de forma organizacional.

Mudanças no complexo global de doadores e suas implicações para ONGs e MATs

O aumento do apoio das agências doadoras do Norte às ONGs focadas em justiça social e aos MATs não se deu por puro altruísmo. A parceria com ONGs, movimentos agrários locais e MATs ajudou a consolidar a base de arrecadação das instituições doadoras. Movimentos e doadores compartilhavam um interesse comum no fortalecimento mútuo. Para os doadores, o sucesso de seus parceiros do movimento demonstra o êxito e justifica um financiamento adicional. Para os movimentos, os doadores aportam não só recursos materiais, mas acesso a informação e conhecimentos, bem como maior legitimidade. Os dois lados estão muito mais interligados do que imaginam, ou gostariam de estar. Surgiram e ganharam força juntos. O enfraquecimento de um, provavelmente, terá um impacto debilitante sobre o outro – embora isso não seja inevitável.

Questões agrárias e relacionadas ao rural estimularam fluxos rápidos e massivos de fundos para as agências doadoras. Produção de alimentos, comércio agrícola, desnutrição e fome no meio rural, crise ambiental e mudanças climáticas, silvicultura e pobreza rural são todos alvos de programas de ajuda oficial e dos doadores. Os mesmos problemas que inspiraram o surgimento de movimentos agrários e dos MATs captaram o interesse dos doadores. O enfraquecimento do sindicalismo militante provavelmente liberou fundos que foram então alocados para iniciativas de caráter agrário. Em resumo, questões imperiosas relacionadas ao rural, e a interessante ascensão de movimentos e ONGs nesse setor alimentaram a expansão de fundos não governamentais, a maior parte proveniente de países do Norte.

Muitos desses grupos de doadores começaram como pequenas agências ligadas a igrejas. Como seu dinheiro era originário das igrejas e/ou de redes comunitárias, tinham bastante autonomia para decidir que questões adotar e quais ONGs e movimentos sociais apoiar. Mas, ao intensificarem-se as demandas de ONGs em ascensão e movimentos agrários emergentes, os fundos das agências eclesiásticas logo se tornaram insuficientes. Durante a década de 1980, quando o neoliberalismo global partiu para a ofensiva, a retração que afetou tantos países também teve impacto sobre o complexo da ajuda externa. A privatização no complexo de ajuda externa significou a ONGização de grande parte do setor de ajuda. O que antes seria ajuda bilateral, cada vez mais foi canalizado através de ONGs do Norte (isto é, agências doadoras), que contratavam fundos de ajuda "no atacado" e os distribuíam entre ONGs intermediárias e movimentos sociais nos países em desenvolvimento. A intenção explícita era substituir os Estados, vistos como ineficientes e/ou corruptos (Edwards; Hulme, 1995). As pequenas agências doadoras eclesiásticas viram sua arrecadação de fundos tradicional ser eclipsada por enormes ingressos de fundos governamentais. Suas carteiras de organizações beneficiárias parceiras e pares no Sul global expandiram-se em paralelo com o súbito influxo de fundos de cooperação.

Os países do Norte da Europa são o centro do complexo de doadores e apresentam os maiores índices de ajuda externa ao desenvolvimento (AED) em relação à renda nacional bruta (RNB). A Holanda, com uma população de menos de 17 milhões, concedeu US$ 5,6 bilhões em ajuda ao desenvolvimento em 2013, assumindo o oitavo lugar entre os principais países doadores, todos os quais (exceto a Noruega) são muito maiores. Vale observar que 2013 foi o primeiro ano, desde 1974, em que a relação AED/RNB da Holanda ficou abaixo de 0,7%, o nível recomendado pela Organização das Nações Unidas (OCDE, 2014b). Um olhar mais atento ao caso holandês ilustra as oportunidades e vulnerabilidades que o modelo de

136 MARC EDELMAN E SATURNINO M. BORRAS JR.

doador-parceiro implica para movimentos sociais e ONGs de países em desenvolvimento.

O programa holandês de cofinanciamento é um dos maiores nessa categoria global de doadores. O mecanismo formal de cofinanciamento com ONGs estava em vigor desde 1965, mas foi apenas no final dos anos 1970 que começou a se expandir rapidamente e de forma constante. Por exemplo, as dotações estatais concedidas à Organização Inter-Igrejas de Cooperação para o Desenvolvimento (ICCO) cresceram seis vezes entre 1973 e 1990 (Derksen; Verhallen, 2008, p.224-5). Em meados da década de 1990, as ONGs e as agências doadoras não governamentais que "*não* dependem da ajuda oficial para a maior parte de seus orçamentos são hoje uma exceção" (Edwards; Hulme, 1995, p.5, ênfase no original).

Desde a década de 1980, algumas poucas agências monopolizaram o grosso dos fundos holandeses de ajuda externa. Elas eram comumente referidas como "As Quatro Grandes": Novib (mais tarde Oxfam-Novib), o consórcio da Igreja Católica hoje conhecido como Cordaid (antes "Cebemo"), Hivos, e a Organização Inter-Igrejas de Cooperação para o Desenvolvimento (ICCP) das Igrejas Protestantes (de Groot, 1998). É importante distinguir as Quatro Grandes não apenas pela escala de suas operações, mas também porque canalizaram apoio substancial para ONGs radicais, movimentos agrários locais e nacionais e MATs. Em 2007, houve mudanças nas quotas de fundos e no processo de alocação, permitindo a entrada de ONGs holandesas de pequeno e médio porte com diversos programas de ação e orientações políticas.

O novo sistema introduzido em 2007 foi denominado MFS-1 (Plano de Cofinanciamento), com um ciclo de financiamento de três anos. No primeiro ciclo, 2007-2010, as "Quatro Grandes" receberam um total de cerca de € 1,7 bilhão – ou € 577 milhões por ano (80% dos fundos de cofinanciamento). No segundo ciclo, de quatro anos (2011-2015), receberam €1,5 bilhão – ou €378 milhões por ano (71% dos subsídios concedidos). O montante total da cooperação externa holandesa para o desenvolvimento – US$ 5,6 bilhões em 2013 (OCDE, 2014b) – é muito mais alto do que esses números indicam, pois nem toda a ajuda é canalizada através do Plano de Cofinanciamento e mais de 50 agências pequenas e médias também receberam fundos do governo (Minbuza, 2009). O Ministério de Relações Exteriores da Holanda e várias embaixadas holandesas em todo o mundo também desembolsam fundos a seus pares de países em desenvolvimento. Em suma, desde 2007, cerca de US$ 500 milhões por ano de fundos holandeses foram direcionados a doadores ou ONGs que trabalham com MATs voltados à justiça social. Isso não significa que os MATs fossem os únicos parceiros dessas agências, nem que essa soma fosse inteiramente destinada a doações – boa parte dela cobria despesas administrativas –, mas dá uma ideia da escala de recursos a que alguns MATs tiveram acesso. Evidentemente, o Plano de Cofinanciamento holandês era muito maior e mais complexo do que o esforço voluntário de coleta de fundos de porta em porta em um bairro urbano, como durante as campanhas católicas da Quaresma ou uma campanha de final de ano da Food First, que retribui doações de US$ 100 com um livro de Eric Holt-Giménez.

A crise financeira de 2008 e a ascensão de partidos conservadores em muitos países doadores aumentaram as pressões sobre os fundos da ajuda externa. Políticos céticos defendiam a limitação dos gastos e exigiam evidências de que o dinheiro dos contribuintes tinha impacto positivo. Na Holanda, o segundo ciclo de cofinanciamento (2011-2015) marcou a transição para um novo sistema de financiamento da cooperação. As dotações anuais globais tiveram uma pequena redução, assim como a participação das "Quatro Grandes" agências. Grupos menores, como o Instituto Transnacional e Amigos da Terra, tiveram de apresentar solicitações em grupo ou alianças e, assim, tiveram acesso a fundos. O desenho do sistema pós-2015 não está claro ainda, mas provavelmente haverá menos fundos disponíveis e estes serão alocados mediante mecanismos de mercado, tais como chamadas para projetos ou subcontratação, em lugar de fundos de apoio institucional. A nova diretriz que provavelmente irá orientar a seleção de parceiros e a alocação de fundos é "empresa e direitos humanos", uma versão do marco de responsabilidade social corporativa. Muitas agências não governamentais holandesas estão se alinhando com essa nova diretriz, que enfatiza projetos com resultados concretos e quantificáveis e que são de fácil compreensão por parte dos contribuintes holandeses (Derksen; Verhallen, 2008). A Holanda é o oitavo maior provedor de ajuda externa para desenvolvimento e ocupa o sexto lugar em termos da participação da ajuda externa sobre a renda nacional bruta (ver Figuras 5.1 e 5.2). Sua importância para a nossa análise, no entanto, transcende essas admiráveis posições. As agências holandesas e alemãs têm estado entre os maiores apoiadores dos movimentos agrários radicais. Numa perspectiva ampliada, o modelo de cofinanciamento iniciado na Holanda, na década de 1960, foi adotado, com adaptações, na maioria dos demais países europeus e no Canadá. Por último, as pressões por cortes de custos que afetaram o complexo de ajuda externa holandês são tão ou mais agudas nesses outros países.

Figura 5.1 – Ajuda externa ao desenvolvimento
AED – USD bilhões (2013)

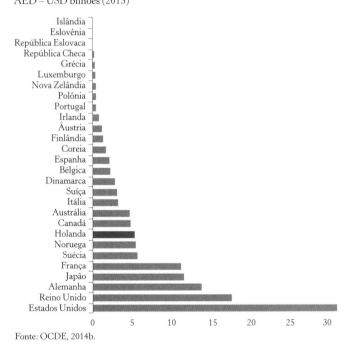

Fonte: OCDE, 2014b.

Figura 5.2 – Ajuda externa ao desenvolvimento (AED) como percentual da renda nacional bruta (RNB)

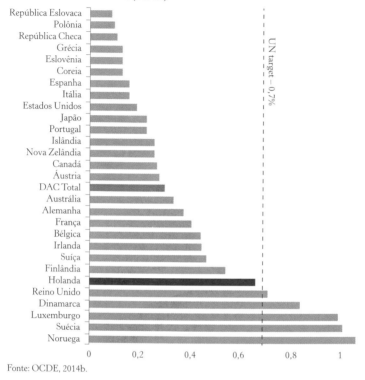

Fonte: OCDE, 2014b.

Por que razão os governos europeus do Norte têm sido tão generosos em apoiar – mesmo que indiretamente – movimentos radicais no Sul global? Um tratamento exaustivo dessa importante questão transcende o escopo deste livro, por isso, vamos apenas delinear aqui algumas hipóteses. A proliferação mundial de organizações da sociedade civil nas décadas de 1980 e 1990 coincidiu, em primeiro lugar, com a democratização de grande parte da América Latina (e de algumas outras regiões) e, em segundo, com o fim da Guerra Fria. Os Estados Unidos eram a maior fonte de AED, mas tendiam a apoiar, nos países em desenvolvimento, parceiros conservadores e pró-mercado e a enfatizar eleições livres, reformas jurídicas, privatização do setor público e liberalização econômica. Em regiões como a América Central e as Filipinas, nos anos 1980, Washington via os movimentos revolucionários fundamentalmente como "subversão" comunista. Os legisladores europeus – especialmente os sociais-democratas espanhóis, escandinavos, holandeses e alemães – apontavam desigualdade, pobreza, violações dos direitos humanos e regime autoritário como causas principais dos distúrbios. Assim, dois projetos concorrentes de sociedade civil surgiam no final da Guerra Fria – um americano, que apoiava principalmente iniciativas do setor privado, e um europeu (e canadense) que buscava a democratização, o desenvolvimento e a estabilidade social, através da capacitação de grupos historicamente desfavorecidos (Macdonald, 1997). Nos anos seguintes, com a mudança rumo à direita de muitos países europeus e do Canadá, a compreensão de seus governos sobre a ajuda externa convergia cada vez mais – embora ainda não completamente – com a visão de mercado americana.

É provável que o fluxo de fundos de agências doadoras não governamentais do Norte global continue nos anos vindouros, pois os governos têm ganhos políticos com a concessão de ajuda ao desenvolvimento. Contudo, o volume e as modalidades da ajuda já mostram mudanças evidentes. O futuro anuncia somas radicalmente menores de fundos alocados de forma politicamente inflexível: menos doações institucionais para apoio operacional geral e mais contratos específicos por projetos, menos recursos para movimentos políticos de oposição e mais para iniciativas de parcerias público-privadas.[2]

Um desafio adicional é a crescente hostilidade de muitos governos em relação a agências doadoras estrangeiras e suas parceiras locais. Leis e normas que limitam o acesso de organizações da sociedade civil ao financiamento externo são cada vez mais comuns. A lista

---

2 A importância crucial da concessão de apoio aos custos operacionais gerais aos beneficiários é ilustrada pelo impacto da filantropia conservadora, nos Estados Unidos, desde a década de 1980. Enquanto as fundações conservadoras, naquele país, concediam apoio substancial de longo prazo aos fortes *think tanks* de direita, os financiadores progressistas enfatizavam um apoio mais modesto, com base em projetos, aos seus parceiros, nenhum dos quais alcançou influência similar ou um nível comparável de segurança econômica (Covington, 2005).

de países que restringem essa ajuda é longa e politicamente diversa: Rússia, Índia, Sri Lanka, Nepal, Bangladesh, China, Indonésia, Malásia, Camboja, Venezuela, Bolívia, Peru, Equador, Nicarágua, Honduras, Hungria, Etiópia, Zimbábue, Quênia, Zâmbia, Uzbequistão, Jordânia, Egito e Argélia, entre outros (Carothers; Brechenmacher, 2014). Embora alguns desses países tenham fortes movimentos camponeses filiados a MATs, muitos outros não têm, e pelo menos parte da presença geográfica desigual dos MATs, mencionada no Capítulo 4, pode ser atribuída aos esforços dos governos para limitar ou obstaculizar o apoio externo a entidades da sociedade civil.

Há duas décadas, no contexto da política de ajuda ao desenvolvimento analisada aqui, Ian Smillie (1995, p.160) escreveu: "Quando a CIDA [Agência Canadense de Desenvolvimento Internacional] espirra, [...] as ONGs canadenses buscam sua vitamina C". Vinte anos mais tarde, a CIDA não só espirrou, mas sofreu um sério ataque de reestruturação, cujos sintomas incluíram nítida redução de fundos, uma diretriz politicamente conservadora e menos flexível, e maior subordinação às relações exteriores e aos interesses comerciais do governo canadense. Qual o impacto disso sobre as ONGs canadenses e os doadores não governamentais? As agências afetadas incluem desde a forte Organização Católica Canadense para o Desenvolvimento e a Paz (CCODP) a grupos radicais menores como o Inter Pares, a maioria dos quais são parceiros de movimentos agrários radicais de várias regiões do mundo. De que modo o efeito dominó da retração irá marcar os MATs nos próximos anos?

Os movimentos agrários e os MATs não irão colapsar apenas porque o complexo doador passa por grandes mudanças. É provável, no entanto, que alguns movimentos nacionais venham a enfraquecer-se, à medida que diminuam os fluxos de ajuda externa e isso, por sua vez, repercute nos MATs dos quais eles participam. Nos últimos anos, a Via perdeu pelo menos três de seus mais importantes financiadores.[3] Não será fácil encontrar novos doadores e fundos

---

3 Esses incluíram dois doadores holandeses, Oxfam-Novib e ICCO.

142 MARC EDELMAN E SATURNINO M. BORRAS JR.

significativos de apoio institucional. Outro importante MAT, o CIP, nunca conseguiu assegurar um financiamento institucional estável. Mesmo a IFAP, movimento politicamente conservador, como vimos no Capítulo 3, sucumbiu à súbita retirada do apoio de um importante financiador. Esses impactos negativos não são necessariamente insuperáveis. Quando os movimentos agrários nacionais e os MATs se separaram de seus aliados tradicionais (isto é, partidos políticos), ajudaram a criar uma alternativa (isto é, ONGs e o complexo doador).

É possível que a emergente crise de financiamento conduza a novas alternativas, ao surgimento de novos aliados e formas de financiamento mais criativas, embora o processo irá certamente gerar contínuos desafios.

Conclusão: tensões e sinergias para além da forma organizacional

MATs, ONGs e agências doadoras ascenderam juntas, no mesmo contexto sociocultural e político-econômico global. A retração parcial dos Estados-nação em meio à globalização neoliberal abriu caminho para o surgimento de ONGs e do complexo doador. As alianças, anteriores à década de 1980, entre partidos políticos e movimentos camponeses, desapareceram em muitas partes do mundo. Algumas das funções logísticas e políticas antes desempenhadas pelos partidos políticos em relação aos movimentos agrários foram assumidas por ONGs e agências doadoras, contribuindo assim para o surgimento de MATs.

Estudos agrários clássicos focados na agência de classes trabalhadoras com frequência observam que os camponeses não são avessos a alianças com atores externos (Thorner, 1986). De fato, por viverem, muitas vezes, em contextos isolados, eles quase sempre precisaram de aliados externos para reduzir os riscos das ações coletivas e aumentar seu alcance político. São as *condições* de tais alianças que suscitam o receio dos camponeses. A história das alianças camponesas com atores externos, especialmente partidos políticos, é de constante contestação e renegociação. As relações dos camponeses com ONGs e agências doadoras são similares. Os MATs radicais, especialmente Via e CIP, desafiaram a IFAP e as pretensões desta última de representar o campesinato. Do mesmo modo, Via e CIP têm afirmado consistentemente sua autonomia em relação a parceiros e financiadores, sobretudo quanto a questões de representação, formulando-a cuidadosamente no *slogan* "Nada sobre nós sem nós". As questões cruciais, hoje, são de que modo os MATs irão lidar com a metamorfose do complexo de ajuda externa e como os doadores irão responder à insistência dos movimentos agrários em sua autonomia e autorrepresentação.

6
MATs E AS INSTITUIÇÕES
INTERGOVERNAMENTAIS

A relação entre campesinato e Estado é um tema central nos estudos agrários críticos. O meio rural e o campesinato há muito têm sido objetos centrais da agenda de construção do Estado. A política camponesa, por sua vez, tem buscado influenciar, transformar ou, mesmo, tomar o Estado. Trabalhos acadêmicos sobre essa relação incluem clássicos da tradição histórico-institucionalista, notadamente *As origens sociais da ditadura e da democracia*, de Barrington Moore Jr. (2010 [1967]), e livros mais recentes de Merilee Grindle (1986) e Jonathan Fox (1993), ambos sobre o México. Mesmo estudos sobre a política camponesa "cotidiana" dizem respeito, em boa parte, às relações entre o Estado e o campesinato, como indicam as obras de James Scott (1976, 1985, 1990, 1998, 2009), Benedict Kerkvliet (2005) e Kevin O'Brien e Lianjiang Li (2006). A relação entre campesinato e Estado também é central nas análises sobre conflitos agrários contemporâneos, desde o levante de Chiapas, em 1995 (Harvey, 1998), até a controvertida reforma agrária pós-2000 no Zimbábue (Cliffe et al., 2011), as reformas rurais na China (Yeh et al., 2013) e a disputa entre o MST e o governo no Brasil (Wolford, 2010b).

A era da globalização neoliberal e o surgimento de movimentos agrários transnacionais exigem a ampliação de nosso foco. A relação entre Estado e o campo, evidentemente, segue sendo significativa, mas deve ser compreendida à luz das interações entre os MATs e as instituições intergovernamentais. Por outro lado, análises sobre a política das instituições intergovernamentais deveriam dialogar – quando pertinente – com o trabalho acadêmico sobre os movimentos agrários e as relações entre o Estado e o campesinato. Elementos conceituais essenciais incluem noções de autonomia, cooptação e prestação de contas, que discutiremos a seguir.

Neoliberalismo, Estados nacionais e a ascensão da sociedade civil

Durante as últimas três décadas, Estados no Sul global – e também no Norte – têm enfrentado múltiplas pressões. A globalização neoliberal tende a debilitar os poderes normativos nacionais, ao mesmo tempo que fortalece o papel da governança internacional. Estados-nação tiveram de transferir poderes políticos, fiscais e administrativos aos governos locais, como parte da descentralização incitada pelas instituições financeiras internacionais em nome da responsabilização, do "empoderamento da comunidade" e da prestação de serviços mais barata e mais eficiente (World Bank, 2000). A privatização de muitas funções do setor público desmantelou as redes de proteção social, minou a legitimidade dos Estados e reduziu sua capacidade de empregar medidas clientelistas ou corporativistas para escorar o apoio popular (Fox, 2001). Além disso, a proliferação de "paraísos fiscais" e a facilidade crescente de mover dinheiro para o exterior enfraquecem as bases fiscais dos Estados e os obrigam a aceder aos interesses do poderoso setor financeiro (Henry, 2012). No entanto, Estados centrais seguem sendo atores importantes, apesar de convertidos, na política e na economia (Keohane; Nye, 2000, p.12). O abandono parcial pelos Estados de suas obrigações tradicionais para com as classes rurais trabalhadoras e as ondas de privatização que afetam o controle pelas pessoas pobres dos recursos naturais e de seu acesso a crédito, serviços sociais e utilidades básicas deixaram muitos expostos à inclemência das forças do mercado.

Esse terreno cambiante global-local apresenta ameaças e oportunidades para a população rural do mundo. Os movimentos agrários se localizaram ainda mais em resposta à descentralização do Estado e à "usurpação pelas elites" que muitas vezes a acompanha, ao mesmo tempo que tiveram que internacionalizar sua ação política e mobilizações em resposta à escalada da governança global. Um dos resultados desse ajuste complexo é o surgimento de movimentos sociais agrários mais horizontais e "policêntricos", que lutam para construir estruturas de coordenação para a "integração vertical" dentro de determinados países e em âmbito transnacional. Assim, a dinâmica aparentemente contraditória de globalização *versus* descentralização, que impacta tão fortemente o Estado, está transformando também os processos políticos e organizacionais dos movimentos agrários. Foi nesse contexto que emergiram os MATs contemporâneos, lutando para empregar novas formas de governança supranacional.

As agências internacionais de desenvolvimento apressaram-se em aproveitar o surgimento dos MATs para firmar "parcerias para o desenvolvimento". Essa modalidade relativamente nova de prática de desenvolvimento enfatiza as relações de colaboração entre instituições de governança internacional e entidades corporativas e/ou da sociedade civil (ambas agrupadas sob a nova categoria, sem atributo de classe, de "*stakeholders*"). A Cúpula da Terra de 1992 das Nações Unidas, ocorrida no Rio de Janeiro, deu início à rápida decolagem do modelo de "parceria" (Bruno; Karliner, 2002). Dois anos depois, o relatório de um painel liderado pelo ex-presidente brasileiro Fernando Henrique Cardoso apresentou reformas aos procedimentos para credenciar organizações da sociedade civil na ONU e permitiu que grupos de base alcançassem avanços importantes (McKeon, 2009; Willets, 2006). Streets e Thomsen (2009, p.8) oferecem uma boa síntese de em que medida essas parcerias (que provavelmente cobrem desde pesquisa conjunta, até projetos com objetos tangíveis) se multiplicaram:

148 MARC EDELMAN E SATURNINO M. BORRAS JR.

Embora não se disponha de um registro global do número de parcerias estabelecidas, evidências baseadas em relatórios de agências individuais, no número crescente de entradas na base de dados da Comissão sobre Desenvolvimento Sustentável (CSD) – hoje [em 2009] contando 344 parcerias, em comparação com 319 em 2006 – e no aumento do número de programas de parceria bilateral [...] sugerem um aumento do número global de parcerias. A [FAO] [...] conta com mais de 830 arranjos colaborativos [...]. Há, ainda, uma tendência para iniciativas internacionais envolvendo múltiplas partes interessadas. Cerca de 400 parcerias globais em todo o mundo foram identificadas em 2005 [...] em comparação com as 50 da década de 1980. Atualmente, o Banco Mundial participa de 125 Programas de Parcerias Globais e de 50 Programas de Parcerias Regionais [...] o Programa das Nações Unidas para o Desenvolvimento envolveu-se em mais de 40 [...] e o Fundo Internacional de Desenvolvimento Agrícola (IFAD) [...] em 30.

Para as instituições internacionais, formar alianças com a sociedade civil não é algo novo. O que é novo é formar alianças com grupos *transnacionais*. Sauvinet-Bedouin et al. (2005, p.11) explicam que "o fenômeno novo que afeta as relações entre a FAO e ONGs e OSCs (organizações da sociedade civil) é a união de ONGs/OSCs em movimentos e redes sociais transnacionais, *think tanks* e redes globais de políticas públicas". Para a FAO, a parceria com os MATs era parte de sua missão para realizar os Objetivos de Desenvolvimento do Milênio (o objetivo número 8 era "construir uma parceria global para o desenvolvimento"). Mas a FAO também mostra cautela, observando que "esses [grupos] estão se desenvolvendo e incluem uma gama imensa de organizações que representam grupos e perspectivas sociais diversos". Por isso, alerta para a "genuína capacidade de cada OSC/ONG de representar grupos específicos" e salienta que "ao formar parceria com OSCs/ONGs, a FAO precisa ser mais aberta e inclusiva. Ainda mais, porque a FAO é particularmente admirada por essa categoria, por seu desempenho como intermediária honesta" (FAO, 2006, p.2-3).

Como as instituições intergovernamentais envolveram-se cada vez mais na formulação, financiamento e implementação de políticas agrárias ou outras (em especial, políticas de comércio internacional) que afetam a agricultura, elas se tornaram alvos das campanhas dos MATs. Algumas dessas campanhas foram mobilizações "externas" intensamente agressivas, como no caso dos esforços da Via e de outros movimentos para interromper as reuniões da OMC. Outras, no entanto, sugerem que os movimentos mais militantes buscam "acesso" às instituições intergovernamentais para exercer influência a partir "de dentro" (organizações tradicionais e de elite, como IFAP e, mais recentemente, a WFO, sempre estiveram "dentro"). A FAO – que os movimentos agrários percebem não apenas como "uma intermediária honesta", mas como mais flexível e também mais responsiva a pressões do que a OMC – reconhece claramente as diferenças entre MATs como aquelas que analisamos nos capítulos anteriores, embora evite nomear essas diferenças ou explicar por que são importantes.

As campanhas globais da Via sobre questões agrárias cruciais contribuíram para forjar um espaço novo e distinto de participação cidadã na formulação de políticas internacionais. Nesse e através desse espaço, a Via processa e agrega as diversas perspectivas e posições de suas organizações filiadas, dialoga com outros atores não estatais que atuam em questões agrárias e de comércio globais, e interage com instituições intergovernamentais. Esse espaço pode ser descrito como "novo", porque, antes, os únicos grupos com presença institucional eram ONGs e organizações de agricultores ricos e médios que, com frequência, afirmavam atuar ou falar em nome dos camponeses pobres e pequenos agricultores. Ele é "distinto", porque foi criado, ocupado e utilizado por e para camponeses pobres e pequenos agricultores.

A transformação do Estado-nação no contexto da globalização neoliberal remodelou as relações Estado-sociedade civil de duas outras formas inter-relacionadas. A interpretação de Jonathan Fox, usando a metáfora de espremer um balão, aponta para uma questão problemática:

150 MARC EDELMAN E SATURNINO M. BORRAS JR.

Nesse contexto de poder compartilhado entre governos locais, estaduais e federais, bem como de atores internacionais, as organizações da sociedade civil enfrentam o problema do balão – quando você o aperta aqui, ele salta lá. Ou seja, quando uma ação de *advocacy* se concentra em um determinado setor ou nível de governo, este pode passar a bola para outro. Quando se critica um setor do governo estadual, é muito fácil para este esquivar-se, culpando o governo federal, ou os governos municipais [...]. Esse dilema para as organizações da sociedade civil aprofunda-se com a falta de transparência em *todos* os níveis de tomada de decisão "pública" e de implementação de políticas. (Fox, 2001, p.2, ênfase original)

O problema do "balão espremido" é tanto consequência como causa de uma segunda dificuldade. Esta diz respeito à necessidade de exercer pressão de modo simultâneo e constante sobre níveis de governança muito variados, um produto da dinâmica de internacionalização-descentralização descrita anteriormente. Grande parte da força das organizações globais da sociedade civil – agrárias e não agrárias – vem daquilo que Keck e Sikkink, em seu livro seminal, *Activists Beyond Borders* [Ativistas além-fronteiras] (1998, p.12-3), chamaram de "padrão bumerangue" – e que outros denominaram "troca de campo" [Van Rooy, 2004, p.20] ou "salto de jurisdição" (O'Brien et al., 2000, p.61). De fato, movimentos que não conseguem atingir seus objetivos em um nível da política interna precisam tentar pressionar outro nível e, talvez, buscar aliados internacionais para pressionar os governos a cumprirem as normas internacionais. Empenhar-se em lutas em níveis tão díspares, em geral, requer recursos materiais e informativos substanciais, incluindo – sobretudo – conhecimento sobre possíveis "pontos de acesso" e "vulnerabilidades" institucionais.

Na discussão que se segue, examinamos vários aspectos das relações Estado-MATs: espaço institucional, aliados, metas e adversários-alvo. Discutimos brevemente as estratégias e táticas dos MATs para envolver certas instituições intergovernamentais como o Comitê de Segurança Alimentar Mundial (CSA) das Nações

Unidas, o Fórum dos Agricultores patrocinado pelo Fundo Internacional para o Desenvolvimento Agrícola (IFAD), e o Conselho de Direitos Humanos da ONU, nas quais os direitos dos camponeses têm recebido atenção crescente. Finalmente, examinamos também o que está em jogo nas relações de diferentes MATs com essas instituições intergovernamentais.

Espaço institucional

"Espaços institucionais" são instâncias em que regras formais e informais estruturam encontros entre atores supraestatais, estatais e não estatais. Entre estes últimos estão MATs, ONGs, OSCs e agências doadoras não governamentais que, de modo geral, identificam-se com movimentos ou discurso de justiça global (ver Capítulo 2). Essas instâncias são espaços políticos, não técnicos ou administrativos, e são cruciais para os MATs. "Quem está dentro, quem está fora" de um determinado espaço pode determinar quem consegue influenciar quais políticas ou quem tem acesso a qual e quanto financiamento. Podem-se distinguir os vários espaços institucionais examinando como e por que o espaço foi criado, e quem está representado nele e de que modo ingressaram no mesmo. Destacamos os seguintes tipos: (i) espaço convidado, o qual existia antes, embora a iniciativa de admitir a sociedade civil provenha de instituições intergovernamentais; (ii) espaço aberto por meio de demandas de representação por parte dos MATs; e (iii) novo espaço criado, antes inexistente, e resultado de ações de pressão dos MATs (ver Gaventa; Tandon, 2010).

Diferentes MATs percebem diferentemente esses distintos espaços e sua importância política. Além disso, seus pontos de vista tendem a mudar ao longo do tempo, à medida que muda a estrutura geral de oportunidades políticas. Em linhas gerais, os MATs exibem quatro perspectivas principais sobre esses espaços. Primeiro, eles os veem como *espaços de troca*. Quando instituições intergovernamentais convidam MATs para um espaço institucional, isso pode significar oportunidade dos tão necessários encontros face a face intra- e inter-MAT que, de outra forma, eles não teriam força política para conseguir, ou recursos financeiros para bancar. Não é incomum que o evento principal (ou seja, o fórum intergovernamental) seja periférico para alguns atores dos MATs, enquanto o evento atrelado ou "fórum paralelo" é o mais importante. De fato, o processo de criação de espaços institucionais para a sociedade civil começou com fóruns paralelos "intrusos" que exigiam acesso às reuniões intergovernamentais fechadas (Pianta, 2001). Em segundo lugar, esses espaços são, por vezes, cruciais *arenas de luta* por políticas intergovernamentais que têm implicações de amplo alcance para as políticas locais e nacionais. Este é, por exemplo, o caso das negociações da OMC e do período anterior de reuniões promovidas pelo Banco Mundial sobre a reforma agrária de mercado. É dentro e em torno desses espaços que os MATs negociam com seus aliados e adversários internacionais. Em terceiro lugar, esses espaços podem ser *contextos fundamentais para a legitimação* das campanhas dos MATs ou de suas filiadas nacionais, algumas das quais são marginalizadas ou perseguidas em seus países de origem. Assim, um grupo de camponeses cujos dirigentes recebem ameaças de morte, ou que enfrenta o desdém dos ministérios de Agricultura ou Comércio em seu país, ganha legitimidade política e alguma proteção quando é convidado ou tem acesso autorizado a um espaço institucional de âmbito internacional como o Comitê de Segurança Alimentar Mundial (CSA) da ONU. Finalmente, na quarta perspectiva, esses espaços podem servir para identificar fontes de *financiamento* para atividades do movimento. Essas quatro grandes perspectivas se sobrepõem, é claro, e a relevância para cada MAT de uma ou outra agenda muda constantemente.

O Comitê de Segurança Alimentar Mundial (CSA)

O CSA era um dos comitês fracos do sistema das Nações Unidas. Nada fez de muito interessante e ninguém, nem mesmo os MATs tinham grande interesse nele. Em 2006, no entanto, após a

MOVIMENTOS AGRÁRIOS TRANSNACIONAIS **153**

Conferência Internacional sobre Reforma Agrária e Desenvolvimento Rural (Ciradr) patrocinada pela FAO, a Via, o CIP e seus aliados pressionaram a FAO para colocar a reforma agrária entre suas prioridades de ação. Então, em 2008, os preços globais dos alimentos dispararam, provocando revoltas em razão da fome em dezenas de países. Um frenesi da mídia internacional destacava a compra de terras como um fator determinante do aumento dos preços dos alimentos. A situação gerou apelos por uma intervenção mais formal da ONU, além de contendas entre, de um lado, esforços das elites e corporações para reformular a governança global e, de outro, campanhas da sociedade civil para reivindicar participação em instituições-chave, particularmente o CSA. Foi nesse contexto que o CSA se tornou, repentinamente, uma instância política crucial, pelo menos para os MATs que atuam sobre recursos naturais, terra, água e silvicultura. Respondendo às pressões articuladas pelas bases, em 2009, o CSA passou a conceder às organizações da sociedade civil (OSCs), espaço quase igual ao dos representantes governamentais, inclusive com direito a intervirem em plenária durante sessões do CSA e deliberações da comissão (embora ainda sem direito a voto). Contudo, o CSA criou, concomitantemente, um "Mecanismo do Setor Privado" que possibilitou uma plataforma para os interesses corporativos.

Ainda assim, a reforma do CSA constituiu um importante processo de legitimação para muitas OSCs (McKeon, 2013; Brem-Wilson, 2015). Teve, também, um impacto significativo na própria FAO, com a abertura de outros órgãos de governança, como o Comitê de Pesca (COFI), à participação de movimentos transnacionais. No CSA, as OSCs e os MATs exigiram e asseguraram sua participação na negociação de acordos internacionais, especialmente ilustrada, em 2012, nas *Diretrizes Voluntárias para a Governança Responsável da Posse da Terra, da Pesca e das Florestas* (CFS, 2012; McKeon, 2013; Seufert, 2013). A Via, o CIP e vários outros MATs e seus aliados enviaram delegações a Roma e participaram ativamente das discussões, junto de representantes governamentais e interesses corporativos. Embora as *Diretrizes Voluntárias*, comumente referidas como "VGs" (*Voluntary Guidelines*), constituam direito flexível não vinculante, os MATs mais radicais, buscando fazê-las avançar para normas cogentes ou vinculantes, rejeitam o termo "Voluntárias" e referem-se a elas simplesmente como "Diretrizes da Posse" (TGs – *Tenure Guidelines*).

As diretrizes oferecem potencial cobertura institucional para as campanhas políticas locais, nacionais e internacionais dos MATs e seus membros – embora também o façam para corporações, como a Coca-Cola, que estão sob ataque em razão de apropriação de águas e de terras (Coca-Cola, 2013; Franco et al., 2013). Todavia, a implementação dessas diretrizes na prática e a forma como as OSCs podem usá-las, e com que resultados, dependerão do efetivo equilíbrio de poder entre os atores estatais e não estatais concorrentes, em contextos específicos. As agências bilaterais e multilaterais vêm prestando substancial apoio à implementação das diretrizes mundialmente. Na medida em que MATs rivais disputam recursos financeiros, valerá observar "quem recebe o que, como e quanto, e para que fim". As *Diretrizes da Posse* provavelmente seguirão sendo fortemente contestadas, uma vez que interesses concorrentes disputam sua interpretação, implementação e aplicação, e que distintos atores invocam e debatem princípios de governança relevantes, como o "consentimento livre, prévio e esclarecido" (CLPE).[1]

O Fórum de Agricultores do IFAD

O Fundo Internacional para o Desenvolvimento Agrícola (IFAD), agência especializada da ONU, possui uma agenda e um portfólio diversificado de projetos focados na redução da pobreza rural e na melhoria da segurança alimentar (não deve ser confundido com a IFAP, o MAT conservador). O IFAD desempenha um duplo papel de agência doadora e de financiamento, por um lado – geralmente apoiando projetos locais em esquemas de cofinanciamento

---

1 Sobre este tema, ver Borras; Franco; Wang (2013). Para uma discussão crítica sobre o FPIC, ver Franco (2014).

com governos-membros ou bancos regionais de desenvolvimento –
e, por outro lado, como promotora de políticas relacionadas a seus
objetivos de redução da pobreza e à segurança alimentar. Sua ênfase
em pobreza rural e nos seus papéis de agência financiadora e de promotora de políticas fizeram do IFAD um importante interlocutor
para os MATs.

O IFAD opera em uma escala muito menor do que a FAO, mas,
ainda assim, possui programas bastante diversificados. Os documentos da agência destacam "seu papel catalisador de 'incubadora'
do desenvolvimento e de experimentação de projetos inovadores
junto aos pobres rurais" (IFAD, 2006b, p.7). Segundo o Plano Estra-
tégico 2002-2006, seu primeiro objetivo é "fortalecer a capacidade
dos pobres rurais e suas organizações, inclusive sua capacidade de
influenciar as instituições, políticas, leis e regulamentos relevantes
para a redução da pobreza rural" (IFAD, 2005, p.8). Essa autoima-
gem institucional como "uma das agências multilaterais mais progressistas" (IFAD, 2005, p.12) – "flexível", "solidária", "inclusiva",
"pluralista" e "inovadora" estão entre os descritores encontrados em
documentos do IFAD – contrasta acentuadamente com outras agências maiores da ONU e se traduz em um compromisso um tanto
incomum de, pelo menos, ouvir as opiniões de camponeses e pequenos agricultores. O IFAD também fala de políticas redistributivas politicamente difíceis, como reforma agrária, em um momento
em que poucos governos desejam considerá-las. Juntamente com
a FAO e o Programa Mundial de Alimentos, o IFAD faz parte do
Secretariado do CSA e comprometeu-se a ser uma das agências de
implementação das políticas desse comitê. No entanto, tem menos
influência política do que outras instituições bilaterais e multilaterais maiores (Hopkins et al., 2006; Kay, 2006).

A cada dois anos, desde 2006, o IFAD organiza um Fórum de
Agricultores paralelo à reunião do seu Conselho Diretor. A iniciativa
do Fórum foi da rede Roppa da África Ocidental, em 2004. Outros
MATs logo aderiram, incluindo Via, IFAP, WFF e o WFFP. Mais
do que apenas uma reunião bianual, o Fórum tenta operar como um
processo contínuo, desde as bases, começando por consultas em nível

156 MARC EDELMAN E SATURNINO M. BORRAS JR.

nacional, seguidas de reuniões sub-regionais e regionais. Estas, por sua vez, destinam-se a fornecer insumos e a tornar-se um instrumento de prestação de contas do Conselho Diretor do IFAD sobre seu trabalho.

Os Fóruns de Agricultores exibem vários aspectos incomuns. Primeiramente, refletem um compromisso de ampliar a colaboração e planificação do IFAD com as organizações de camponeses e agricultores. Isso representa uma mudança importante, pois a agência antes trabalhava quase exclusivamente com governos e outras instituições multilaterais. Em segundo lugar, os Fóruns têm alcançado níveis de consenso sem precedentes – ainda que em nível moderado – entre MATs de orientações radicalmente opostas, com a Via e a IFAP, por exemplo, emitindo declarações e recomendações conjuntas ao lado de diversas outras organizações. Em terceiro lugar, os MATs mais destacados, como a Via, tiveram de compartilhar representação nos órgãos de liderança do Fórum com movimentos menores, mais novos e menos conhecidos, que representam outros grupos e tendências políticas. O Comitê Diretivo do Fórum de 2014 incluiu representantes da Via e da Roppa, mas também da Asian Farmers Association for Sustainable Rural Development (AFA, Associação de Agricultores Asiáticos para o Desenvolvimento Rural Sustentável), a Coprofam, a Pan-African Farmers' Organization (PAFO, Organização Pan-Africana de Agricultores),[2] e os dois fóruns de pescadores, WFF e WFFP. Por fim, o IFAD incorporou plenamente a noção de "espaço institucional" em que as organizações da sociedade civil insistem e que analisamos anteriormente. De fato, o

---

2 A PAFO, fundada em 2010, reúne cinco grupos regionais de orientações singularmente diversas: a Roppa, a East African Farmers Federation (EAFF, Federação de Agricultores da África Oriental), a Regional Platform of Peasant Organizations of Central Africa (Propac, Plataforma Sub-Regional de Organizações de Agricultores da África Central), o Maghreb Farmers Union (Umagri, Sindicato dos Agricultores do Magreb) e a Southern African Confederation of Agricultural Unions (Sacau, Confederação dos Sindicatos Agrícolas da África Austral). Esta última, uma aliada da IFAP e agora da WFO, representa grandes agricultores comerciais, enquanto a base da Roppa situa-se principalmente entre pequenos produtores.

O Conselho de Direitos Humanos da ONU

IFAD fala até mesmo em "respeitar as organizações existentes e criar novos espaços sempre que necessário" (IFAD, 2008, p.2).

O sonho de uma declaração ou convenção da ONU sobre os direitos dos camponeses tomou forma na Indonésia, durante a turbulenta "era da reforma" que se seguiu à derrubada, em 1998, da ditadura de Suharto (que chegou ao poder em meados da década de 1960 e massacrou cerca de 500 mil camponeses e pessoas de etnia chinesa). A partir da década de 1990 e culminando em 2001, as organizações rurais da Indonésia elaboraram uma extensa declaração de direitos de camponeses específica para o país, que incluía artigos sobre direitos à terra e a recursos naturais, bem como sobre a liberdade de expressão e de associação (Bachriadi, 2010; Edelman, 2014; Edelman; James, 2011; Lucas; Warren, 2003). As filiadas asiáticas da Via basearam-se no documento indonésio para elaborar uma declaração internacional sobre os direitos dos camponeses (Vía Campesina, 2002). Ainda em 2001, um encontro durante o Fórum Social Mundial, no Brasil, entre camponeses indonésios e ativistas da ONG Cetim, com sede em Genebra, levou a Via Campesina a ingressar em um novo espaço de governança internacional.[3] Mais tarde naquele ano, com o apoio da Cetim, o líder indonésio da Via, Henry Saragih, defendeu a criação de uma convenção de direitos dos camponeses, durante os debates sobre o "direito ao desenvolvimento" na Comissão de Direitos Humanos da ONU, antecessora do Conselho de Direitos Humanos (Cetim; WFDY; Via Campesina, 2001). Depois disso, Saragih voltou a Genebra anualmente para fazer *lobby* na ONU, sempre acompanhado por ativistas da Via de outras regiões.

Por vários anos, o *lobby* surtiu pouco efeito. Em 2008, um ano depois de a ONU ter aprovado a Declaração dos Direitos dos Povos

---

3 Entrevista de Marc Edelman com Florian Rochat, Cetim, 7 de março de 2012, Genebra.

Indígenas (Undrip) e à medida que se agravava a crise alimentar mundial, a Via – juntamente com ONGs e acadêmicos aliados – reformulou o texto de sua proposta de declaração dos direitos dos camponeses, tornando-a mais compatível com os instrumentos jurídicos internacionais existentes (Via Campesina, 2009). O projeto ainda continha demandas radicais, particularmente com referência a sementes, mercados e ao que denominava "direito de rejeitar" intervenções externas nos "territórios" dos camponeses.

A partir de 2010, o processo avançou rapidamente no Conselho de Direitos Humanos. O Comitê Consultivo do Conselho, em resposta à crise alimentar em curso, apresentou um relatório preliminar sobre "a discriminação no contexto do direito à alimentação", que incluía como apêndice o texto integral da declaração de direitos dos camponeses da Via Campesina. Em 2012, o Comitê Consultivo apresentou seu estudo final sobre o avanço dos direitos dos camponeses e de trabalhadores das áreas rurais, contendo um anexo com sua própria declaração sobre os direitos dos camponeses, um texto bastante similar ao projeto da Via Campesina (UNHRC Advisory Committee, 2012). Nesse mesmo ano, o Conselho autorizou a criação de um Grupo de Trabalho Aberto (OEWG) encarregado de finalizar o projeto de declaração. O OEWG realizou sessões em 2013 e 2015, que foram marcadas pela polarização entre países do Norte e do Sul globais. Os Estados Unidos e os países da União Europeia opuseram-se à proposta por razões principalmente processuais e orçamentárias, enquanto muitos países em desenvolvimento a acolheram com entusiasmo.

O equilíbrio de forças no Conselho de Direitos Humanos sugere que, em algum momento, os camponeses e outros trabalhadores rurais provavelmente terão uma Declaração da ONU que proteja seus direitos (a qual, em última instância, teria de ser aprovada na Assembleia Geral, em Nova York). Tal documento, evidentemente, traria a necessária atenção para as violações de direitos humanos que ocorrem nas áreas rurais, mas várias questões imperiosas seguem sem resposta quanto à sua redação. O texto irá conservar as "pautas críticas" dos movimentos camponeses: direitos à terra, água e sementes, renda e meios de subsistência dignos, e soberania alimentar? Os ativistas camponeses de tantas partes do mundo que contribuíram para os primeiros esboços continuarão a sentir-se "donos" da Declaração? Alguns MATs não associados à Via, especialmente a rede católica Fimarc, há muito vêm defendendo a Declaração em sessões do Conselho. Mais recentemente, organizações transnacionais de trabalhadores rurais (IUF), de pescadores (WFFP) e de pastores nômades (Wamip) aderiram à coalizão da sociedade civil em apoio à Declaração. Incorporar esses grupos e conciliar suas demandas com aquelas dos camponeses pode ser desafiador, especialmente dadas as contradições entre trabalhadores rurais e os agricultores camponeses para quem trabalham e os conflitos em curso – especialmente na África – entre pastores nômades e agricultores sedentários. Finalmente, uma Declaração facultativa, não vinculante, será um instrumento útil para a defesa dos direitos dos camponeses na prática? A experiência dos povos indígenas com a Undrip é alentadora nesse sentido, pois as normas internacionais já foram incorporadas a muitos códigos jurídicos nacionais, proporcionando instrumentos efetivos para defensores dos direitos humanos. Mas os oponentes da Declaração afirmam que a categoria "camponês" é muito mais heterogênea do que a "indígena", o que pode tornar complicada e altamente controversa a identificação dos titulares de direitos. O mais relevante para nossa discussão neste livro é que, ao persistir tenazmente na busca do reconhecimento dos direitos dos camponeses pela ONU, a Via e seus aliados tiveram que enfrentar instituições de governança internacional e governos nacionais de novas maneiras e expandir seus repertórios de ação. E essas formas de enfrentamento são bem diversas daquelas que empregaram para ingressar e atuar dentro do CSA ou do IFAD ou, mesmo, para protestar contra a OMC ou negociar sobre a Avaliação Internacional de Ciência e Tecnologia Agrícola para o Desenvolvimento, uma análise conduzida por várias organizações multilaterais que – talvez surpreendentemente – culminou em um relatório altamente crítico da agricultura industrial e de apoio à agroecologia (IAASTD, 2009; Scoones 2009).

Aliados

Algumas instituições intergovernamentais, ou pelo menos alguns indivíduos e grupos dentro delas, tornaram-se importantes aliados dos MATs e dos movimentos nacionais a eles filiados. Elas podem prover os tão necessários recursos logísticos e ampliar o alcance político dos movimentos agrários para além das fronteiras nacionais ou regionais. Mas o conceito de aliança pode diferir radicalmente de um MAT para outro, dependendo de fatores ideológicos e outros. A Via e o CIP não têm muitos aliados no âmbito das instituições intergovernamentais. Há, no entanto, um pequeno número de pessoas influentes em algumas instituições intergovernamentais que, por diversas razões, defendem os direitos da Via e do CIP de serem representados em espaços institucionais internacionais ou que até mesmo ajudam a promover os objetivos dessas organizações. Por exemplo, vários atores importantes na sede da FAO em Roma, especialmente os responsáveis por parcerias com os movimentos agrários e por posse de recursos, têm sido aliados relativamente estáveis de ambos os MATs. Essa aliança iniciou em meados dos anos 1990, com a preparação da Cúpula Mundial da Alimentação, de 1996, e continuou durante as complicadas negociações com a OMC, no processo de reforma agrária da Ciradr e, mais recentemente, no CSA, conforme discutido acima. A FAO era e continua a ser o mais importante espaço institucional e aliado da Via e do CIP. Em 2013, esse relacionamento consolidou-se, quando o acadêmico brasileiro José Graziano da Silva se tornou diretor-geral da FAO e formalizou a aliança em uma declaração conjunta com a Via.[4] Ele declarou:

Essa troca é importante porque a FAO se alia a um movimento que representa mais de 200 milhões de agricultores ao redor do mundo, unindo forças com uma rede que tenta inovar em muitas frentes para estender a todos o direito ao alimento. Como afirmo

---

4 No entanto, na mesma época, a FAO formalizou alianças semelhantes com organizações menos radicais, como a Oxfam e a ActionAid.

MOVIMENTOS AGRÁRIOS TRANSNACIONAIS **161**

sempre, ao trabalhar juntos não é necessário concordar em tudo, mas sim ter o mesmo objetivo, e estamos convencidos de que os pequenos agricultores são parte da solução para a fome.

A coordenadora geral da Via, Elizabeth Mpofu, respondeu:

Esta foi uma longa jornada e estamos muito felizes por estarmos aqui hoje. A Via Campesina defende a soberania alimentar e a pequena agricultura agroecológica, e penso que a colaboração iniciada hoje vai mudar muitas coisas [...] A FAO apoiará a participação efetiva da Via Campesina nos processos políticos em diferentes níveis e promoverá o diálogo para a criação de iniciativas locais sustentáveis, projetos e intervenções emergenciais. Esta parceria funda-se na partilha de conhecimentos, no diálogo, no desenvolvimento de políticas e na cooperação em atividades normativas.[5] Também irá discutir várias questões de interesse mútuo, inclusive aquelas relacionadas a terra, sementes e práticas agroecológicas dos pequenos agricultores. (FAO, 2014)

Aliados importantes da Via também estão presentes em outras instituições intergovernamentais. No Conselho de Direitos Humanos da ONU, a organização tem conseguido contar com o apoio de vários Estados-membros solidários, como Bolívia, Equador, Cuba, Venezuela e África do Sul. Os dois primeiros relatores especiais sobre o direito à alimentação – nomeados como parte dos "procedimentos especiais" do Conselho para peritos independentes – foram Jean Ziegler (2000-2008) e Olivier de Schutter (2008-2014). Ziegler fez parte do Comitê Consultivo do Conselho após seu mandato como Relator Especial e teve um papel decisivo na condução da

---

5 "Atividades normativas" referem-se à elaboração de normas ou leis internacionais. Olivier de Schutter observou que "o que vemos com o CSA é a emergência de uma nova variedade de governança global, na qual (as organizações da sociedade civil) são coautoras do direito internacional juntamente com governos e agências internacionais" (Wijeratna, 2012, p.5).

Declaração da Via sobre os Direitos dos Camponeses de uma proposta de movimento social para um apêndice em um documento oficial da ONU. De Schutter, do mesmo modo, tem sido um franco defensor da Via – dialoga amiúde com seus ativistas e tem redigido inúmeros relatórios sobre temas como agroecologia, biocombustíveis, equidade de gênero e aquisições de terras em larga escala, os quais estão em consonância com as posições da organização.

Os movimentos camponeses, de pequenos agricultores e de sem-terra começaram a forjar uma aliança também com o Vaticano – uma virada surpreendente, em vista dos laços históricos da hierarquia católica com as elites rurais conservadoras na Itália, Espanha, América Latina e outros países. Em 2013, a Pontifícia Academia das Ciências Sociais, juntamente com o recém-nomeado papa Francisco (Jorge Mario Bergoglio), patrocinou um seminário sobre "A emergência das pessoas socialmente excluídas", que contou com a presença do ativista brasileiro do MST, João Pedro Stédile, e do argentino Juan Grabois, líder de uma organização de trabalhadores "socialmente excluídos" como catadores e trabalhadores em fábricas "recuperadas" abandonadas por seus proprietários após a crise econômica de 2001 (Oliveira, 2013). Um ano depois, o Vaticano organizou um "Encontro Mundial dos Movimentos Populares", com duração de três dias, reunindo várias dezenas de movimentos camponeses, de pequenos agricultores e de sem-terra, muitos deles membros da Via e da Roppa, bem como sindicatos, ONGs progressistas e organizações de pescadores, habitantes de favelas e indígenas. Poucas organizações participantes eram católicas, embora muitas viessem de países historicamente católicos. De fato, os mais de cem convidados incluíram a KRRS, da Índia, organização hindu, e a anarcossindicalista Industrial Workers of the World (IWW, Trabalhadores Industriais do Mundo), bem como organizações camponesas de Turquia, Bulgária, Senegal, América Central, Coreia, Palestina e muitos outros países (León, 2014). Embora o objetivo explícito do encontro fosse fortalecer a articulação entre as organizações populares e a Igreja, é evidente também que tanto os movimentos sociais como o papa Francisco – cuja retórica em favor dos pobres era vista com desconfiança pelos conservadores na hierarquia – elevaram sua legitimidade com o encontro.

Os MATs de agricultores de larga escala, como IFAP e WFO, encontram aliados muito diferentes em outras instâncias. Os aliados dessas organizações incluem o Banco Mundial, a OMC e o IFAD. A Coalizão Internacional para o Acesso à Terra (ILC), que reúne instituições financeiras internacionais, ONGs e grupos de pesquisa e promoção de direitos, muitos dos quais têm uma forte orientação pró-mercado, como o World Wildlife Fund (WWF), tem sido fortemente identificada com o IFAD e o Banco Mundial, e obtém apoio significativo deste último e da Comissão Europeia. Uma forma de entender a política de determinados MATs é observar quais instituições intergovernamentais são suas aliadas – ou adversárias.

Alvos e adversários

Para alguns MATs, determinadas instituições intergovernamentais constituem alvos e adversários que devem ser apontados e censurados publicamente por suas políticas contrárias aos interesses das classes trabalhadoras rurais. Para outros MATs, as mesmas instituições podem ser aliadas e fontes de apoio. A IFAP e a WFO, por exemplo, têm mantido boas relações com a OMC, que é a *bête noire* da Via e dos movimentos que a integram. Para a Via, o principal problema reside no neoliberalismo e nas instituições que o defendem, como o Banco Mundial e o FMI. Isso explica a postura de confronto em relação à OMC sobre questões de comércio internacional e, com o Banco Mundial, em questões de reforma agrária.

Embora a Via adote uma postura de confrontação, de "exposição e oposição" contra o Banco Mundial, a organização participou, pelo menos uma vez (em 1999), de um fórum organizado pelo banco (Via Campesina, 1999) e alguns outros grupos, que incluem organizações filiadas à Via, ensaiaram uma cobrança de prestação de contas por parte do banco (Fox; Brown, 1998; Scholte, 2002). O Fórum Nacional pela Reforma Agrária, do Brasil, por exemplo, uma ampla

164 MARC EDELMAN E SATURNINO M. BORRAS JR.

coalizão de movimentos sociais rurais, por duas vezes requereu ao Comitê de Inspeção do Banco Mundial que investigasse a experiência de reforma agrária de mercado conduzida no país (Fox, 2003). Embora a petição tenha sido recusada em ambas as ocasiões, por razões técnicas, os movimentos brasileiros puderam transmitir uma mensagem persuasiva sobre a necessidade de transparência e de prestação de contas por parte de instituições internacionais poderosas (ibid., p.xi).

Vale ressaltar que as grandes instituições intergovernamentais globais com as quais a Via dialoga – como a FAO e o IFAD – constituem, elas mesmas, arenas de disputa formadas por atores heterogêneos. Além disso, há tensão permanente entre as diferentes instituições internacionais. Aliados dos movimentos sociais dentro dessas instituições, às vezes, colocam-se em situações politicamente difíceis por defendê-los. No entanto, paralelamente, essas tensões e divisões dentro e entre instituições intergovernamentais também propiciam pontos de acesso e oportunidades políticas para MATs radicais, permitindo-lhes forjar alianças com alguns atores dentro delas. Como afirmou anonimamente um técnico da FAO em uma entrevista em 2005 (anos antes da parceria FAO-Via de 2013, supracitada):

> A Via Campesina é vista na FAO como uma instituição importante e bem organizada, que atua veementemente em favor da reforma agrária [...] No entanto, deve-se dizer também que há setores da FAO que simplesmente preferem ignorá-la em razão de seu "forte" papel de *advocacy*. Contudo, se pensarmos uma "parceria" da Via Campesina com a FAO, com objetivos comuns aceitáveis, resta ainda um bom espaço de manobra e de trabalho conjunto [...]. Francamente, a impressão é que a Via Campesina, mais do que um *lobby* em favor da reforma agrária, tem feito *lobby* contra o Banco Mundial [...] [M]as, por razões institucionais, dificilmente podemos criticar uma agência irmã, e quanto mais forte a crítica [da Via Campesina contra o Banco Mundial], menos opções nos restam para manobrar. (Rosset; Martínez-Torres, 2005, Appendix, p.5)

Rupturas e divisões e as relações dos MATs com instituições intergovernamentais

Técnicos e acadêmicos da área de desenvolvimento com frequência supõem que, se as reformas não avançam com rapidez, é devido à falta de "coerência" entre burocratas dentro de uma agência ou entre agências. Sem dúvida, há algo de verdade nisso. Mas rupturas e divisões entre formuladores de políticas e instituições podem também permitir a consolidação de alianças e a emergência de reformas. Quando instituições intergovernamentais fortes alcançam um consenso, este, em geral, é conservador. Mas, quando faltam consenso e "coerência", as instituições tendem a ser mais permeáveis.

Os MATs radicais empregam um repertório complexo de ações para tirar proveito dessas divisões, "apontando e censurando" para isolar adversários e estabelecendo colaboração crítica com aliados para reforçar mutuamente os benefícios. Ao lidar com instituições intergovernamentais, a Via e o CIP têm combinado habilmente as ações militantes de "exposição e oposição" com negociações e táticas de colaboração crítica. A colaboração crítica tende a funcionar melhor quando combinada com pressão e mobilização externa. A Via afirma que, "para criar um impacto significativo, devemos [...] realizar nossas ações e mobilizações coordenadas em nível global [...]. A mobilização ainda é nossa principal estratégia" (Via Campesina, 2004, p.48). O CIP e a APC também atribuem um papel central à mobilização em seus repertórios de protesto, enquanto os MATs de grandes agricultores, como a IFAP, a WFO e a ILC, preferem formar parcerias com instituições intergovernamentais e colaborar a partir de "dentro". Os modos contrastantes com que MATs radicais (por exemplo, Via e CIP) e MATs de grandes agricultores (por exemplo, IFAP, WFO e ILC) interagem com instituições intergovernamentais não se resumem a guerras por território institucional, mas sim estão relacionados às distintas classes e perspectivas ideológicas de suas bases.

A força das estratégias de "colaboração com pressão" dos MATs pode ser ilustrada comparando-se campanhas que empregaram essa abordagem com outras que trabalharam apenas "dentro" de instituições intergovernamentais. Na maioria das vezes, a Via empregou estratégias e táticas "dentro-fora" para assegurar concessões de instituições intergovernamentais. Enquanto dialoga "dentro" dos espaços dessas instituições, insiste em manter a autonomia para poder exercer pressão de "fora" e realizar mobilizações. Essa dupla abordagem pode resultar em concessões mais significativas do que trabalhando apenas de "dentro" ou de "fora". Na Conferência Internacional sobre Reforma Agrária e Desenvolvimento Rural (Ciradr), patrocinada pela FAO e realizada no Brasil, em 2006, o CIP, a Via e seus apoiadores brasileiros organizaram um fórum paralelo, "Terra, Território e Dignidade", na área externa ao local da Conferência, enquanto no interior pressionavam por uma presença mais permanente da sociedade civil na FAO e por profundas reformas agrária, pesqueira, de terras para pecuária e florestal, em favor dos pobres. O reconhecimento de muitas das demandas do CIP e da Via no relatório final da Ciradr e o ímpeto criado para institucionalizar a participação da sociedade civil na FAO sugeriam que a abordagem "dentro-fora" teve êxito, pelo menos moderado (Icarrd, 2006).

Quando as reformas de 2009 no Comitê de Segurança Alimentar Mundial (CSA) da ONU abriram espaço para uma participação mais ampla da sociedade civil, o CIP, a Via e outros movimentos optaram por não exercer pressão de fora, e sim atuar dentro do escopo do novo "Mecanismo da Sociedade Civil" do CSA. Embora a aprovação pelo CSA das Diretrizes da Posse (discutidas anteriormente) constituísse uma vitória para os movimentos agrários, seus subsequentes "princípios de investimento agrícola responsável" (rai), destinados a regular a apropriação de terras, foram considerados, de modo geral, fracos e decepcionantes – em boa medida, pela influência do agronegócio e de outros atores corporativos representados no Mecanismo de Setor Privado do CSA. Tanto o Mecanismo da Sociedade Civil como o Mecanismo do Setor Privado foram considerados *stakeholders* (partes interessadas), mas, na ausência de uma pressão sustentada externa, os do setor privado tiveram mais êxito do que os da sociedade civil em refletir seus pontos de vista nos princípios rai.

Conclusão

O espaço institucional não é um jogo de soma zero, mas sim um processo de soma positiva. O fato de mais atores da sociedade civil ganharem espaço nas instituições intergovernamentais facilita a entrada de novos grupos e expande, amplia e democratiza os processos globais de formulação de políticas. Mas o terreno da formulação de políticas de desenvolvimento internacional não é politicamente neutro. É ocupado e moldado por atores com interesses conflitantes, baseados, entre outras coisas, em agendas nacionais, de classe, profissionais, ideológicas, setoriais e corporativas. Com a entrada da Via e do CIP, em particular, esses espaços institucionais também se tornaram locais de encontro para os movimentos constituintes dos MATs e para os setores agrários e não agrários da sociedade civil. As tensões inerentes a esses espaços estão, em grande parte, fundadas nas origens de classe, nas bases sociais, nas ideologias, na política e na composição institucional dos vários MATs e redes. Os atores que interagem nessas arenas o fazem com distintos graus de poder político, especialmente em contextos em que os interesses do setor privado dispõem de espaço igual ao da sociedade civil ou até mesmo são considerados parte da sociedade civil. O grande desafio para os movimentos sociais está em conciliar a participação no interior desses espaços, mantendo autonomia suficiente para exercer pressão de fora.

DESAFIOS

Os movimentos agrários transnacionais que emergiram nos anos 1980 e se consolidaram nos 1990 alcançaram avanços consideráveis. Nos capítulos anteriores, analisamos vários de seus êxitos e impactos. Os MATs, especialmente, estabeleceram vínculos entre organizações de alguns dos setores mais marginalizados e oprimidos de pobres rurais nas diversas regiões do mundo, ultrapassando fronteiras de Estado-nação, língua, raça, etnia, religião, geração e gênero. Construíram alianças interclasses e intersetoriais em torno de interesses comuns. Conforme apontamos nos capítulos 3 e 4, organizações como a Via Campesina e o Comitê Internacional de Planificação para a Soberania Alimentar (CIP) estão hoje entre os maiores movimentos sociais transnacionais.

Os MATs radicais forjaram espaços em instituições de governança internacional que costumavam ser surdas às vozes de camponeses e de pequenos agricultores. No Capítulo 6, examinamos a presença dos MATs no Comitê de Segurança Alimentar Mundial da ONU (CSA), no Fórum de Agricultores do IFAD e no Conselho de Direitos Humanos da ONU. Esses movimentos têm também confrontado reiteradamente outras instituições – especialmente o Banco Mundial e a OMC – consideradas inerentemente não democráticas, inflexíveis e nocivas aos interesses dos camponeses. Os MATs conseguiram devolver o tema da reforma agrária à pauta do desenvolvimento internacional, a partir dos anos 1990, e revitalizar os programas de distribuição de terras em diversas partes do mundo. Mobilizaram-se contra as corporações que promoviam culturas geneticamente modificadas e deram o sinal de alarme sobre a apropriação de terras e águas que ocorre em várias regiões do mundo. Os MATs contribuíram fortemente para disseminar modelos agroecológicos de produção e para criar novos modelos de educação popular, fossem esses projetos de extensão horizontais, de agricultor para agricultor, ou universidades camponesas (ver Capítulo 4). Aprenderam e ensinaram como selecionar, propagar, conservar e distribuir as sementes de que necessitavam para sua produção. Esses processos fortaleceram um extenso e crescente corpo de ativistas qualificados, muitos deles cosmopolitas, imbuídos da "mística" das práticas coletivas. Para os movimentos nacionais e subnacionais, muitas vezes, a filiação a um MAT ajudou a consolidar sua organização e – em lugares onde as violações de direitos humanos eram rotineiras e as lutas dos camponeses criminalizadas – a proteger da repressão seus líderes e apoiadores. Os MATs têm sensibilizado marcadamente os movimentos sociais não rurais para os desdobramentos dos problemas agrários no que tange à justiça alimentar, à equidade de gênero, aos direitos humanos, à justiça climática e ao meio ambiente.

Essas conquistas notáveis não devem, no entanto, impedir-nos de identificar alguns dos tremendos e concretos obstáculos, muitos dos quais já mencionamos neste livro. Aqui traremos apenas uma síntese desses desafios. Muitos deles dizem respeito ao equilíbrio delicado entre as ações políticas "dentro" e "fora" de instituições-chave e, de modo mais geral, entre a mobilização e a política convencional (ver Capítulo 6).

Os movimentos sociais exitosos, em particular, mas não apenas em sistemas políticos liberal-democráticos, às vezes desmobilizam-se quando acreditam que suas demandas podem ser satisfeitas através de sua incorporação em partidos políticos. As mobilizações por terras são exemplos típicos. Em alguns casos, líderes camponeses têm atuado como parlamentares, embora simultaneamente permanecendo na direção de organizações de base. Algumas dessas situações são observadas em lugares onde regime autoritários mantêm uma fachada de democracia formal (Honduras, por exemplo). Isso não tem produzido desmobilização e pode, às vezes, gerar sinergias positivas, mas suscita, inevitavelmente, a questão de como equilibrar diferentes formas de luta: dedicar recursos políticos à construção e manutenção de movimentos sociais ou trabalhar dentro do governo? Como relacionar-se com aliados dentro do Estado enquanto ainda representante das bases do movimento? As alianças Estado-movimento nunca estão isentas de conflito. Mesmo quando os governos alegam ser dos e para os movimentos sociais, como na Bolívia de Evo Morales, com frequência estabelecem relações antagônicas com organizações camponesas, indígenas e ambientalistas progressistas.

Os estreitos vínculos dos MATs com ONGs aliadas colocam problemas parecidos. Apontamos, na Introdução e no Capítulo 6, que a linha divisória entre movimentos sociais, incluindo os MATs, e as ONGs são, às vezes, mais difusas do que estão dispostos a reconhecer aqueles em cada lado da divisa. Rótulos comumente utilizados, como "sociedade civil" ou *stakeholders*", acentuam essa mescla analítica. Os MATs radicais, como a Via, têm defendido com insistência sua autonomia em relação às ONGs e seu direito de falar e de não serem representados por outros. Mas vários dos principais ativistas da Via são oriundos não tanto da agricultura, e sim do setor radical de ONGs, e algumas organizações filiadas ainda são representadas por intelectuais ativistas com longas trajetórias no "terceiro setor" e cujos vínculos com a agricultura são tênues ou muito recentes. A "burocratização" afeta não apenas o complexo de cooperação internacional, mas também os movimentos sociais, e ocasionalmente tem contribuído para o desaparecimento de MATs, como ocorreu na América Central com a Asocode (ver Capítulo 5). Em última instância, contudo, os movimentos sociais precisam de aliados não estatais para ampliar o alcance de sua ação política e das mobilizações e, na ausência de partidos políticos na vida política dos movimentos sociais agrários contemporâneos, algumas ONGs têm cumprido esse objetivo. Essa relação foi, e será sempre, marcada não só pela sinergia, como também por tensões.

Estreitamente ligada à – politicamente necessária, mas contestada – relação entre os movimentos populares e as ONGs, está a questão do financiamento. Acadêmicos e ativistas dos MATs têm se mostrado geralmente relutantes em responder à delicada questão de quem está pagando por todos os seminários internacionais, mobilizações e outras atividades do movimento social. Mencionamos, antes, casos de dissolução de MATs provocada tanto por subfinanciamento (IFAP) quanto por excesso de recursos (Asocode). Essas experiências devem trazer lições, entre as quais, as de identificar um equilíbrio entre necessidades, objetivos, capacidade organizacional e fundos externos, e de diversificar as fontes, contando com diversos doadores, de modo a ser menos vulnerável a reduções súbitas da ajuda externa. Também apontamos as iminentes alterações no aparato de cooperação europeia, que anunciam possíveis problemas de financiamento para os MATs. À medida que os doadores migram de um tipo de apoio institucional de manutenção das operações para subsídios e propostas baseados em projetos, os MATs e as organizações que deles fazem parte terão que modificar suas práticas organizacionais internas e, possivelmente, reduzir algumas atividades internacionais explicitamente políticas e mobilizações de massa.

As análises dos movimentos sociais transnacionais, às vezes, sofrem de uma teleologia implícita: transnacional é mais potente do que nacional e, uma vez que os movimentos transcendam a escala nacional, não há volta. O registro histórico sugere que essa prenoção unidirecional é indefensável. Organizações nacionais, às vezes, deixam MATs, ou são convidadas ou pressionadas a sair; outras permanecem dentro de MATs, mas são deliberadamente marginalizadas. Há várias razões para isso. No caso da Via, essas têm incluído incompatibilidade ideológica (UNAG, na Nicarágua, e Solidarnosc, na Polônia), a necessidade de se concentrar na ação nacional em lugar da transnacional (Upanacional, Costa Rica), ou por divisões internas (Cococh, Honduras). O desafio de manter coalizões, às vezes, frágeis, está sempre presente, mesmo quando as organizações não se separam. Ele é inerente ao caráter inter- e multiclasse da maioria dos MATs e ao uso de categorias identitárias inclusivas (por exemplo, "gente da terra") que podem reunir setores díspares, ao mesmo tempo que encobrem as diferenças e contradições entre eles. Está ligado, também, com o fenômeno das guardiãs, discutido nos capítulos 2 e 4, em que as primeiras filiadas dos MATs impedem a participação de outras organizações em suas regiões. A presença de organizações fracas ou "fictícias" nos MATs pode levar os participantes da coalizão a superestimarem sua força total, além de colocar em risco a credibilidade do movimento diante dos interlocutores políticos e ao público. As imensas áreas sem presença dos MATs – China, Rússia, África do Norte – constituem um limite adicional. Restrições ao financiamento externo de ONGs e movimentos sociais em um número crescente de países são mais um obstáculo às possibilidades dos MATs.

Há uma enorme distância – geográfica, cultural e linguística – entre os espaços internacionais em que os MATs se mobilizam ou tentam atuar "dentro" e as zonas rurais onde vivem as bases sociais das organizações que os compõem. Reduzir a distância entre as demandas e a visão dos MATs e as práticas daqueles que eles representam é uma luta contínua. A Via e seus aliados demandam "soberania alimentar", mesmo quando suas bases no campo, em Honduras, consideram a "segurança alimentar" um conceito mais favorável. Os MATs e movimentos nacionais denunciam OGMs, enquanto alguns membros da base plantam algodão Bt, na Índia, ou soja transgênica, no Sul do Brasil (ver Capítulo 4). Em algumas regiões, como o Sudeste Asiático, as divisões linguísticas impõem um desafio objetivo à construção de MATs regionais fortes. Os movimentos nacionais e locais devem manter seus membros informados, interessados e comprometidos com os MATs de que participam. Precisam alternar lideranças dentro e fora dessas zonas e formar novas gerações de ativistas. As dificuldades de administrar uma pequena unidade agrícola e participar de atividades internacionais frequentes fazem parecer trivial a exigência de perfil multitarefas que afeta muitos profissionais urbanos.

Mudanças nos padrões demográficos e na estrutura agrária impactam profundamente os contextos em que operam os MATs. Rápida urbanização, envelhecimento das populações rurais, dificuldades de acesso à terra enfrentadas pelos jovens e perda de pequenas propriedades (Grain, 2014) são todos fatores que podem minar o ativismo agrário. Alterações ambientais decorrentes das mudanças climáticas aumentam a vulnerabilidade e diminuem a resiliência, apesar de os MATs como a Via louvarem a agricultura camponesa como um meio crucial para "resfriar a Terra" (Via Campesina, 2009). Crescimento econômico rápido, como no Brasil, no início da década de 2000, reduz o apelo do agrarianismo militante, uma vez que participantes da ocupação de terras obtêm serviços governamentais para os assentamentos existentes (Fabrini, 2015) ou encontram empregos confortáveis nas cidades, em lugar de acampar sob lonas em propriedades ocupadas. Guerras civis, violência de gangues e crises econômicas – na América Central, Colômbia, Síria, Filipinas ou África subsaariana – podem levar os camponeses a buscarem uma "saída" através da migração em massa, em vez do protesto e da luta em suas terras ancestrais.

MATs como a Via e o CIP para a Soberania Alimentar, que adotam posturas radicais em temas cruciais como anticapitalismo e propõem alternativas coerentes como "soberania alimentar", não são necessariamente os movimentos sociais mais populares politicamente, no que concerne a outros atores estatais e não estatais. São, também, as coalizões entre movimentos sociais mais parcamente financiadas. As redes internacionais de tendência política centrista e ideologicamente conservadoras seguem monopolizando vastos recursos, que lhes permitem disseminar sua ideia de soluções "em que todos ganham" para os problemas globais, via parceria com o Banco Mundial e a OMC. Como os MATs radicais poderiam reposicionar-se politicamente, ajudar a forjar alianças estratégicas globais mais amplas e obter apoio logístico mais amplo, mantendo-se comprometidos e firmemente atrelados a seus princípios fundamentais de radicalismo, são provavelmente alguns dos desafios mais difíceis enfrentados pela Via e pelo CIP.

Finalmente, a força e os recursos do poder corporativo e do modelo associado de agricultura industrial, com o apoio de suas instituições de governança internacional, são, no mínimo, intimidadores. O choque entre dois modelos, como o denominam alguns apoiadores da Via (Martinez-Torres; Rosset, 2010) – monoculturas gigantes intensivas em químicos e geneticamente uniformes *versus* produção agroecológica de pequena escala e diversificada –, é altamente desigual. Evidentemente, nem todos os camponeses são agentes ambientais, mas muitos o são, e estes enfrentam contínuas ameaças de diversos setores do sistema agrícola industrial – contaminação dos germoplasmas de cultivos, do solo e da água, expulsão da terra, subordinação através de agricultura contratual, pressões de credores e intermediários, e criminalização de seus movimentos, entre outros. Como se isso fosse pouco, até mesmo os especialistas convencionais vêm, cada vez mais, admitindo que o modelo industrial é insustentável em longo prazo (IAASTD, 2009) e que a indústria de alimentos está matando seus próprios consumidores, a um custo tremendo para a sociedade e para o meio ambiente (Bittman, 2014). É precisamente a gravidade dessas crises iminentes e dessas contradições, bem como a força e a habilidade de organizações que afirmam representar quase metade da humanidade, que irão, provavelmente, conferir maior proeminência às soluções dos MATs para a agenda de desenvolvimento mundial e de justiça social.

REFERÊNCIAS BIBLIOGRÁFICAS

AGARWAL, Bina. The power of numbers in gender dynamics: illustrations from community forestry groups, *Journal of Peasant Studies* 42, 1, 2015.

AGBIOWORLD. *AgBioView Archives*, 30 nov. 2010. Disponível em: <http://www.agbioworld.org/newsletter_wm/index.php?caseid=archive&news id=3028>.

AKRAM-LODHI, A. Haroon; KAY, Cristóbal. Surveying the agrarian question (part 1): unearthing foundations, exploring diversity, *Journal of Peasant Studies* 37, 1, 2010.

ALFORDE, Nicholas. *The white international: anatomy of a transnational radical revisionist plot in Central Europe after World War I*. Tese de Doutorado. West Yorkshire, UK: University of Bradford, 2013.

ALTIERI, Miguel A.; TOLEDO, Victor Manuel. The agroecological revolution in Latin America: rescuing nature, ensuring food sovereignty and empowering peasants, *Journal of Peasant Studies* 38, 3, 2011.

ANHEIER, Helmut; THEMUDO, Nuno. Organisational forms of civil society: implications of going global. In: GLASIUS, Marlise; KALDOR, Mary; ANHEIER, Helmut (eds.). *Global Civil Society 2002*. Oxford: Oxford University Press, 2002.

ASSADI, Muzaffar. "Khadi curtain", "weak capitalism" and "operation ryot": some ambiguities in farmers' discourse, Karnataka and Maharashtra 1980-93. *Journal of Peasant Studies* 21, 3-4, 1994.

BACHRIADI, Dianto. *Between discourse and action: agrarian reform and rural social movements in Indonesia Post-1965*. Tese de Doutorado. Adelaide, Austrália: University of Flinders, 2010.

178   MARC EDELMAN E SATURNINO M. BORRAS JR.

BADSTUE, Lone B. et al. The dynamics of farmers' maize seed supply practices in the Central Valleys of Oaxaca, Mexico, *World Development* 35, 9, 2007.

BALLETI, Brenda; JOHNSON, Tamara; WOLFORD, Wendy. "Late Mobilization": transnational peasant networks and grassroots organizing in Brazil and South Africa, *Journal of Agrarian Change* 8, 2-3, 2008.

BARKER, Colin. Class struggle and social movements. In: BARKER, Colin; COX, Laurence; KRINSKY, John; NILSEN, Alf Gunvald (eds.). *Marxism and Social Movements*. Chicago: Haymarket Books, 2014.

BARTRA, Armando; OTERO, Gerardo. Contesting neoliberal globalism and Nafta in rural Mexico: from state corporatism to the political--cultural formation of the peasantry?, *Journal of Latino/Latin American Studies* 1, 4, 2005.

BASKARAN, Angathevar; BODEN, Rebecca. Globalization and the commodification of science. In: MUCHIE, Mammo; XING, Li (eds.). *Globalization, Inequality, and the Commodification of Life and Well-Being*. Londres: Adonis & Abbey, 2006.

BEBBINGTON, Anthony; HICKEY, Samuel; MITLIN, Diana (eds.). *Can NGOs Make a Difference? The Challenge of Development Alternatives*. Londres: Zed, 2008.

BECK, Ulrich. Cosmopolitical realism: on the distinction between cosmopolitanism in Philosophy and the Social Sciences, *Global Networks* 4, 2, 2004.

BELL, John D. *Peasants in Power*: Alexander Stamboliski and the Bulgarian Agrarian National Union, 1899-1923. Princeton: Princeton University Press, 1977.

BENFORD, Robert D. An insider's critique of the social movement framing perspective, *Sociological Inquiry* 67, 4, 1997.

BERNSTEIN, Henry. *Class Dynamics of Agrarian Change*. Halifax: Fernwood Publishing, 2010.

BIEKART, Kees; JELSMA, Martin (eds.). *Peasants Beyond Protest in Central America*. Amsterdã: Transnational Institute, 1994.

BIONDICH, Mark. *Stjepan Radić*: The Croat Peasant Party and the Politics of Mass Mobilization, 1904-1928. Toronto: University of Toronto Press, 2000.

BLOKLAND, Cornelis. *Participación campesina en el desarrollo económico*: la Unión Nacional de Agricultores y Ganaderos de Nicaragua durante la revolución sandinista. Doetinchem: Paulo Freire Stichting, 1992.

BOAS, Taylor C.; GANS-MORSE, Jordan. Neoliberalism: from new liberal philosophy to anti-liberal slogan, *Studies in Comparative International Development* 44, 2, 2009.

BOÉRI, Julie. Translation/interpreting politics and praxis: the impact of political principles on Babels' interpreting practice, *The Translator* 18, 2, 2012.

BORRAS, Saturnino Jr. La Via Campesina and its Global Campaign for Agrarian Reform, *Journal of Agrarian Change* 8, 2-3, 2008a.

_____. Revisiting the Agrarian Movement – NGO Solidarity Discourse, *Dialectical Anthropology* 32, 3, 2008b.

_____. La Via Campesina: an evolving transnational social movement. *TNI Briefing Paper Series* 2004/6, 30pp. Amsterdã: Transnational Institute, 2004.

BORRAS, Saturnino Jr.; FRANCO, Jennifer; CHUNYU, Wang. The challenge of global governance of land grabbing: changing international agricultural context and competing political views and strategies, *Globalizations* 10, 1, 2013.

BORRAS, Sturnino Jr.; FRANCO, Jennifer C. Transnational agrarian movements struggling for land and citizenship rights, *IDS Working Papers Series* 323, 2009.

BORRAS, Saturnino Jr.; EDELMAN, Marc; KAY, Cristóbal. Transnational agrarian movements: origins and politics, campaigns and impact, *Journal of Agrarian Change* 8, 2-3, 2008.

BOYER, Jefferson. Food security, food sovereignty, and local challenges for transnational agrarian movements: the Honduras case, *Journal of Peasant Studies* 37, 2, 2010.

BRAUDEL, Fernand. *The Wheels of Commerce. Civilization and Capitalism 15th-18th Century*. v.2. Nova York: Harper & Row, 1982.

BREM-WILSON, Josh. Towards food sovereignty: interrogating peasant voice in the United Nations Committee on World Food Security, *Journal of Peasant Studies* 42, 1, 2015.

BUIJTENHUIJS, Robert. Peasant wars in Africa: gone with the wind? In: BRYCESON, Deborah; KAY, Cristóbal; MOOIJ, Jos (eds.). *Disappearing Peasantries? Rural Labour in Africa, Asia and Latin America*. Londres: Intermediate Technology Publications, 2000.

BUNCH, Roland. *Two Ears of Corn: A Guide to People-Centered Agricultural Improvement*. Oklahoma City: World Neighbors, 1982.

BUNN, Robyn. *Weeding through the WWOOF Network: The Social Economy of Volunteer Tourism on Organic Farms in the Okanagan Valley*. Dissertação de Mestrado. Okanagan: University of British Columbia, 2011.

BURNETT, Kim; MURPHY, Sophia. What place for international trade in food sovereignty? *Journal of Peasant Studies* 41, 6, 2014.

CABARRÚS, Carlos Rafael. *Génesis de una revolución: análisis del surgimiento y desarrollo de la organización campesina en El Salvador*. México: Ediciones de la Casa Chata, 1983.

CADJI, Anne-Laure. Brazil's landless find their voice, *Nacla Report on the Americas*, 33, 5, 2000.

180 MARC EDELMAN E SATURNINO M. BORRAS JR.

CALHOUN, Craig. New social movements' of the early nineteenth century, *Social Science History* 17, 3, 1993.

CAMPOS, Wilson. We don't need all those NGOs: interview with Wilson Campos. In: BIEKART, Kees; JELSMA, Martin (eds.). *Peasants Beyond Protest in Central America*. Amsterdã: Transnational Institute, 1994.

CAROTHERS, Thomas; BRECHENMACHER, Saskia. *Closing Space*: Democracy and Human Rights Support under Fire. Washington, DC: Carnegie Endowment for International Peace, 2014.

CARR, Edward Hallett. *A History of Soviet Russia*: Socialism in One Country 1924-1926. v.3. Nova York: Macmillan, 1964.

CASTELLS, Manuel. *Networks of Outrage and Hope: Social Movements in the Internet Age*. Cambridge: Polity, 2012.

CFS. Voluntary Guidelines on the Responsible Governance of Tenure of Land, Fisheries and Forests in the Context of National Food Security. Roma: FAO, 2012. Disponível em: <http://www.fao.org/docrep/016/i2801e/i2801e.pdf>.

CHANG, Ha-Joon; GRABEL, Ilene. *Reclaiming Development*: An Alternative Economic Policy Manual. Londres: Zed, 2004.

CISSOKHO, Mamadou. *God is Not a Peasant*. Bonneville, França: GRAD, 2011.
_____. *Nous sommes notre remède*. Bonneville, França: GRAD-Roppa, 2008.

CLIFFE, Lionel; ALEXANDER, Jocelyn; COUSINS, Ben; GAIDZANWA, Rudo (eds.). Fast-Track Land Reform in Zimbabwe, *Journal of Peasant Studies* 38, 5, 2011.

CNA. IFAP em Davos: Presidente Ajay Vashee coloca agricultores na agenda. *Canal do Produtor Notícias CNA*, 11 fev. 2009. Disponível em: <http://www.canaldoprodutor.com.br/comunicacao/noticias/ifap-em-davos-presidente-ajay-vashee-coloca-agricultores-na-agenda>.

COCA-COLA. *The Coca-Cola Company Commitment*: Land Rights and Sugar, 2013. Disponível em: <http://assets.coca-colacompany.com/6b/65/7f0d386040fcb4872fa136f05c5c/proposal-to-oxfam-on-land-tenure-and-sugar.pdf>.

COHEN, Stephen F. *Bukharin and the Bolshevik Revolution*: A Political Biography, 1888-1938. Nova York: Vintage, 1975.

COLBY, Frank Moore (ed.). *The New International Year Book*: A Compendium of the World's Progress for the Year 1921. Nova York: Dodd, Mead and Company, 1922.

COVINGTON, Sally. Moving public policy to the right: the strategic philanthropy of conservative foundations. In: FABER, Daniel; MCCARTHY, Deborah (eds.). *Foundations for Social Change*: Critical Perspectives on

Philanthropy and Popular Movements. Lanham, MD: Rowman & Littlefield, 2005.

DA VIÀ, Elisa. Seed diversity, farmers' rights, and the politics of re-peasantization, *International Journal of the Sociology of Agriculture & Food* 19, 2, 2012.

DAVIES, Constance. The Women's Institute: A Modern Voice for Women, 2001. Disponível em: <http://www.womens-institute.co.uk/memb-history/shtml>.

DEERE, Carmen Diana; ROYCE, Frederick. Introduction: the rise and impact of national and transnational rural social movements in Latin America. In: DEERE, Carmen Diana; ROYCE, Frederick (eds.). *Rural Social Movements in Latin America: Organizing for Sustainable Livelihoods.* Gainesville: University Press of Florida, 2009.

DE GROOT, Kees. Holanda. In: FRERES, Christian (ed.). *La cooperación de las sociedades civiles de la Unión Europea con América Latina.* Madri: Aieti, 1998.

DELLA PORTA, Donatella (ed.). *The Global Justice Movement*: Cross--National and Transnational Perspectives. Boulder: Paradigm Publishers, 2007.

DERKSEN, Harry; VERHALLEN, Pim. Reinventing international NGOs: a view from the dutch co-financing system. In: BEBBINGTON, Anthony; HICKEY, Samuel; MITLIN, Diana (eds.). *Can NGOs Make a Difference? The Challenge of Development Alternatives.* Londres: Zed, 2008.

DESMARAIS, Annette. *La Via Campesina*: Globalization and the Power of Peasants. Halifax: Fernwood; Londres: Pluto, 2007.

_____. *The WTO… Will Meet Somewhere, Sometime. And We Will Be There!* Ottawa: North-South Institute, 2003.

DORAN, Tom. Study puts aging farmer population in perspective. *AgriNews.*, 26 nov. 2013. Disponível em: <http://agrinews-pubs.com/Content/Farm--Family-Life/Farm-Family-Life/Article/Study- puts--aging-farmer-population-in-perspective-/10/8/8911>.

DORNER, Peter. *Latin American Land Reforms in Theory and Practice*: A Retrospective Analysis. Madison: University of Wisconsin Press, 1992.

DRAGE, Dorothy. *Pennies for Friendship… The Autobiography of an Active Octogenarian; a Pioneer of ACWW.* Londres: Gwenlyn Evans Caernarvon, 1961.

DURANTT, Walter. Accord in Balkans takes wider scope. *The New York Times*, 27 ago. 1920.

EDELMAN, Marc. Transnational organizing in Agrarian Central America: histories, challenges, prospects, *Journal of Agrarian Change* 8, 2-3, 2008.

_____. Bringing the moral economy back in… to the study of 21st-century transnational peasant movements, *American Anthropologist* 7, 3, 2005a.

182 MARC EDELMAN E SATURNINO M. BORRAS JR.

EDELMAN, Marc. When networks don't work: the rise and fall and rise of civil society initiatives in Central America. In: NASH, June C. *Social Movements: An Anthropological Reader*. Malden, MA: Blackwell, 2005b.

_____. Transnational peasant and farmer movements and networks. In: KALDOR, M.; ANHEIER, H.; GLASIUS, M. (eds.). *Global Civil Society 2003*. Oxford: Oxford University Press, 2003.

_____. Social movements: changing paradigms and forms of politics, *Annual Review of Anthropology* 30, 2001.

_____. *Peasants Against Globalization*: Rural Social Movements in Costa Rica. Stanford: Stanford University Press, 1999.

_____. Transnational peasant politics in Central America, *Latin American Research Review* 33, 3, 1998.

_____. "Campesinos" and "tecnicos": new peasant intellectuals in Central American politics. In: CHING, Barbara; CREED, Gerald W. (eds.). *Knowing Your Place*: Rural Identity and Cultural Hierarchy. Nova York: Routledge, 1997.

_____. The other superpower: the Soviet Union and Latin America, 1927-1987, *Nacla Report on the Americas* 21, 1, 1987.

_____ et al. Critical perspectives on food sovereignty, *Journal of Peasant Studies* 41, 6, 2014.

_____; JAMES, Carwil. Peasants' rights and the UN system: quixotic struggle? Or emancipatory idea whose time has come? *Journal of Peasant Studies* 38, 1, 2011.

EDWARDS, Michael; HULME, David. NGO performance and accountability: introduction and overview. In: EDWARDS, Michael; HULME, David (eds.). *Non-Governmental Organisations – Performance and Accountability*. Londres: Earthscan, 1995.

ESTEVA, Gustavo. *The Struggle for Rural Mexico*. South Hadley, MA: Bergin & Garvey, 1983.

EVANS, Peter. Is an alternative globalization possible? *Politics and Society* 36, 3, 2008.

FABRINI, João E. Sem-terra: da centralidade da luta pela terra à luta por políticas públicas, *Boletim Dataluta* 86, 2015.

FAO. *Evaluation Brief 4: Evaluation of FAO's Cross-Organizational Strategy on Broadening Partnerships and Alliances*. Roma: FAO, 2006.

_____. *The state of food and agriculture 2008*: biofuels: prospects, risks and opportunities. Roma: FAO, 2008. Disponível em: <http://www.fao.org/docrep/011/i0100e/i0100e00.htm>.

FEDER, Ernst. Campesinistas y descampesinistas. Tres enfoques divergentes (no incompatibles) sobre la destrucción del campesinado, *Comercio Exterior* [México] 28, 1, 1978.

MOVIMENTOS AGRÁRIOS TRANSNACIONAIS **183**

FERNANDES, Bernardo Mançano. *A formação do MST no Brasil*. Petrópolis: Vozes, 2000.

FIMARC. Fimarc World Assembly – Volkersberg – Germany – May 2014. 2014. Disponível em: <http://www.fimarc.org/Ingles/Datos%20 2014%20I/FIMARC%20Res%20Eng-FINAL.pdf>.

FOX, Jonathan. Coalitions and networks. In: ANHEIER, Helmut; TOEPLER, Stefan (eds.). *International Encyclopedia of Civil Society*. Nova York: Springer Publications, 2009.

_____. *Accountability Politics*. Nova York: Oxford University Press, 2007.

_____. Unpacking transnational citizenship, *Annual Review of Political Science* 8, 2005.

_____. Framing the inspection panel. In: CLARK, Dana; FOX, Jonathan; TREACLE, Kay (eds.). *Demanding Accountability*: Civil-Society Claims and the World Bank Inspection Panel. Lanham: Rowman & Littlefield, 2003.

_____. Vertically integrated policy monitoring: a tool for civil society policy advocacy, *Nonprofit and Voluntary Sector Quarterly* 30, 3, 2001.

_____. *The Politics of Food in Mexico*: State Power and Social Mobilization. Ithaca: Cornell University Press, 1993.

_____ (ed.). *The Challenges of Rural Democratisation*: Perspectives from Latin America and the Philippines. Londres: Frank Cass, 1990.

_____; BROWN, L. David (eds). *The Struggle for Accountability*: The World Bank, NGOs and Grassroots Movements. Cambridge, MA: MIT Press, 1998.

FRANCO, Jennifer. Reclaiming Free Prior and Informed Consent (FPIC) in the context of global land grabs. Amsterdã: Transnational Institute, 2014.

FRANKE, Richard W.; CHASIN, Barbara H. *Seeds of Famine*: Ecological Destruction and The Development Dilemma in the West African Sahel. Montclair, NJ: Allanheld Osmun, 1980.

FRASER, Nancy. Social justice in the age of identity politics: redistribution, recognition, and participation. In: _____; HONNETH, Axel (eds.). *Redistribution or Recognition?* A Political-Philosophical Exchange. Londres: Verso, 2003.

FRENCH-DAVIS, Ricardo. *Entre el neoliberalismo y el crecimiento con equidad*: tres décadas de política económica en Chile. Santiago, Chile: J. C. Sáez, 2003.

GARCÍA JIMÉNEZ, Plutarco. La Universidad Campesina: Una hazaña que comienza. *La Jornada*, 20 ago 2011. Disponível em: <http://www.jornada. unam.mx/2011/08/20/hazana.html>.

GAVENTA, John; TANDON, Rajesh. *Globalising Citizens*: New Dynamics of Inclusion and Exclusion. Londres: Zed, 2010.

GFF. 1ère édition de l'Université Paysanne du Roppa. *Global Forum on Agricultural Research*, 2014. Disponível em: <http://www.egfar.org/fr/news/imported/1-re-dition-de-luniversit-paysanne-du-roppa>.

GIANARIS, Nicholas V. *Geopolitical and Economic Changes in the Balkan Countries*. Westport, CT: Greenwood Publishing, 1996.

GILL, Lesley. *Teetering on the Rim*: Global Restructuring, Daily Life, and the Armed Retreat of the Bolivian State. Nova York: Columbia University Press, 2000.

GREENBERG, Stephen. *The Landless People's Movement and the Failure of Post-apartheid Land Reform*. Durban: University of KwaZulu-Natal, 2004.

GRINDLE, Merilee. *State and Countryside*: Development Policy and Agrarian Politics in Latin America. Baltimore: Johns Hopkins University Press, 1986.

GUPTA, Akhil. *Postcolonial Developments*: Agriculture in the Making of Modern India. Durham: Duke University Press, 1998.

HALL, Ruth. The next great trek? South African commercial farmers move North, *Journal of Peasant Studies* 39, 3-4, 2012.

HANDY, Jim. "Almost idiotic wretchedness": a long history of blaming peasants, *Journal of Peasant Studies* 36, 2, 2009.

HARVEY, Neil. *The Chiapas Rebellion*: The Struggle for Land and Democracy. Durham: Duke University Press, 1998.

HELLEINER, Eric. From Bretton Woods to global finance: a world turned upside down. In: STUBBS, Richard; UNDERHILL, Geoffrey R. D. (eds.). *Political Economy and the Changing Global Order*. Nova York: St. Martin's Press, 1994.

HELLER, Chaia. *Food Solidarity*: French Farmers and the Fight against Industrial Agriculture and Genetically Modified Crops. Durham, NC: Duke University Press, 2013.

HELLMAN, Judith Adler. The study of new social movements in Latin America and the question of autonomy. In: ESCOBAR, Arturo; ALVAREZ, Sonia (eds.). *The Making of Social Movements in Latin America*: Identity, Strategy and Democracy. Boulder, CO: Westview Press, 1992.

HENRY, James S. *The Price of Offshore Revisited*: New Estimates for "Missing" Global Private Wealth, Income, Inequality, and Lost Taxes. Chesham, UK: Tax Justice Network, 2012.

HERRING, Ronald J. Stealth seeds: bioproperty, biosafety, biopolitics, *Journal of Development Studies* 43,1, 2007.

HEWITT DE ALCÁNTARA, Cynthia. *Modernizing Mexican Agriculture*: Socioeconomic Implications of Technological Change, 1940-1970. Genebra: Unrisd, 1976.

HINDU BUSINESS LINE. Blaming poor returns, 61% farmers ready to quit and take up city jobs: survey. *The Hindu Business Line*, 11 mar. 2014. Disponível em: <http://www.thehindubusinessline.com/economy/blaming--poor-returns-61-farmers-ready-to-quit-and-take-up-city-jobs-survey/article5774306.ece>.

HOLT-GIMÉNEZ, Eric. *Campesino a Campesino*: Voices from Latin America's Farmer to Farmer Movement for Sustainable Agriculture. Oakland: Food First Books, 2006.

_____; PATEL, Raj; SHATTUCK, Annie. *Food Rebellions*. Oakland: Food First Books, 2009.

_____; SHATTUCK, Annie. Food crises, food regimes and food movements: rumblings of reform or tides of transformation? *Journal of Peasant Studies* 38,1, 2011.

HONDURAS Laboral. Directivos golpistas del Cococh en Honduras se toman por asalto esa organización campesina. 2010. Disponível em: <http://www.honduraslaboral.org/article/directivos-golpistas-del-cococh-en-honduras-se-tom/>.

HOPKINS, Raúl; CARPANO, Francesca; ZILVETI, Veruschka. Securing access to land to reduce rural poverty: the experience of IFAD in Latin America and the Caribbean. Documento apresentado na Conferência Internacional sobre Terra, Pobreza, Justiça Social e Desenvolvimento, Institute of Social Studies, Haia, 12-14 jan. 2006.

HUIZER, Gerrit. *The Revolutionary Potential of Peasants in Latin America*. Lexington, MA: Lexington Books, 1972.

HUSSAIN, Athar; TRIBE, Keith. *Marxism and the Agrarian Question. v.1, German Social Democracy and the Peasantry 1890-1907*. Atlantic Highlands, NJ: Humanities Press, 1981.

HYDE, Alexander R. P. *Post-Corporate Capitalism? Counter-Culture and Hegemony in the Hudson River Valley*. Dissertação de Mestrado. Nova York: Hunter College-CUNY, 2014.

IALAnoticias. El IALA Paulo Freire auspicia juntamente con Alcaldía de oposición certámenes de Belleza en Barinas. Ni Maquillajes ni Incoherencias. Paulo Freire se respeta, 17 de nov. 2014. Disponível em: <https://web.archive.org/web/20150301161733/http://ialanoticias.blogspot.com/2014/11/el- iala-paulo-freire-auspicia.html>.

ICA; IFAP. *Cooperation in the European Market Economies*. Bombai: Asia Publishing House, 1967.

_____. *The First Ten Years of the International Federation of Agricultural Producers*. Paris; Washington: IFAP, 1957.

186   MARC EDELMAN E SATURNINO M. BORRAS JR.

_____. FAO position on international commodity problems, *IFAP News* 1, 1, 1952.

INTERNATIONAL CONFERENCE. 2010. "Ajay Vashee – Speaker Profile." International Conference on Animal Welfare Education: Everyone is Responsible, Bruxelas, 1-2 out. 1952. *Anais*. Disponível em: <http://ec.europa.eu/food/animal/welfare/seminars/docs/2021012009_conf_global_trade_farm_animal_wel_speaker_profile_ajay_vashee.pdf.>

JACKSON JR., George D. *Comintern and Peasant in East Europe, 1919-1930*. Nova York: Columbia University Press, 1966.

JUNTA Directiva Nacional Auténtica del Cococh. *La verdadera realidad de los golpistas del Cococh en Honduras, golpe de estado social al Cococh*. 2010. Disponível em: <http://cococh.blogspot.ch/2010/03/replica-de-comunicado.html>.

JURIS, Jeffrey S.; KHASNABISH, Alex (eds.). *Insurgent Encounters*: Transnational Activism, Ethnography, and the Political. Durham: Duke University Press, 2013.

KAY, Cristóbal. Rural poverty and development strategies in Latin America, *Journal of Agrarian Change* 6, 4, 2006.

_____. Reflections on Latin American rural studies in the neoliberal globalization period: a new rurality? *Development & Change* 39, 6, 2008.

KECK, Margaret E.; SIKKINK, Kathryn. *Activists beyond Borders*: Advocacy Networks in International Politics. Ithaca: Cornell University Press, 1998.

KEOHANE, Robert; NYE JR., Joseph S. Introduction. In: NYE JR., Joseph S.; DONAHUE, John D. (eds.). *Governance for the 21st Century*. Washington, DC: Brookings Institution, 2000.

KERKVLIET, Benedict. Everyday politics in peasant societies (and ours), *Journal of Peasant Studies* 39, 1, 2009.

_____. *The Power of Everyday Politics: How Vietnamese Peasants Transformed National Policy*. Ithaca, NY: Cornell University Press, 2005.

KOHLI, Atul. Nationalist versus dependent capitalist development: alternate pathways of Asia and Latin America in a globalized world, *Studies in Comparative International Development* 44, 4, 2009.

KUNTZ, Marcel. Destruction of public and governmental experiments of GMO in Europe, *GM Crops & Food* 3, 4, 2012.

LANDSBERGER, Henry A.; HEWITT, Cynthia N. Ten sources of weakness and cleavage in Latin American peasant movements. In: STAVENHAGEN, Rodolfo (ed.). *Agrarian Problems and Peasant Movements in Latin America*. Garden City, NY: Anchor-Doubleday, 1970.

LECOMTE, Bernard. Les Trois étapes de la construction d'un movement paysan en Afrique de l'Ouest. In: DEVÈZE, Jean-Claude (ed.). *Défis agricoles africains*. Paris: Karthala, 2008.

LÊNIN, Vladimir Ilyich. *The Development of Capitalism in Russia*. 4.ed. *Collected Works*, v.3. Moscou: Progress Publishers, 1964.

LONDON Times, Conference of World Farmers: supporting the FAO. *London Times*, 20 maio 1946a.

_____. Marketing of food. *London Times*, 30 maio 1946b.

MACDONALD, Laura. *Supporting Civil Society: The Political Role of Non--Governmental Organizations in Central America*. Nova York: St. Martin's Press, 1997.

MALSEED, Kevin. Where there is no movement: local resistance and the potential for solidarity, *Journal of Agrarian Change* 8, 2-3, 2008.

MARTINEZ-TORRES, Maria Elena; ROSSET, Peter. Diálogo de saberes in La Vía Campesina: food sovereignty and agroecology, *Journal of Peasant Studies* 41, 6, 2014.

_____. La Vía Campesina: the birth and evolution of a transnational social movement, *Journal of Peasant Studies* 37,1, 2010.

MCADAM, Doug. "Initiator" and "Spin-off" Movements: Diffusion Processes in Protest Cycles. In: TRAUGOTT, Mark (ed.). *Repertoires and Cycles of Collective Action*. Durham: Duke University Press, 1995.

MCKEON, Nora. "One does not sell the land upon which the people walk": land grabbing, transnational rural social movements, and global governance, *Globalizations* 10,1, 2013.

_____. *The United Nations and Civil Society Legitimating Global Governance*: Whose Voice? Londres: Zed, 2009.

MCMICHAEL, Philip. A food regime genealogy, *Journal of Peasant Studies* 36, 1, 2009.

_____. Peasants make their own history, but not just as they please... *Journal of Agrarian Change* 8, 2-3, 2008.

MCNABB, Marion; NEABEL, Lois. Manitoba Women's Institute Educational Program. 2001. Disponível em: <http://www.gov.mb.ca/agriculture/organizations/wi/mwi09s01.html>.

MEIER, Mariann. *ACWW 1929-1959*. Londres: Associated Country Women of the World, 1958.

MENSER, Michael. Transnational participatory democracy in action: the case of La Vía Campesina, *Journal of Social Philosophy* 39, 1, 2008.

MILLS, Elyse. *The Political Economy of Young Prospective Farmers' Access to Farmland*: Insights from Agriculture in Canada. Dissertação de Mestrado. Haia: International Institute of Social Studies, 2013.

MINBUZA. *Maatgesneden Monitoring "Het Verhaal achter de cijfers"*: Beperktebeleidsdoorichting Medefinancieningsstelsel 2007-2010. Haia: Minbuza, 2009.

MONSALVE, Sofia (ed.). Grassroots voices: the human rights framework in contemporary agrarian struggles, *Journal of Peasant Studies* 40, 1, 2013.

MOORE JR., Barrington. *Social Origins of Dictatorship and Democracy:* Lord and Peasant in the Modern World. Harmondsworth: Penguin, 1967.

MOSS, Jeffrey W.; LASS, Cynthia B. A history of farmers institutes, *Agricultural History* 62, 2, 1988.

MOYO, Sam; YEROS, Paris (eds.). *Reclaiming the Land:* The Resurgence of Rural Movements in Africa, Asia and Latin America. Londres: Zed, 2005.

O'BRIEN, Kevin. Rightful resistance revisited, *Journal of Peasant Studies*, 40, 6, 2013.

_____; LI, Lianjiang. *Rightful Resistance in Rural China.* Cambridge: Cambridge University Press, 2006.

O'BRIEN, Robert et al. *Contesting Global Governance: Multilateral Economic Institutions and Global Social Movements.* Cambridge: Cambridge University Press, 2000.

OECD. Policy coherence for inclusive and sustainable development. Element 8, Paper 1, OECD and Post-2015 Reflections. Paris: OECD, 2014a.

_____. Aid to developing countries rebounds in 2013 to reach an all-time high. *OECD Newsroom*, 2014b. Disponível em: <http://www.oecd.org/newsroom/aid-to-developing-countries-rebounds-in-2013-to-reach-an-all-time-high.htm>.

PAIGE, Jeffrey. *Agrarian Revolution:* Social Movements and Export Agriculture in the Underdeveloped World. Nova York: Free Press, 1975.

PARÉ, Luisa. *El Plan Puebla:* Una revolución verde que está muy verde. Genebra: Unrisd, 1972.

PATAYAN, Felicisimo. *Struggle – An Autobiography.* Ed. E. Quitoriano e L. Mercado-Carreon. Cidade de Quezon: Felicisimo Patayan, 1998.

PATEL, Raj (ed.). Grassroots voices: food sovereignty, *Journal of Peasant Studies* 36, 3, 2009.

PATEL, Vikram et al. Suicide Mortality in India: A Nationally Representative Survey, *The Lancet* 379, 9834, 2012.

PATTENDEN, Jonathan. Trickle-down solidarity, globalisation and dynamics of social transformation in a South Indian Village, *Economic and Political Weekly* 40, 19, 2005.

PELUSO, Nancy; AFFIF, Suraya; RACHMAN, Noer Fauzi. Claiming the grounds for reform: agrarian and environmental movements in Indonesia, *Journal of Agrarian Change* 8, 2-3, 2008.

PETRAS, James; VELTMEYER, Henry. *Globalization Unmasked: Imperialism in the 21st Century.* Londres: Zed, 2001.

MOVIMENTOS AGRÁRIOS TRANSNACIONAIS **189**

PONTIFICAL Academy. Pontifical Academy of Sciences on Agbiotech; Constraints for Poverty Alleviation; Man that Saved a Billion Lives, *AgBioWorld*, 30 nov. 2010. Disponível em: <http://www.postzambia.com/post-read_article.php?articleId=16058>.

PONTIFICAL Council for the Laity. International Federation of Rural Catholic Movements, 2014. Disponível em: <http://www.laici.va/content/laici/en/sezioni/associazioni/repertorio/associazione-rurale-cattolica-internazionale.html>.

POPKIN, Samuel. *The Rational Peasant*: The Political Economy of Rural Society in Vietnam. Berkeley: University of California Press, 1979.

PROVOST, Claire. La Via Campesina celebrates 20 years of standing up for food sovereignty, *The Guardian*, 17 jun. 2013. Disponível em: <http://www.guardian.co.uk/global-development/poverty-matters/2013/jun/17/la-via-campesina-food-sovereignty>.

PUNDEFF, Marin. Bulgaria. In: HELD, Joseph (ed.). *The Columbia History of Eastern Europe in the Twentieth Century.* Nova York: Columbia University Press, 1992.

PUTZEL, James. Managing the "main force": The Communist Party and the peasantry in the Philippines, *Journal of Peasant Studies* 22, 4, 1995.

QUINN-JUDGE, Sophie. *Ho Chi Minh*: The Missing Years. Berkeley: University of California Press, 2003.

RANGEL LOERA, Nashieli. "Encampment Time": an anthropological analysis of the land occupations in Brazil, *Journal of Peasant Studies* 37, 2, 2010.

RATNER, Blake D.; ÅSGÅRD, Björn; ALLISON, Edward H. Fishing for justice: human rights, development, and fisheries sector reform, *Global Environmental Change* 27, 2014.

ROSEBERRY, William. Beyond the agrarian question in Latin America. In: COOPER, Frederick et al. (eds.). *Confronting Historical Paradigms*: Peasants, Labor, and the Capitalist World System in Africa and Latin America. Madison: University of Wisconsin Press, 1993.

ROSSET, Peter (ed.). Grassroots voices: re-thinking agrarian reform, land and territory in La Vía Campesina, *Journal of Peasant Studies* 40, 4, 2013.

ROSSET, Peter; MARTÍNEZ-TORRES, María Elena. *Participatory Evaluation of La Vía Campesina.* Oslo: Norwegian Development Fund, 2005. Disponível em: <http://www.norad.no/en/tools-and-publications/publications/reviews-from-organisations/publication?key=117349>.

RUPP, Leila J. *Worlds of Women*: The Making of an International Women's Movement. Princeton: Princeton University Press, 1997.

SACHS, Jeffrey D. Sachs denounces IMF and HIPC; calls for debt write-off, IMF to get out. Testemunho para o House Committee on Banking and Financial Services (Comitê da Câmara de Serviços Financeiros dos EUA),

Audiência sobre Redução do Débito, 15 jun. 1999. Disponível em <http://lists.essential.org/stop-imf/msg00144.html>.

SANTOS, Boaventura de Sousa. *The Rise of the Global Left*: The World Social Forum and Beyond. Londres: Zed, 2006.

SAUVINET-BEDOUIN, Rachel; NICHOLSON, Nigel; TARAZONA, Carlos. *Evaluation of FAO's Cross-Organizational Strategy Broadening Partnership and Alliances*. Roma: FAO, 2005.

SAWYER, Suzana; GÓMEZ, Edmund Terence. Transnational governmentality and resource extraction indigenous peoples, multinational corporations, multilateral institutions and the State. *Identities, Conflict and Cohesion Programme Paper n.13*. Genebra: Unrisd, 2008.

SCOONES, Ian. The politics of global assessments: the case of the International Assessment of Agricultural Knowledge, Science and Technology for Development (IAASTD), *Journal of Peasant Studies* 36, 3, 2009.

_____ (ed.). *Zimbabwe's Land Reform: Myths and Realities*. Martlesham, Suffolk, UK: James Currey, 2010.

SCOTT, James C. *The Art of Not Being Governed*: An Anarchist History of Upland Southeast Asia. New Haven: Yale University Press, 2009.

_____. *Seeing Like a State*: How Certain Schemes to Improve the Human Condition Have Failed. New Haven: Yale University Press, 1998.

_____. *Domination and the Arts of Resistance*: Hidden Transcripts. New Haven: Yale University Press, 1990.

_____. *Weapons of the Weak*: Everyday Forms of Peasant Resistance. New Haven: Yale University Press, 1985.

_____. *The Moral Economy of the Peasant*: Rebellion and Subsistence in Southeast Asia. New Haven: Yale University Press, 1976.

SCHOLTE, Jan Aart. Civil society and democracy in global governance. In: WILKINSON, Rorden (ed.). *The Global Governance Reader*. Londres: Routledge, 2002.

SEARCHINGER, Tim; HEIMLICH, Ralph. *Avoiding Bioenergy Competition for Food Crops and Land*. Washington, DC: World Resources Institute, 2015.

SELIGMANN, Linda J. Agrarian reform and peasant studies: the peruvian case. In: POOLE, Deborah (ed.). *A Companion to Latin American Anthropology*. Malden, MA: Blackwell, 2008.

SEN, Amartya. *Development and Freedom*. Nova York: Anchor, 2000.

SEUFERT, Philip. The FAO voluntary guidelines on the responsible governance of tenure of land, fisheries and forests, *Globalizations* 10, 1, 2013.

SHANIN, Teodor. Chayanov's treble death and tenuous resurrection: an essay about understanding, about roots of plausibility and about rural Russia, *Journal of Peasant Studies* 36, 1, 2009.

SHANIN, Teodor. *Defining Peasants*: Essays Concerning Rural Societies, Expolary Economies, and Learning from them in the Contemporary World. Oxford, UK: Blackwell, 1990.

_____. *The Awkward Class. Political Sociology of Peasantry in a Developing Society*: Russia 1910-1925. Oxford: Clarendon Press, 1972.

SIMPSON, Bradley. *Economists with Guns*: Authoritarian Development and U.S.- Indonesian Relations, 1960-1968. Stanford: Stanford University Press, 2008.

SINHA, Subir. Transnationality and the Indian Fishworkers' Movement, 1960s-2000, *Journal of Agrarian Change* 12, 2-3, 2012.

SMILLIE, Ian. Painting Canadian roses red. In: EDWARDS, Michael; HULME, David (eds.). *Non-Governmental Organisations*: Performance and Accountability. Londres: Earthscan, 1995.

SMITH, Jackie; JOHNSTON, Hank (eds.). *Globalization and Resistance*: Transnational Dimensions of Social Movements. Lanham, MD: Rowman & Littlefield, 2002.

SOROS, George. *On Globalization*. Nova York: Public Affairs-Perseus, 2002.

STÉDILE, João Pedro. The class struggles in Brazil: the perspective of the MST. João Pedro Stédile interviewed by Atilio Boron. In: PANITCH, Leo; LEYS, Colins (eds.). *Global Flashpoints*: Reactions to Imperialism and Neoliberalism, *Socialist Register 2008*. Londres: Merlin Press, 2007.

STIGLITZ, Joseph E. *Globalization and its Discontents*. Nova York: W. W. Norton, 2002.

STONE, Glenn Davis. Agricultural deskilling and the spread of genetically modified cotton in Warangal, *Current Anthropology* 48, 1, 2007.

STREETS, Julia; THOMSEN, Kristina. *Global Landscape*: A Review of International Partnership Trends. Berlim: Global Public Policy Institute, 2009.

TARROW, Sidney. *The New Transnational Activism*. Cambridge: Cambridge University Press, 2005.

_____. *Power in Movement*: Social Movements, Collective Action, and Politics. Cambridge: Cambridge University Press, 1994.

THIESENHUSEN, William C. *Broken Promises*: Agrarian Reform and the Latin American Campesino. Boulder: Westview Press, 1995.

THORNER, Daniel. Chayanov's concept of peasant economy. In: CHAYANOV, A. V. *The Theory of Peasant Economy*. Madison: University of Wisconsin Press, [1966] 1986.

TILLY, Charles. *Stories, Identities, and Political Change*. Lanham, MD: Rowman & Littlefield, 2002.

_____. *The Contentious French*. Cambridge: Harvard University Press, 1986.

TILLY, Charles. Social movements and national politics. In: BRIGHT, Charles; HARDING, Susan (eds.). *Statemaking and Social Movements*. Ann Arbor: University of Michigan Press, 1984.

TRIBUNAL DE Grande Instance de Paris. Jugement du 4 Novembre 2010, Ouverture d'un liquidation judiciaire Regime General, Procedures Collectives No. RG 10/13970 Affaire: Federation Internationale des Producteurs Agricoles. Paris, 2010.

TSING, Anna L. *Friction*: An Ethnography of Global Connection. New Jersey: Princeton University Press, 2005.

UPTON, Caroline. The new politics of pastoralism: identity, justice and global activism, *Geoforum* 54, 2014.

VAN der Ploeg, Jan Douwe. *Peasants and the Art of Farming*: A Chayanovian Manifesto. Halifax: Fernwood, 2013.

_____. *The New Peasantries*: Struggles for Autonomy and Sustainability in an Era of Empire and Globalization. Londres: Earthscan, 2008.

VÍA CAMPESINA. *Argentina: se inaugura la Universidad Campesina*. 10 abr. 2013b. Disponível em: <http://viacampesina.org/es/index.php/acciones-y-eventos-mainmenu-26/17-de-abril-dde-la-lucha-campesina-mainmenu-33/1678-argentina-se-inaugura-la-universidad-campesina>.

_____. *La Via Campesina Demands an End to the WTO*: Peasants Believe that the WTO Cannot Be Reformed or Turned Around. 6 dez. 2013c. Disponível em: <http://www.viacampesina.org/en/index.php/actions-and-events-mainmenu-26/10-years-of-wto-is-enough-mainmenu-35/1538-la-via-campesina-demands-an-end-to-the-wto-peasants-believe-that-the-wto-cannot-be-reformed-or-turned-around>.

_____. *La Via Campesina: Our Seeds, Our Future. Notebook La Via Campesina*. Jakarta: La Via Campesina, 2013a.

_____. *Las campesinas y los campesinos de La Vía Campesina dicen: ¡Basta de violencia contra las mujeres!* Brasília: Secretaría Operativa de La Vía Campesina Sudamérica, 2012.

_____. *The International Peasant's Voice*. 2011. Disponível em: <http://viacampesina.org/en/index.php/organisation-mainmenu-44/what-is-la-via-campesina-mainmenu-45/1002-the-international-peasants-voice27>.

_____. Women: gender equity in La Via Campesina. *La Via Campesina Policy Documents. 5th Conference, Mozambique, 16th to 23rd October, 2008*. Jakarta: Vía Campesina, 2008.

_____. Debate on our political positions and lines of actions: issues proposed by the ICC-Vía Campesina for regional and national discussion in preparation for the IV Conference. In: IV International Vía Campesina Conference: Themes and Issues for Discussion, 2004.

_____. Draft Vía Campesina Position Paper: International Relations and Strategic Alliances. Discutido durante a III Conferência Internacional, em Bangalore, 2000.

_____. Vía Campesina sets out important positions at World Bank events. *Vía Campesina Newsletter*, 4 ago. 1999. Disponível em: <http://ns.sdnhon.org. hn/miembros/via/carta4_en.htm>.

_____. *La Vía Campesina: Proceedings from the II International Conference of the Vía Campesina, Tlaxcala, Mexico, April 18-21, 1996*. Bruxelas: NCOS Publications, 1996.

VILAR, Pierre. Reflections on the notion of "peasant economy", *Review* (Fernand Braudel Center) 21, 2, 1998.

VISSER, Oane; MAMONOVA, Natalia; SPOOR, Max. Oligarchs, megafarms and land reserves: understanding land grabbing in Russia, *Journal of Peasant Studies* 39, 3-4, 2012.

VON BÜLOW, Marisa. *Building Transnational Networks*: Civil Society and the Politics of Trade in the Americas. Cambridge: Cambridge University Press, 2010.

WADE, Robert Hunter. What strategies are viable for developing countries today? The World Trade Organization and the shrinking of "development space", *Review of International Political Economy* 10, 4, 2003.

WALKER, Kathy LeMons. From covert to overt: everyday peasant politics in China and the implications for transnational agrarian movements, *Journal of Agrarian Change* 8, 2- 3, 2008.

WELCH, Clifford; SAUER, Sergio. Forthcoming. Rural Unions and the Struggle for Land in Brazil, *Journal of Peasant Studies*, 2016.

WESTERN Producer. International Federation of Agricultural Producers collapses. *The Western Producer*, 2 mar. 2011. Disponível em: <http://www. producer.com/daily/international-federation-of- agricultural-producers- -collapses/>.

WHITE, Ben. Who will own the countryside? dispossession, rural youth and the future of Farming. Haia: Institute of Social Studies, 2011. Disponível em: <http://www.iss.nl/fileadmin/ASSETS/iss/Documents/Speeches_ Lectures/Ben_White_valedi ctory_web.pdf>.

WIEBE, Nettie. Women of La Via Campesina: creating and occupying our rightful spaces. In: *La Via Campesina's Open Book*: Celebrating 20 Years of Struggle and Hope. Jakarta: La Via Campesina, 2013. Disponível em: <http://viacampesina.org/downloads/pdf/openbooks/EN-01.pdf>.

WIJERATNA, Alex. The Committee on World Food Security (CFS): A Guide for Civil Society. Roma: Civil Society Mechanism, 2012. Disponível em: <http://www.csm4cfs.org/files/Pagine/1/csm_cfsguide_finalapr2012.pdf>.

WOLF, Eric R. *Peasant Wars of the Twentieth Century*. Nova York: Harper & Row, 1969.

_____. *Peasants*. Englewood Cliffs, NJ.: Prentice-Hall, 1966.

WOLFORD, Wendy. Participatory democracy by default: land reform, social movements and the State in Brazil, *Journal of Peasant Studies* 37, 1, 2010a.

_____. *This Land is Ours Now*: Social Mobilization and the Meanings of Land in Brazil. Durham, NC: Duke University Press, 2010b.

WORLD BANK. *Land Policies for Growth and Poverty Reduction*. Washington, DC: The World Bank, 2003.

WORLD BANK; IEG. The International Land Coalition. Washington, DC: World Bank; Independent Evaluation Group, 2008.

YAMAMOTO, Daisaku; ENGELSTED, A. Katrina. World Wide Opportunities on Organic Farms (WWOOF) in the United States: locations and motivations of volunteer tourism host farms, *Journal of Sustainable Tourism* 22, 6, 2014.

YASHAR, Deborah. Resistance and identity politics in an age of globalization. *Annals of the American Academy of Political and Social Science* 610, 2007.

YEH, Emily; O'BRIEN, Kevin; JINGZHONG, Ye (eds.). Rural politics in contemporary China, *Journal of Peasant Studies* 40, 6, 2013.

Sites

ACWW. The Associated Country Women of the World. Disponível em: <http://www.acww.org.uk/>.

APC. The Asian Peasant Coalition. Disponível em: <http://www.asianpeasant. org/content/asian-peasant-coalition-apc>.

FIMARC. International Federation of Rural Adult Catholic Movements. Disponível em: <http://www.fimarc.org/>.

IFAP. Disponível em: <ifap.org/en/about/aboutifap.html>.

WFO. Disponível em: <http://www.wfo-oma.com/about-wfo.html>.

ÍNDICE REMISSIVO

Aberdeen, Ishbel Gordon 27
ação coletiva 3, 8-9, 44, 78-9, 104, 120, 124, 142-3
Acordo Geral de Tarifas e Comércio (General Agreement on Tariffs and Trade – GATT) 45-7, 79, 126, 129
acordos de comércio 2, 45-9, 153
ActionAid 127, 160n
ACWW. *Ver* Associação das Mulheres Rurais do Mundo
Adivasis 64
AFA. *Ver* Associação de Agricultores Asiáticos para o Desenvolvimento Rural Sustentável
Afasa. *Ver* Associação Africana de Agricultores da África do Sul
África do Norte 173
África do Sul 26, 61-3, 68, 75n, 84-5, 92, 114, 125, 131, 161
África Ocidental 39-40, 50, 109
Roppa 39-40, 87, 155
África XVII, 37, 39, 46, 60, 115, 156, 159, 174

Agarwal, Bina 70
Agência Canadense de Desenvolvimento Internacional (Canadian International Development Agency – CIDA) 141
agências doadoras XXIII, 39, 50, 65, 69, 94, 104, 119-43, 151, 154
Agricultores
comerciais 12, 83n, 92, 98, 156n
médios 53, 57-8, 60-1, 63, 65, 70-1, 80, 84, 88, 90-1, 98, 149
pequenos 26, 43, 47, 49, 55, 60, 63, 66, 80, 84-5, 88, 90-2, 98, 112, 116-7, 149, 155, 156n, 161-2, 169
pobres 56-60, 63, 72, 85, 132, 149
ricos 46, 56-61, 63-6, 72, 80, 82, 85, 88-9, 90-1, 98, 149, 165
Agricultura
de base comunitária 111
industrial 6-8, 37, 49, 100, 111, 159, 175
AgriSA. *Ver* Casa do Agricultor Sul-Africano

196 MARC EDELMAN E SATURNINO M. BORRAS JR.

Agriterra 65-6n, 82-3
agroecologia XVI, 86, 109, 159-62, 170, 175
ajuda externa ao desenvolvimento (AED) 135-6, 138-40
ajuste estrutural econômico 40, 45, 47, 49
Alegría, Rafael 62, 94n, 105-6
Alemanha 31, 107, 138-9
algodão 39, 91, 112, 173
Aliança Mundial de Povos Indígenas Nômades (World Alliance of Mobile Indigenous People – Wamip) 50, 159
Aliança para o Progresso 44
alianças XVIII, 9, 11, 13, 30-2, 55, 74, 86, 93, 100, 103, 121, 148, 160-2, 164-5, 171, 174
classe 12, 61, 74-6, 95, 119-20, 142-3, 169
transnacional 7, 9, 26, 50, 101-2, 106, 117, 137
ambientalismo XXII, 2, 5, 11, 28, 35, 49, 51, 73, 78, 134, 170-1, 175
América Central 7, 25, 31, 39, 49-50, 64, 98, 107, 109, 112, 129-30, 139-40, 162, 171, 174
América do Norte 26, 47, 60-1, 70n, 79, 111, 123
América Latina XVn, XVII, 37, 43-4, 46, 52-3, 60-3, 66, 69, 98, 105, 109-10, 126, 139, 162
Amigos da Terra 137
Anach. Ver Associação Nacional dos Camponeses de Honduras
anarquistas 49, 72-3
Angola 120
ANPF. Ver Federação dos Camponeses do Nepal
APC. Ver Coalizão Camponesa Asiática

apropriação de terras 8, 37, 82, 92, 94, 154, 166, 170
Argélia 54, 141
Argentina 85, 109
arroz 42-3, 56-7
Ásia 31, 37, 43-4, 60-3, 66, 70, 74, 98, 121
Asocode. Ver Associação Centro-Americana de Organizações Camponesas para Cooperação e Desenvolvimento
Associação Africana de Agricultores da África do Sul (African Farmers Association of South Africa – Afasa) 84-5
Associação Centro-Americana de Organizações Camponesas para Cooperação e Desenvolvimento (Asociación Centroamericana de Organizaciones Campesinas para la Cooperación y ela Desarrollo – Asocode) 9-10n, 39, 64, 129-30, 171-2
Associação das Mulheres Rurais do Mundo (Associated Country Women of the World – ACWW) 27-8
Associação de Agricultores Asiáticos para o Desenvolvimento Rural Sustentável (Asian Farmers Association for Sustainable Rural Development – AFA) 156
Associação de Agricultores do Estado de Karnataka (Karnataka Rajya Raitha Sangha – KRRS) 63-4, 66, 73-4, 98, 112, 133, 162
Associação de Trabalhadores do Campo (Asociación de Trabajadores del Campo – ATC) 65
Associação Nacional dos Camponeses de Honduras (Asociación

Nacional de Campesinos de Honduras – Anach) 62*n*

ATC. *Ver* Associação de Trabalhadores do Campo

Ativistas além-fronteiras (*Activists Beyond Borders*) 150

Áustria 29-30, 138-9

Avaliação Internacional de Saberes, Ciência e Tecnologia Agrícola para o Desenvolvimento (International Assessment of Agricultural Knowledge, Science and Technology for Development – IAASTD) 159, 175

Babels 50*n*

Banco Mundial (BM) XXII, 40-2, 47, 49, 59, 61-2, 75, 81, 90-1, 93-4, 102, 148, 152, 163-4, 169, 174

Bangladesh 73, 141

Barker, Colin 12

Bélgica 36, 68, 79, 128-9, 138-9

Bello, Walden 126

biocombustíveis 8, 81-2, 92, 162

biodiversidade 1-2, 43, 84, 86, 95

BKF. *Ver* Federação de Camponeses de Bangladesh

BKU. *Ver* União dos Agricultores Indianos

Bolívia 44, 46, 141, 161, 171
revolução 44

Bové, José 107

Boyer, Jefferson 25, 112

Brasil XVI-XVII, XXIII, 7, 49-50, 60-2, 66, 68, 75, 95, 98, 105, 107, 114-5, 145, 147, 157, 163-4, 166, 173-4

Braudel, Fernand 52

Bukharin, Nikolai 32

Bulgária 29-30, 162

Burkina Faso 40

câmaras de *commodities* 36, 41-2, 46, 59, 81

Camboja 46, 141

Campanha Global pela Reforma Agrária (CGRA) 61-2, 127

Campanha Global pelo Fim da Violência contra as Mulheres 69

Campanha Jubileu 2000 49

campesinistas 52-3

camponeses
como protagonistas históricos 6, 11, 26, 54
contemporâneos 11-2
definição 6, 56-7, 116-7, 159
direitos dos 5, 32-3, 37, 45, 53-4, 106, 130, 145, 151, 157-9, 169
educação superior 109, 170
marxismo e 49, 54, 98
médios 52-6, 59-60, 95, 98, 100
partidos políticos 7, 31-3, 119-20, 122, 152
pobres 12, 52, 54, 57, 60-1, 74, 130, 133, 149
potencial revolucionário 39-40, 44-6, 54, 61, 119-21, 162, 170
ricos 12, 49, 52, 54, 59-60, 74
sem-terra 12, 51, 60-1, 64, 66, 68, 90, 92, 96, 115, 162
visão das elites sobre 12

Campos, Wilson 130

Canadá 27, 38, 42, 48, 50, 61, 68, 70*n*, 73, 80, 110, 126, 129, 138-40

Cancún 108, 129

capitalismo XVI, XVIII, XX, 7-8, 12, 52-3, 71, 95

Cardoso, Fernando Henrique 147

Caribe XV, XVII, XX, 98, 107, 111

Casa do Agricultor Sul-Africano (Home of the South African Farmer – AgriSA) 85, 92

CCODP. *Ver* Organização Católica Canadense para o Desenvolvimento e a Paz

Cenesta. *Ver* Centro para o Desenvolvimento e Meio Ambiente Sustentáveis

Central Nacional de Trabalhadores Rurais (Central Nacional de Trabajadores del Campo – CNTC) 62*n*

Centro Europa-Terceiro Mundo (Centre Europe-Tiers Monde – Cetim) 157

Centro para o Desenvolvimento e Meio Ambiente Sustentáveis (Centre for Sustainable Development and Environment – Cenesta) 86

Cetim. *Ver* Centro Europa-Terceiro Mundo

CFA. *Ver* Federação Canadense da Agricultura

CFU. *Ver* União dos Agricultores Comerciais

Chayanov, A. V. 7, 52-4, 58, 70

Checoslováquia 29-30

Chiapas 121, 145

Chile 26, 48

China XVII, XXIII, 9, 32, 54, 115, 120, 141, 145, 173
reformas 145
revolução 46

ChristianAid 127

ciclos de protestos 12, 104

CIDA. *Ver* Agência Canadense de Desenvolvimento Internacional

CILSS. *Ver* Comitê Permanente Interestatal de Luta contra a Seca no Sahel

CIP. *Ver* Comitê Internacional de Planificação pela Soberania Alimentar

CIRADR. *Ver* Conferência Internacional sobre Reforma Agrária e Desenvolvimento

classe 9, 12, 31, 77, 52, 60-1, 64, 66-7, 72, 75-6, 77-102, 147
aliança 12, 61, 74-6, 95, 119-20, 142-3, 169
análise 56-60, 66-7, 73-4, 76, 77-8, 94
diferenciação 43, 51-4, 56-60, 64-6, 72-3, 75, 79-90, 96
gênero e 68, 70-1, 73, 99-100, 167
média 44, 93, 132-3
política da 45, 79-90, 98
raça e etnia, e 50, 67-8, 72

CLOC. *Ver* Confederação Latino-Americana de Organizações Camponesas

Club du Sahel 39-40

CNCR. *Ver* Conselho Nacional para o Diálogo e Cooperação entre Populações Rurais do Senegal

CNTC. *Ver* Central Nacional de Trabalhadores Rurais

Coalizão Camponesa Asiática (Asian Peasant Coalition – APC) 55, 74, 78, 96-9, 101, 165

Coalizão Internacional para o Acesso à Terra (International Land Coalition – ILC) 78, 93-4, 101-2, 163, 165

Coalizão Nacional da Agricultura Familiar (National Family Farm Coalition – NFFC) 80

coalizões 5, 7, 33, 86, 89, 101, 172, 174

Coati. *Ver* Coletivo para a Autogestão de Tecnologias de Interpretação

Coca-Cola 154

Cococh. *Ver* Conselho Coordenador de Organizações Camponesas de Honduras

Coletivo Internacional de Apoio aos Pescadores Artesanais (International

Collective in Support of Fishworkers – ICSF) 86

Coletivo para a Autogestão de Tecnologias de Interpretação (Colectivo para la Autogestión de Tecnologias para la Interpretación – Coati) 50n

Colômbia 46, 68, 98, 121, 174

comércio justo 37

Comissão Europeia 93, 163

Comissão Internacional de Agricultura (International Commission of Agriculture – ICA) 33-5

Comissão sobre Desenvolvimento Sustentável (Commission on Sustainable Development – CSD) 148

Comitê de Coordenação Internacional (CCI) 68

Comitê de Organizações Profissionais Agrícolas da União Europeia (Committee of Professional Agricultural Organisations in the European Union – COPA) 79-80, 85

Comitê de Segurança Alimentar Mundial (CSA) 88, 150, 152-4, 155, 159-60, 161n, 166, 169

Comitê Internacional de Planificação pela Soberania Alimentar (CIP) 37, 78, 86-90, 94-6, 128, 142-3, 153, 160, 165-7, 169, 174

Comitê Nacional da Terra (National Land Committee – NLC) 125, 131

Comitê Permanente Interestatal de Luta contra a Seca no Sahel (Comité Inter-États de Lutte contre la Sècheresse au Sahel – CILSS) 39

Comunidade Econômica da África Ocidental (Economic Community of West Africa – Ecowas) 39

comunismo 26, 29-32, 34, 42-4, 120-1, 140

Bulgária 29-30

Conampro. *Ver* Confederação Nacional de Pequenos e Médios Produtores da Guatemala

Confederação das Organizações de Produtores Familiares do Mercosul (Coprofam) 156

Confederação Latino-Americana de Organizações Camponesas (Coordinadora Latinoamericana de Organizaciones del Campo (CLOC) 69, 105, 110

Confederação Nacional de Pequenos e Médios Produtores da Guatemala (Coordinadora Nacional de Pequeños y Medianos Productores de Guatemala – Conampro) 9-10n

Confederação Nacional dos Trabalhadores Rurais Agricultores e Agricultoras Familiares (Contag) 95

Confederação Sindical Agrícola do Sul da África (Southern African Confederation of Agricultural Unions – Sacau) 83n, 156n

Confédération Paysanne 107

Conferência de Bretton Woods 41

Conferência Internacional sobre Reforma Agrária e Desenvolvimento (CIRADR) 88, 90, 153, 160, 166

conflitos camponeses no final do século XX 46-7

Congo, República Democrática do 92

Conselho Coordenador de Organizações Camponesas de Honduras (Consejo Coordinador de Organizaciones Campesinas de Honduras – Cococh) 62n, 172

Conselho de Direitos Humanos 151, 157-9, 161, 169

Conselho Internacional de Mulheres (International Council of Women – ICW) 27

Conselho Nacional para o Diálogo e Cooperação entre Populações Rurais do Senegal (Conseil National de Concertation et de Coopération des Ruraux du Sénégal – CNCR) 75

consentimento livre, prévio e esclarecido (CLPE) 154

Contag. *Ver* Confederação Nacional dos Trabalhadores Rurais Agricultores e Agricultoras Familiares

Coordenação Camponesa Europeia (Coordination Paysanne Européenne – CPE) 66, 80

Coordenação Europeia da Via Campesina (European Coordination Via Campesina – ECVC) 85

COPA. *Ver* Comitê de Organizações Profissionais Agrícolas da União Europeia

Coprofam. *Ver* Confederação das Organizações de Produtores Familiares do Mercosul

Cordaid 136

Coreia do Sul 44, 48, 60

Cornell University 28

Corporação Financeira Internacional (International Finance Corporation – IFC) 91

corporações transnacionais (CTNs) 63, 95, 107

CPE. *Ver* Coordenação Camponesa Europeia

crise alimentar mundial de 2008 81-2, 158

Crocevia 86

CSA. *Ver* Comitê de Segurança Alimentar Mundial

CSD. *Ver* Comissão sobre Desenvolvimento Sustentável

Cuba 109, 161
revolução 44, 46

Cúpula da Terra 147

Cúpula Mundial sobre Segurança Alimentar 86, 88-9, 160

Dalits 64, 96

De Schutter, Olivier 161-2

debates sobre diferenciação 52-5, 96
América Latina 52-3
México 52-3
Rússia 52-3

Declaração da ONU sobre Direitos dos Povos Indígenas (UN Declaration on the Rights of Indigenous Peoples – Undrip) 157-9

declaração dos direitos dos camponeses e de outros trabalhadores das áreas rurais 37, 157-9, 162

Deere, Carmen Diana 69, 126

descampesinistas 52-3

descentralização 106, 146-7, 150

desenvolvimento sustentável 102, 148

Dia Internacional das Lutas Camponesas (17 de abril) 108

diferenciação 42, 51-2, 79
de classe 43, 51-4, 56-60, 64-6, 72-3, 75, 79-90, 96
do campesinato 51-6, 58
entre MATs 77-102
interna ao MAT 51-76

direitos
à terra 1, 66, 90, 151, 157-9, 161-2
humanos 1-2, 5, 84, 94, 137, 140, 151, 157-9, 161-2, 170

diretrizes voluntárias 88-9, 153-4

dumping 46
economia
   moral 119-20
   política XXI, 94
Ecowas. *Ver* Comunidade Econômica da África Ocidental
ECVC. *Ver* Coordenação Europeia da Via Campesina
Egito 141
Eldorado dos Carajás 108
Equador 66, 141, 161
Escola Latino-Americana de Agroecologia (ELAA) 109
Escola Nacional Florestan Fernandes (ENFF) 109
espaço e lugar 71
Espanha 73, 162
Estados Unidos 27-8, 41-2, 44, 48, 61, 66-7, 80, 107, 110-1, 138-40, 158
estudos
   agrários XXI-XXIII, 6-7, 51, 70, 96, 119-20, 142-3, 145, 158
   do campesinato 46-7, 54, 120, 145, 158
   dos movimentos sociais 11
ETC Group. *Ver* Grupo sobre Erosão, Tecnologia e Concentração
Etiópia 141
etnia XVII, 12, 53, 67-8, 72, 76, 86, 117, 157, 169
Europa XVII, 7, 26, 28-9, 33-5, 37-8, 41, 49-50, 52, 60, 66-7, 79, 85, 105, 107, 111, 122-3, 135
expropriação XVI, 33, 44, 95
FAO. *Ver* Organização das Nações Unidas para a Alimentação e a Agricultura
Federação Canadense da Agricultura (Canadian Federation of Agriculture – CFA) 79, 81

Federação de Agricultores Progressistas da Coreia 108
Federação de Camponeses de Bangladesh (Bangladesh Krishok Federation – BKF) 73, 98
Federação dos Camponeses do Nepal (All Nepal Peasants Federation – ANPF) 97-9
Federação Internacional de Movimentos de Adultos Rurais Católicos (Fédération Internationale des Mouvements d'Adultes Ruraux Catholiques – Fimarc) 36-8, 159
Federação Internacional de Produtores Agrícolas (International Federation of Agricultural Producers – IFAP) 27*n*, 34-6, 53, 55, 65-6, 78, 79-85, 88-90, 90-3, 93-4, 96, 130-1, 142-3, 149, 154-6, 163, 165, 172
FIAN. *Ver* Rede de Informação e Ação pelo Direito a se Alimentar
Filipinas 26, 42-3, 46, 56-7, 62, 66-7, 107, 130, 140, 174
Fimarc. *Ver* Federação Internacional de Movimentos de Adultos Rurais Católicos
Finlândia 33
Foco no Sul Global 62
Food First 124, 126-7, 137
Forças Armadas Revolucionárias da Colômbia (Fuerzas Armadas Revolucionarias de Colombia – FARC) 46, 121
formas cotidianas de resistência 119
Fórum de Agricultores 150-1, 154-7, 169
Fórum dos Pequenos Agricultores Orgânicos do Zimbábue (Zimbabwe Small Organic Smalholder Farmers Forum – Zimsoff) 63, 85

Fórum Mundial de Pescadores e Trabalhadores da Pesca (World Forum of Fish Harvesters and Fish Workers – WFF) 50, 89, 155-6

Fórum Mundial de Populações de Pescadores (World Forum of Fisher Peoples – WFFP) 50, 155-6, 159

Fórum Nacional pela Reforma Agrária, Brasil 163-4

Fórum Social Mundial 101, 105, 129, 157

Fox, Jonathan 121, 145-6, 149-50, 163-4

França 33, 40, 42, 107

Francisco, papa (Jorge Mario Bergoglio) 162-3

Freire, Paulo 65, 109

Fundação Internacional para o Progresso Rural (Rural Advancement Foundation International – RAFI) 126

Fundação Paulo Freire (Paulo Freire Stichting – PFS) 65-6, 79, 83, 128, 131

Fundação Rockfeller 42

Fundo Internacional para o Desenvolvimento da Agricultura (International Fund for Agricultural Development – IFAD) 93, 148, 151, 154-7, 159, 163-4, 169

Fundo Monetário Internacional (FMI) 41, 47, 81, 163

G-7 (Grupo dos Sete) 49

GATT. *Ver* Acordo Geral de Tarifas e Comércio

Gaventa, John 89-90, 151

gênero XVII, XXII, 5, 12, 28, 51, 53, 67, 68-70, 72, 76, 78, 86, 110, 162, 169-70

gente da terra 53, 56, 75, 85, 173

George, Susan 127

gerações 12, 27, 40, 53, 67, 70-1, 72, 76, 86, 120-1, 169, 173

Gill, Lesley 133

globalização VI, XV, 7, 11-2, 25-6, 88, 102, 106, 142, 145-7, 149

Grabois, Juan 162

Grain. *Ver* Recursos Genéticos e Ação Internacional

Grécia 33

Grindle, Merilee 145

Grupo de Ação sobre Erosão, Tecnologia e Concentração (Action Group on Erosion Technology and Concnetration – ETC Group) 124, 126

Guardian, The (Londres) 113

guardiões 61-7, 104, 112, 173

Guerra Fria 43-4, 139-40

Guiné Bissau 401

Haiti 115

Heim, Georg 30

Hivos. *Ver* Instituto Humanista para a Cooperação com os Países em Desenvolvimento

Ho Chi Minh 31-2

Holanda 29-30, 85, 135-8

Holt-Giménez, Eric 25, 100, 109, 137

Honduras 75n, 105-6, 112, 141, 171-3

Hong Kong 108

Hungria 29-31, 141

IAASTD. *Ver* Avaliação Internacional de Saberes, Ciência e Tecnologia Agrícola para o Desenvolvimento

IALA. *Ver* Instituto Universitário Latino-americano de Agroecologia "Paulo Freire"

ICA. *Ver* Comissão Internacional de Agricultura

MOVIMENTOS AGRÁRIOS TRANSNACIONAIS   203

ICCO. *Ver* Organização Inter-Igrejas para a Cooperação no Desenvolvimento
ICSF. *Ver* Coletivo Internacional de Apoio aos Pescadores Artesanais
ICW. *Ver* Conselho Internacional de Mulheres
identidade religiosa 68, 78, 169
IFAD. *Ver* Fundo Internacional para o Desenvolvimento da Agricultura
IFAP. *Ver* Federação Internacional de Produtores Agrícolas
IFC. *Ver* Corporação Financeira Internacional
Igreja Católica 36, 136, 162
ILC. *Ver* Coalizão Internacional para o Acesso à Terra
Índia 42, 49, 61, 63-4, 66, 73-4, 98, 107, 111, 141, 162, 173
Indonésia 10n, 48, 57, 62, 115, 124-5, 130, 141, 157
industrialização por substituição de importações 41
instituições financeiras internacionais (IFIs) 39, 49, 93-4, 146, 163
instituições intergovernamentais 50, 80, 93, 145-67
Instituto Americano de Agricultura (American Farm Bureau) 79
Instituto Humanista para a Cooperação com os Países em Desenvolvimento (Humanistisch Instituut voor Ontwikkelingssamenwerking – Hivos) 136
Instituto Internacional de Agricultura (International Institute of Agriculture – IIA) 33-5
Instituto Transnacional (Transnational Institute – TNI) 14, 124, 127, 137

Instituto Universitário Latino-Americano de Agroecologia "Paulo Freire" (Instituto Universitario Latinoamericano de Agroecologia "Paulo Freire" – IALA) 109
Institutos das Mulheres (Women's Institutes) 27
Institutos de Agricultores (Farmer's Institutes) 27
Inter Pares 141
Internacional Branca 30
Internacional Comunista (Comintern) 31-2
Internacional Verde 7, 27n, 29-31, 33-4
investimento responsável na agricultura (responsible agricultural investiment – rai) 86, 166-7
Itália 162
IUF. *Ver* União Internacional das Associações de Trabalhadores em Alimentação, Agricultura, Hotelaria, Restaurantes, Fumo e similares
Iugoslávia 29-30
IWW. *Ver* Trabalhadores Industriais do Mundo
Japão 38, 44, 60
jet set campesino 112
Jordânia 141
Katayama, Sen 31
Kautsky, Karl 7
Keck, Margaret E. 10, 55, 150
Kentucky Fried Chicken 107
Kerkvliet, Benedict 119, 145
Keynes, John Maynard 41
KMP. *Ver* Movimento Camponês das Filipinas
KMT. *Ver* Partido Nacionalista Chinês
Krest'ianskii Front 115

Krestintern 29, 31-3

KRRS. *Ver* Associação de Agricultores do Estado de Karnataka

kulaks 31, 54, 57

Laur, Ernst 33-4

Lee, Kyung-Hae 108

Lênin, V. I. 7, 52-4, 57

Li, Lianjiang 120, 145

Libéria 40, 46

libertação nacional (lutas; movimentos) 26, 120, 122

Liga Camponesa Coreana 108

Liga das Nações 28, 33, 35

LPM. *Ver* Movimento dos Sem-Terra

LRAN. *Ver* Rede de Pesquisa-Ação sobre a Terra

LTO. *Ver* Organização Agrícola e Hortícola da Holanda

Maharashtra 64

malaia 28

Malásia 46, 141

Mali 40

maoistas 72-4, 98, 121

marxismo 49, 51-4, 72-4, 96, 98, 119

McDonald's 107

Mečiř, Karel 33-4

Melin, Jules 33n

México 25, 31, 60, 68, 75n, 98, 105, 108-9, 120, 124, 129, 145

  debate sobre diferenciação 52-3

  revolução 42-4, 54, 121

migrantes 61, 67-8, 116

Mijarc. *Ver* Movimento Internacional da Juventude Agrícola e Rural Católica

milho 43, 46, 49

Misereor 127

mística 108, 170

Mobilization (revista) 11

Moore Jr., Barrington 145

Morales, Evo 171

movimento abolicionista 27n

movimento Campesino a Campesino 25, 109

Movimento Camponês das Filipinas (Kilusang Magbubukid ng Pilipinas – KMP) 98, 130

Movimento dos Sem-Terra (Landless People's Movement – LPM) 62, 85, 92, 114-5, 125

Movimento dos Trabalhadores Rurais Sem Terra (MST) 7, 50, 62, 75, 95, 108-9, 114-5, 125, 145, 162

Movimento Internacional da Juventude Agrícola e Rural Católica (Mouvement International de la Jeunesse Agricola et Rurale Catholique – Mijarc) 36

movimento Shetkari Sanghatana, Índia 64

Movimentos Agrários Transnacionais (MATs) XV, 5-13, 25-6, 47-50, 51-76, 77-102, 103-17, 119-43, 145-67, 169-75

  antecedentes históricos 25-6

  ascensão dos XIX, 8, 47-50, 104

  declínio dos 7, 104

movimentos de justiça global 8, 11, 77, 123, 133, 151

movimentos sindicais XIX, 11, 120, 122, 162

movimentos sociais transnacionais 8-10, 27n, 55, 72, 75, 87, 101, 121, 148, 169, 172

movimentos sociais V-VI, XVII, XIX, 8-12, 72, 78, 81, 86, 88-9, 94, 101-2, 108, 114, 116, 122, 131-2, 135-6, 147, 162, 164, 167, 170-1, 173-4

  "antigos" e "novos" 9, 26

  diferenças ideológicas 72-4

fictícios 13, 173
novos 9, 25
teoria dos 7
transnacionais XVI, XVII-XIX, 10n, 113, 153
Movimiento Campesino de Santiago del Estero (Mocase) 85
Mpofu, Elizabeth 63, 161
mudança climática 5, 8, 67, 71, 82, 84, 96, 134, 174
Mulroney, Brian 48
nacionalismo metodológico 8
Nações Unidas 28, 37, 81, 89, 135, 148
    Comitê de Segurança Alimentar Mundial 88, 150, 152-4, 155, 159-60, 161n, 166, 169
    Conselho de Direitos Humanos 151, 157-9, 161, 169
    Cúpula da Terra 147
    Cúpula Mundial sobre Segurança Alimentar 86, 88-9, 160
    Fundo Internacional para o Desenvolvimento da Agricultura 93, 148, 151, 154-7, 159, 163-4, 169
    Organização das Nações Unidas para a Alimentação e a Agricultura 34-6, 81-2, 88, 90, 93, 148-9, 153, 155, 160-1, 164, 166
    Programa Mundial de Alimentos 155
Nafta. *Ver* Tratado de Livre-Comércio da América do Norte
Namíbia 68
Nanjundaswamy, M. D. 64
NAV. *Ver* Sindicato Agrícola Holandês
neoliberalismo 40, 49, 81, 135, 146-51, 163

agricultura e 48
Consenso de Washington 49
definição 48-9
evolução do XIX, 47-50
Nepal 62, 141
NFFC. *Ver* Coalizão Nacional da Agricultura Familiar
NFU. *Ver* União Nacional de Agricultores
Nicarágua 26, 64-5, 121, 141, 172
Nicholson, Paul 66
Nigéria 40
NLC. *Ver* Comitê Nacional da Terra
Norte da África 115
Norte global 11, 36, 39, 71, 78, 110, 140
Nosso Mundo Não está à Venda (Our World Is Not For Sale – OWINFS) 101-2
nova ruralidade 71
Nova Zelândia 38, 107
novos intelectuais camponeses 121
Nyéléni 40
O'Brien, Kevin 116, 119-20, 145, 150
Objetivos de Desenvolvimento do Milênio 148
ocupações de terras 7, 81, 174
Oportunidades Mundiais em Sítios Orgânicos (World Wide Opportunities on Organic Farms (WWOOF) 37-8
oportunidades políticas 9, 104, 116, 151, 164
Organismos Geneticamente Modificados (OGMs) 63, 81, 91, 107, 117, 170, 173
Organização Agrícola e Hortícola da Holanda (Land-em Tuinbouw Organisatie Nederland – LTO) 85
Organização Católica Canadense para o Desenvolvimento e a Paz

(Canadian Catholic Organization for Development and Peace – CCODP) 141

Organização das Nações Unidas para a Alimentação e a Agricultura (Food and Agriculture Organization of the United Nations – FAO) 34-6, 81-2, 88, 90, 93, 148-9, 153, 155, 160-1, 164, 166

Organização Inter-Igrejas de Cooperação para o Desenvolvimento (Interchurch Organization for Development Cooperation – ICCO) VI, XXII, 1-3, 14, 127, 136, 141n

Organização Mundial de Agricultores (World Farmers' Organization – WFO) 79-85, 88-9, 89-92, 96, 149, 156n, 163, 165

Organização Mundial do Comércio (OMC) 7, 11, 40, 45, 47, 50, 67, 88, 91, 101-2, 108, 126, 131, 149, 152, 159-60, 163, 169, 174

Organização Pan-Africana de Agricultores (Pan-African Farmers' Organization – PAFO) 156

Organização para Cooperação e Desenvolvimento Econômico (OCDE) 135-6, 138-9

organizações camponesas 10-2, 26, 32, 40, 45-6, 106, 114, 162, 171

organizações de mulheres 27-8, 69, 87, 96-7, 99, 103, 110-1, 133

organizações não governamentais (ONGs) V, XV, XXIII, 6, 9-10, 28, 39, 50, 55, 86, 89, 93-4, 113, 117, 120, 122-3, 123-7, 128-9, 129-37, 141-3, 148-9, 151, 158, 171-3

declínio das 172-3

organizações camponesas e 11, 122, 127, 162-3

Oriente Médio 37, 115

Origens sociais da ditadura e da democracia, A (Moore Jr.) 145

OWINFS. *Ver* Nosso Mundo Não está à Venda

Oxfam 123, 127, 160n

Oxfam-Novib 136, 141n

padrão bumerangue 150

PAFO. *Ver* Organização Pan-Africana de Agricultores

Paige, Jeffrey 54, 119-20

países pobres muito endividados (PPME) 49

Palestina 162

PAN-AP. *Ver* Rede de Ação sobre Pesticida Ásia Pacífico

Paquistão 43

paraísos fiscais 146

parcerias XXII-XXIII, 1, 42, 81, 134, 140, 147-8, 160-1, 164-5, 174

Partido Comunista Chinês (PCC) 32

Partido Nacionalista Chinês (Kuomitang) 32

partidos agrários 29-31, 33-4

partidos políticos XIX, 7, 29, 35, 45, 74, 80-1, 119-23, 127-8, 142, 170-2

organizações camponesas 11, 122, 127, 162-3

pastores 39, 50, 61, 68, 72, 86, 88-90, 96, 159

Patayan, Felicisimo "Ka Memong" 130

Peru 121, 141

pescadores 10n, 36, 50, 61, 86, 88, 96, 116, 156, 159, 162

pesquisadores engajados 55

Petras, James 133

PFS. *Ver* Fundação Paulo Freire

Pinochet, Augusto 48

Plataforma Camponesa do Sahel 39-40

Plataforma Regional de Organizações Camponesas da África Central (Plateforme Régionale des Organisations Paysannes D'Afrique Centrale – Propac) 156n

pluriatividade 71

política identitária 53, 67, 73, 76, 173

políticas keynesianas 41, 47

Polônia 29-31, 172

Pontifícia Academia das Ciências Sociais 162

Popkin, Samuel 120

população XVI, 2, 6, 79, 110-1, 135
mundial de camponeses 6
rural 6, 29, 114, 147

populista 26, 52
agrário 26, 51, 72-4, 95-6

Portugal 36

povos indígenas 36, 50, 61, 64n, 86, 90, 96, 110, 133, 159, 162, 171

preços dos alimentos 42, 46, 58-60, 75, 82, 88, 93, 153

Programa Mundial de Alimentos 155

Propac. *Ver* Plataforma Regional de Organizações Camponesas da África Central

"Quatro Grandes" agências doadoras 137-8

Quênia 141

"questão agrária" 7-8, 119

raça 12, 36, 53, 67-8, 78, 169

Radić, Stjepan 31-2

RAFI. *Ver* Fundação Internacional para o Progresso Rural

rai. *Ver* investimento responsável na agricultura

Reagan, Ronald 48

Recursos Genéticos e Ação Internacional (Genetic Resources and Action International – Grain) 124, 126, 174

Rede de Ação sobre Pesticida Ásia Pacífico (Pesticide Action Network – PAN-AP) 98

Rede de Informação e Ação pelo Direito a se Alimentar (Foodfirst Information and Action Network – FIAN) 62

Rede de Organizações Camponesas e de Produtores Agrícolas da África Ocidental (Réseau des Organisations Paysannes et des Producteurs Agricoles de L'Afrique de L'Ouest – Roppa) 39-40, 75, 87, 115, 155-6, 162

Rede de Pesquisa-Ação sobre a Terra (Land Research and Action Network – LRAN) 62, 126

Rede Social 62

redes 5, 25-6, 43, 55, 85-6, 88, 96, 99, 112, 123, 131, 135, 146, 148, 167, 174
de solidariedade 5, 26, 36, 88, 122

Redução de emissões decorrentes do desmatamento e da degradação de florestas (Reducing Emissions from Deforestation and Forest Degradation – REDD+) 71

reforma agrária 5, 43-4, 59-63, 66, 68, 84, 90, 95-6, 125, 145, 152-3, 155, 160, 163-4, 170

reforma agrária de mercado (ram) 61-2, 90, 95, 152, 164

Reino Unido 107

repertórios de protesto 7, 12, 81, 106-9, 117, 165

representação 38, 69, 74, 78, 89-90, 104, 110, 113-7, 131, 133, 143, 151, 156

reunião de Punta del Este 44
Revolução Mexicana 44
revolução sandinista 121
revolução verde 42-3
revoluções 42-3, 46, 54, 119
Rodésia. *Ver* Zimbábue
Romênia 29-30, 33
Rosset, Peter 63, 90, 96, 109, 127, 164, 175
Royce, Frederick S. 69, 126
Ruanda 46
Rússia 52-4, 57, 115-6, 140, 173
    Chayanov 52-4, 58
    debate sobre diferenciação 52-4
    Krest'ianskii Front 115-6
    Lênin 52-3, 57
    revolução 53-4
SAAU. *Ver* União Agrícola Sul-Africana
Sacau. *Ver* Confederação Sindical Agrícola do Sul da África
Sahel 39
sandinistas 64-5, 121
Saragih, Henry 124, 131, 157
Sauvinet-Bedouin, Rachel 148
Scott, James C. 116, 119, 145
Seattle, Batalha de 11
Segunda Guerra Mundial 25, 28, 34, 40-1
segurança alimentar 84, 88, 112, 154-5, 173
sementes 2, 42-3, 48-50, 51, 58, 67, 158-9, 161, 170
    corporações 63, 95, 107, 170
Sendero Luminoso 121
Senegal 75, 162
    CNCR 75
Serra Leoa 40
Shattuck, Annie 100
Sikkink, Kathryn 10, 27n, 55, 150

Silva, José Graziano da 160
Sindicato Agrícola Holandês (Nederlandse Akkerbouw Vakbond – NAV) 85
Sindicato dos Trabalhadores do Campo (Sindicato Obrero del Campo – SOC) 73
Síria 174
sistema de Bretton Woods 41, 47
Smillie, Ian 141
soberania alimentar XVI, XIX, 5, 37-8, 40, 84, 86-90, 96, 99-100, 102, 112-3, 159, 161, 173-4
SOC. *Ver* Sindicato dos Trabalhadores do Campo
social-democratas 49, 140
socialismo 54, 120-1
Sociedad Rural Agentina (SRA) 85
sociedade civil 10, 40, 81, 102, 113, 139-41, 146-51, 152-3, 156-7, 159, 161n, 166-7, 171
Solidarnosc 172
SPI. *Ver* União dos Agricultores Indonésios
Sri Lanka 141
stakeholders 147, 167, 171
Stálin, Joseph 31-2, 58
Stamboliski, Alexander 29-31
Stédile, João Pedro 115, 162
Sudeste Asiático 7, 50, 173
Suécia 28, 138-9
Suharto, Haji Mohamed 48, 157
Suíça 30, 107
Sul global 8, 36, 40, 78, 128-9, 135, 139, 146
Taiwan 44, 48
Tandon, Rajesh 89-90, 151
Tarrow, Sidney 9-10, 12, 47, 104, 121
teologia da libertação 36
"território" 90, 158

MOVIMENTOS AGRÁRIOS TRANSNACIONAIS   209

Thatcher, Margaret 48

Tigres Asiáticos 44

Tilly, Charles 8, 13, 106

Tlaxcala 68, 108, 124, 129

TNI. *Ver* Instituto Transnacional

Trabalhadores Industriais do Mundo (Industrial Workers of the World – IWW) 162

Tratado de Livre-Comércio da América do Norte (North America Free Trade Agreement – Nafta) 47

trigo 42-3, 46, 49, 57

trinta anos gloriosos 40-7

trotskystas 72

Tsé-tung, Mao 32, 54, 119

Tsing, Anna Lowenhaupt 78, 101

Turquia 162

Undrip. *Ver* Declaração da ONU sobre Direitos dos Povos Indígenas

União Agrícola Sul-Africana (South African Agricultural Union – SAAU) 92

União Camponesa Suíça 33

União dos Agricultores Comerciais (Commercial Farmers' Union – CFU) 85

União dos Agricultores Indianos (Bharatiya Kisan Union – BKU) 66, 98

União dos Agricultores Indonésios (Serikat Petani Indonesia – SPI) 10, 124-5, 130

União Europeia 48, 158

União Internacional das Associações de Trabalhadores em Alimentação, Agricultura, Hotelaria, Restaurantes, Fumo e similares (International Union of Food, Agricultural, Hotel, Restaurant, Catering, Tobacco & Allied Worker's Associations – IUF) 95, 159

União Nacional Africana do Zimbábue (Zimbabwe African National Union – ZANU) 46

União Nacional de Agricultores (National Farmers Union – NFU, Canadá) 68, 73, 80, 110

União Nacional de Agricultores da Zâmbia (Zambia National Farmers Union – ZNFU) 91

União Nacional de Agricultores e Pecuaristas (Unión Nacional de Agricultores y Ganaderos – UNAG) 64-6, 172

União Provisória de Camponeses Africanos (Union Provisoire des Paysans Africains – UPPA) 39

União Soviética 30-1, 58

coletivização da agricultura 31

NPE 31

Unión de Pequeños y Medianos Agricultores Nacionales (Upanacional) 172

universidades camponesas 109, 170

UPPA. *Ver* União Provisória de Camponeses Africanos

urbanização 6, 11, 174

Uzbequistão 141

Vashee, Ajay 83-4, 91

Vaticano 36, 162

Veltmeyer, Henry VI, XXI, 133

Venezuela 109, 141, 161

verticalismo 45

Via Campesina XVII, XIX-XX, 7, 9, 13, 25, 51, 53, 55, 60-6, 69, 77, 85-6, 91, 94n, 98, 102, 105, 107-11, 113-6, 124, 157-8, 161, 163-5, 169, 174

Von Bülow, Marisa 10n

Wamip. *Ver* Aliança Mundial de Povos Indígenas Nômades

Watt, Madge 27

WFF. *Ver* Fórum Mundial de Pescadores e Trabalhadores da Pesca

WFFP. *Ver* Fórum Mundial de Populações de Pescadores

WFO. *Ver* Organização Mundial de Agricultores

White, Ben 70

Wiebe, Nettie 68

Wilkinson, Jack 81, 83-4

Wolf, Eric R. 46, 54, 119-20

World Wildlife Fund (WWF) 93, 163

WWOOF. *Ver* Oportunidades Mundiais em Sítios Orgânicos

Yayasan Sintesa 124, 131

Zâmbia 80, 83, 91, 141

ZANU. *Ver* União Nacional Africana do Zimbábue

Ziegler, Jean 161

Zimba, Jervis 91

Zimbábue 46, 63, 68, 85, 120-1, 141, 145

Zimsoff. *Ver* Fórum dos Pequenos Agricultores Orgânicos do Zimbábue

ZNFU. *Ver* União Nacional de Agricultores da Zâmbia

SOBRE O LIVRO

Formato: 13,7 x 21 cm
Mancha: 23 x 40 paicas
Tipologia: Horley Old Style 10,5/14
Papel: Offset 75 g/m^2 (miolo)
Cartão Supremo 250 g/m^2 (capa)

1ª edição Editora Unesp: 2021

EQUIPE DE REALIZAÇÃO

Capa
Estúdio Bogari

Edição de texto
Jorge Pereira Filho (copidesque)
Tulio Kawata (revisão)

Editoração eletrônica
Sergio Gzeschnik

Assistência editorial
Alberto Bononi
Gabriel Joppert

Vozes do Campo é uma coleção do Programa de Pós-Graduação em Desenvolvimento Territorial na América Latina e Caribe do Instituto de Políticas Públicas e Relações Internacionais (Ippri) da Unesp em parceria com a Cátedra Unesco de Educação do Campo e Desenvolvimento Territorial. Publica livros sobre temas correlatos ao Programa e à Cátedra sobre todas as regiões do mundo. Visite: http://catedra.editoraunesp.com.br/.

Conselho editorial

Coordenador: Bernardo Mançano Fernandes (Unesp). *Membros:* Raul Borges Guimarães (Unesp); Eduardo Paulon Girardi (Unesp); Antonio Thomaz Junior (Unesp); Bernadete Aparecida Caprioglio Castro (Unesp); Clifford Andrew Welch (Unifesp); Eduardo Paulon Girardi (Unesp); João Márcio Mendes Pereira (UFRRJ); João Osvaldo Rodrigues Nunes (Unesp); Luiz Fernando Ayerbe (Unesp); Maria Nalva Rodrigues Araújo (Uneb); Mirian Cláudia Lourenço Simonetti (Unesp); Noêmia Ramos Vieira (Unesp); Pedro Ivan Christoffoli (UFFS); Ronaldo Celso Messias Correia (Unesp); Silvia Beatriz Adoue (Unesp); Silvia Aparecida de Souza Fernandes (Unesp); Janaina Francisca de Souza Campos Vinha (UFTM); Paulo Roberto Raposo Alentejano (Uerj); Nashieli Cecilia Rangel Loera (Unicamp); Carlos Alberto Feliciano (UFPE); Rafael Litvin Villas Boas (UnB).

LIVROS PUBLICADOS

1. **Os novos camponeses: leituras a partir do México profundo** – Armando Bartra Vergés – 2011
2. **A Via Campesina: a globalização e o poder do campesinato** – Annette Aurélie Desmarais – 2012
3. **Os usos da terra no Brasil: debates sobre políticas fundiárias** – Bernardo Mançano Fernandes, Clifford Andrew Welch e Elienai Constantino Gonçalves – 2013

Série Estudos Camponeses e Mudança Agrária

A **Série Estudos Camponeses e Mudança Agrária** da Initiatives in Critical Agrarian Studies (ICAS), Programa de Pós-Graduação em Desenvolvimento Territorial na América Latina e Caribe – Ippri-Unesp e Programa de Pós-Graduação em Desenvolvimento Rural – UFRGS, publica em diversas línguas "pequenos livros de ponta sobre grandes questões". Cada livro aborda um problema específico de desenvolvimento, combinando discussão teórica e voltada para políticas com exemplos empíricos de vários ambientes locais, nacionais e internacionais.

Conselho editorial

Saturnino M. Borras Jr. – International Institute of Social Studies (ISS) – Haia, Holanda – College of Humanities and Development Studies (COHD) – China Agricultural University – Pequim, China; Max Spoor – International Institute of Social Studies (ISS) – Haia, Holanda; Henry Veltmeyer – Saint Mary's University – Nova Escócia, Canadá – Autonomous University of Zacatecas – Zacatecas, México.

Conselho editorial internacional:

Bernardo Mançano Fernandes – Universidade Estadual Paulista (Unesp) – Brasil; Raúl Delgado Wise – Autonomous University of Zacatecas – Zacatecas, México; Ye Jingzhong – College of Humanities and Development Studies (COHD) – China Agricultural University – China; Laksmi Savitri – Sajogyo Institute (Sains) – Indonésia.

LIVROS PUBLICADOS

1. **Dinâmica de classe e da mudança agrária** – Henry Bernstein – 2011
2. **Regimes alimentares e questões agrárias** – Philip McMichael – 2016
3. **Camponeses e a arte da agricultura: um manifesto Chayanoviano** – Jan Douwe van der Ploeg – 2016

Série Estudos Rurais

A **Série Estudos Rurais** publica livros sobre temas rurais, ambientais e agroalimentares que contribuam de forma significativa para o resgate e/ou o avanço do conhecimento sobre o desenvolvimento rural nas ciências sociais em âmbito nacional e internacional.

A **Série Estudos Rurais** resulta de uma parceria da Editora da UFRGS com o Programa de Pós-Graduação em Desenvolvimento Rural da Universidade Federal do Rio Grande do Sul. As normas para publicação estão disponíveis em www.ufrgs.br/pgdr/livros.

Comissão editorial executiva
Editor-chefe: Prof. Sergio Schneider (UFRGS). *Editor associado:* Prof. Marcelo Antonio Conterato (UFRGS). *Membro externo:* Prof. Jan Douwe Van der Ploeg (WUR/Holanda). *Conselho editorial:* Lovois Andrade Miguel (UFRGS); Paulo Andre Niederle (UFRGS); Marcelino Souza (UFRGS); Lauro Francisco Mattei (UFSC); Miguel Angelo Perondi (UTFPR); Cláudia J. Schmitt (UFRRJ); Walter Belik (Unicamp); Maria Odete Alves (BNB); Armando Lirio de Souza (UFPA); Moisés Balestro (UnB); Alberto Riella (Uruguai); Clara Craviotti (Argentina); Luciano Martinez (Equador); Hubert Carton Grammont (México); Harriet Friedmann (Canadá); Gianluca Brunori (Itália); Eric Sabourin (França); Terry Marsden (Reino Unido); Cecilia Díaz-Méndez (Espanha); Ye Jinhzong (China).

LIVROS PUBLICADOS

1. A questão agrária na década de 90 (4.ed.) – João Pedro Stédile (org.)
2. Política, protesto e cidadania no campo: as lutas sociais dos colonos e dos trabalhadores rurais no Rio Grande do Sul – Zander Navarro (org.)
3. Reconstruindo a agricultura: ideias e ideais na perspectiva do desenvolvimento rural sustentável (3.ed.) – Jalcione Almeida e Zander Navarro (org.)
4. A formação dos assentamentos rurais no Brasil: processos sociais e políticas públicas (2.ed.) – Leonilde Sérvolo Medeiros e Sérgio Leite (org.)
5. Agricultura familiar e industrialização: pluriatividade e descentralização industrial no Rio Grande do Sul (2.ed.) – Sergio Schneider
6. Tecnologia e agricultura familiar (2.ed.) – José Graziano da Silva
7. A construção social de uma nova agricultura: tecnologia agrícola e movimentos sociais no sul do Brasil (2.ed.) – Jalcione Almeida
8. A face rural do desenvolvimento: natureza, território e agricultura – José Eli da Veiga
9. Agroecologia (4.ed.) – Stephen Gliessman
10. Questão agrária, industrialização e crise urbana no Brasil (2.ed.) – Ignácio Rangel (org. José Graziano da Silva)
11. Políticas públicas e agricultura no Brasil (2.ed.) – Sérgio Leite (org.)
12. A invenção ecológica: narrativas e trajetórias da educação ambiental no Brasil (3.ed.) – Isabel Cristina de Moura Carvalho
13. O empoderamento da mulher: direitos à terra e direitos de propriedade na América Latina – Carmen Diana Deere e Magdalena Léon
14. A pluriatividade na agricultura familiar (2.ed.) – Sergio Schneider
15. Travessias: a vivência da reforma agrária nos assentamentos (2.ed.) – José de Souza Martins (org.)
16. Estado, macroeconomia e agricultura no Brasil – Gervásio Castro de Rezende
17. O futuro das regiões rurais (2.ed.) – Ricardo Abramovay
18. Políticas públicas e participação social no Brasil rural (2.ed.) – Sergio Schneider, Marcelo K. Silva e Paulo E. Moruzzi Marques (org.)
19. Agricultura latino-americana: novos arranjos, velhas questões – Anita Brumer e Diego Piñero (org.)

20. **O sujeito oculto: ordem e transgressão na reforma agrária** – José de Souza Martins

21. **A diversidade da agricultura familiar (2.ed.)** – Sergio Schneider (org.)

22. **Agricultura familiar: interação entre políticas públicas e dinâmicas locais** – Jean Philippe Tonneau e Eric Sabourin (org.)

23. **Camponeses e impérios alimentares** – Jan Douwe Van der Ploeg

24. **Desenvolvimento rural (conceitos e aplicação ao caso brasileiro)** – Angela A. Kageyama

25. **Desenvolvimento social e mediadores políticos** – Delma Pessanha Neves (org.)

26. **Mercados redes e valores: o novo mundo da agricultura familiar** – John Wilkinson

27. **Agroecologia: a dinâmica produtiva da agricultura sustentável (5.ed.)** – Miguel Altieri

28. **O mundo rural como um espaço de vida: reflexões sobre propriedade da terra, agricultura familiar e ruralidade** – Maria de Nazareth Baudel Wanderley

29. **Os atores do desenvolvimento rural: perspectivas teóricas e práticas sociais** – Sergio Schneider e Marcio Gazolla (org.)

30. **Turismo rural: iniciativas e inovações** – Marcelino de Souza e Ivo Elesbão (org.)

31. **Sociedades e organizações camponesas: uma leitura através da reciprocidade** – Eric Sabourin

32. **Dimensões socioculturais da alimentação: diálogos latino-americanos** – Renata Menasche, Marcelo Alvarez e Janine Collaço (org.)

33. **Paisagem: leituras, significados e transformações** – Roberto Verdum, Lucimar de Fátima dos Santos Vieira, Bruno Fleck Pinto e Luís Alberto Pires da Silva (org.)

34. **Do "capital financeiro na agricultura" à economia do agronegócio: mudanças cíclicas em meio século (1965-2012)** – Guilherme Costa Delgado

35. **Sete estudos sobre a agricultura familiar do vale do Jequitinhonha** – Eduardo Magalhães Ribeiro (org.)

36. **Indicações geográficas: qualidade e origem nos mercados alimentares** – Paulo André Niederle (org.)

37. **Sementes e brotos da transição: inovação, poder e desenvolvimento em áreas rurais do Brasil** – Sergio Schneider, Marilda Menezes, Aldenor Gomes da Silva e Islandia Bezerra (org.)

38. **Pesquisa em desenvolvimento rural: aportes teóricos e proposições metodológicas (v.1)** – Marcelo Antonio Conterato, Guilherme Francisco Waterloo Radomsky e Sergio Schneider (org.)

39. **Turismo rural em tempos de novas ruralidades** – Artur Cristóvão, Xerardo Pereiro, Marcelino de Souza e Ivo Elesbão (org.)

40. **Políticas públicas de desenvolvimento rural no Brasil** – Catia Grisa e Sergio Schneider (org.)

41. **O rural e a saúde: compartilhando teoria e método** – Tatiana Engel Gerhardt e Marta Júlia Marques Lopes (org.)

42. **Desenvolvimento rural e gênero: abordagens analíticas, estratégia e políticas públicas** – Jefferson Andronio Ramundo Staduto, Marcelino de Souza e Carlos Alves do Nascimento (org.)

43. **Pesquisa em desenvolvimento rural: técnicas, bases de dados e estatística aplicadas aos estudos rurais (v.2)** – Guilherme Francisco Waterloo Radomsky, Marcelo Antonio Conterato e Sergio Schneider (org.)

44. **O poder do selo: imaginários ecológicos, formas de certificação e regimes de propriedade intelectual no sistema agroalimentar** – Guilherme Francisco Waterloo Radomsky

45. **Produção, consumo e abastecimento de alimentos: desafios e novas estratégias** – Fabiana Thomé da Cruz, Alessandra Matte e Sergio Schneider (org.)

46. **Construção de mercados e agricultura familiar: desafios para o desenvolvimento rural** – Flávia Charão Marques, Marcelo Antônio Conterato e Sergio Schneider (org.)

47. **Regimes alimentares e questões agrárias** – Philip McMichael

48. **Camponeses e a arte da agricultura: um manifesto Chayanoviano** – Jan Douwe van der Ploeg

49. **Pecuária familiar no Rio Grande do Sul: história, diversidade social e dinâmicas de desenvolvimento** – Paulo Dabdab Waquil, Alessandra Matte, Márcio Zamboni Neske, Marcos Flávio Silva Borba (org.)